HOW THE WORLD REALLY WORKS

這個世界運作的真相

Vaclav Smil

瓦茲拉夫・史密爾／著
李宜懃／譯

目錄

前言 我們為什麼需要這本書？

每個時代都有獨特之處，雖然過去三代人（也就是二戰結束後的幾十年）的生活體驗，也許不像一戰前那三個世代的人一樣，有著巨幅的改變，可是仍不乏前所未見的事件和進步。令人印象最深刻的是，相較於歷史上的任何時期，現在多數人的生活水準更高，而且高品質的生活能維持更久，健康狀況也比以往更好。然而，在全世界近八十億人口中，這些受益者仍是少數（僅占全球人口的五分之一）。

第二個值得讚賞的成就，是我們對物質世界和所有生命形式的了解，已達到史無前例的擴展。我們的知識從綜觀複雜的宇宙（銀河系、星球）和行星（大氣圈、水圈、生物圈）系統，一路延伸到處理原子和基因的過程：那些刻在功能最強大的微處理器表面上的線條，大約只有人類去氧核糖核酸（DNA）直徑的兩倍。我們已將這些知識轉變為一系列持續革新的機器、裝置、程序、協議和調停措施，以維持現代文明；而我們所累積的龐大知識，以及一直以來將其運用在各項服務的方式，遠超過任何一個人類能理解的程度。

西元一五〇〇年，你可以在義大利佛羅倫斯的領主廣場（**Piazza Signoria**）見到真正多才多藝的跨領域專家，但過沒多久就看不到了。十八世紀中期，兩位法國學者德尼・狄德羅（**Denis Diderot**）和讓・勒朗・達朗貝爾（**Jean le Rond d'Alembert**）還能召集一群學識淵博的撰稿人，以相當詳盡的條目將他們對那個時代的理解，編入由許多書冊彙集而成的《百科全書，或科學、藝術和工藝詳解詞典》（*Encyclopédie, ou Dictionnaire raisonné des sciences, des arts et des métiers*）。幾代之後，我們的知識範疇和專業程度增加了好幾個數量級（**orders of magnitude**），從基本的電磁感應（麥可・法拉第〔Michael Faraday〕於一八三一年發現，發電的基礎）、植物的代謝作用（尤斯圖斯・馮・李比希〔Justus von Liebig〕，一八四〇年，農作物施肥的基礎）到電磁學理論（詹姆士・克拉克・馬克士威〔James Clerk Maxwell〕，一八六一年，所有無線通訊的基礎）。

一八七二年，也就是最後一冊法國《百科全書》問世的一百年後，任何集結成冊的知識，只能粗淺地帶過各式飛速增加的主題。一百五十年後，即使在高度專業的領域內，也無法概述相關的知識：像是「物理學」或「生物學」之類的術語，已經像是無意義的詞彙，而粒子物理學專家發現，即使翻開一篇新發表的病毒免疫學研究論文的第一頁，也很難理

解裡面的內容。這種將知識過於細分的現象，顯然並沒有讓公共決策變得更容易。現代科學的高度專業化變得晦澀難懂，使得許多想學習某種專業知識的人，被迫接受長期的訓練，得等到三十出頭或是三十五、六歲之後，才能進入聖殿，一窺該領域的堂奧。

他們共同的特色可能是都有很長的學徒時期，但是就最佳行動方案而言，卻往往無法達成一致。從新型冠狀病毒（SARS-CoV-2）大流行可以清楚看出，連戴口罩這類看似簡單的決策，專家的看法都莫衷一是。到了二〇二〇年三月底（大流行已發生三個月），世界衛生組織（World Health Organization）仍然建議，唯有已感染者才需要戴口罩，而在二〇二〇年六月上旬，突然出現大逆轉。由此可知，無專業知識的人要如何選邊站？而這些有爭議的作法朝令夕改，或是先前主流的說詞又被推翻，一般人又如何能理解呢？

儘管如此，這類持續的不確定和爭議，卻不能成為大多數人誤解當代世界基本運作的推託之詞。畢竟，了解小麥如何種植（第二章）、鋼鐵如何製造（第三章），或意識到全球化（第四章）既非新鮮事，也一直存在，這些事情與要求一個人理解飛秒化學（femtochemistry，研究在10－15秒內的化學反應，亞米德．齊威爾〔Ahmed Zewail〕，一九九九年諾貝爾獎得主）或聚合酶連鎖反應（Polymerase Chain Reaction〔PCR〕，快速複製DNA，凱利．穆利斯（Kary Mullis），一九九三年諾貝爾獎得主）不同，不可同日而語。

那麼，為什麼現代社會中，大多數人對於世界究竟如何運作只有粗淺的了解？顯而易見的原因：現今世界太過複雜：人們經常與黑盒子互動，這些黑盒子輸出的東西相當簡單，但是對於盒子裡發生的事情，只需要稍微理解或是根本不需要理解，例如手機和筆電這類隨處可見的設備（輸入簡單的查詢指令，就可以達到目的），或是像疫苗接種這類大費周章的事（這當然是二〇二一年全球最佳例子，通常大眾唯一可以理解的部分，就是把袖子捲起來）。要怎麼解釋這種理解缺陷（comprehension deficit）呢？的確，我們鼓勵將廣博的知識專業化，但反面則是對基礎知識的了解變得越來越粗淺（甚至完全無知），不過這樣的事實仍不足以解釋理解缺陷。

都市化和機械化是造成理解缺陷的兩個重要原因。自二〇〇七年起，全球一半以上的人生活在都市（富裕國家則是超過八〇%的人），現代都會區的工作以服務業為主，這與十九世紀和二十世紀初的工業化都市不同。大多數現代都市居民不僅跟生產食物的方式脫節，也跟製造機器和設備的方式脫節，而所有生產活動的機械化程度與日俱增，意味著現

在全球只有極少數的人，所從事的活動是關於提供文明的能源和構成現代世界的材料。

美國現在大約只有三百萬人（農場主人加上工人）直接從事食物生產工作——實際犁田、播種、施肥、除草、收割（採摘蔬菜和水果，是勞力最密集的一環）、照顧動物，總共不到美國人口的一%；難怪大多數美國人不曉得麵包或肉品是怎麼來的，或者只有些許模糊的概念。聯合收割機可以收割小麥，但也能收割大豆或扁豆嗎？一隻小豬多久會變成豬排：要幾個星期？還是幾年？絕大多數的美國人根本毫無頭緒，這種現象比比皆是。中國是全球最大的鋼鐵生產國，每年冶煉、鑄造和軋製的鋼鐵將近十億噸，但這些全都由中國十四億人口當中不到〇．二五%的人完成，只有極少數的中國人會站在高爐（blast furnace）旁邊，或是看得到連鑄機（continuous casting mill）上有如紅色緞帶般移動的熱鋼。這種脫節的情況在世界各地都會發生。

一般人之所以不清楚那些提供能源（食物或燃料）和耐用材料（無論是金屬、非金屬礦物或混凝土）的基本過程，還有另一個主要原因，因為這些知識跟其他資訊、數據和圖像相比，不是被視為傳統，就是認為早已過時，顯然一點都不會讓人感到興奮。通常一流人才不會從事土壤科學，也不會嘗試製造更好的水泥；相反地，他們紛紛投入於處理無形的資訊，例如：微型設備裡的電子流。不管是律師、經濟學家、程式設計人員或財務主管，收入雖高，不過，完全脫離了地球上物質層面的現實生活。

此外，在這些數據崇拜者當中，有許多人相信這些電子流將使傳統的實體必需品變得沒有必要。農田將由都市高樓裡的農業取代，人工合成的產品最後將使種植農作物這件事完全走入歷史；由人工智慧帶動的去材料化（dematerialization），將使我們不再依賴具體成型的金屬和加工礦物，到最後可能連地球環境也不需要：如果我們準備將火星改造成地球，誰還需要地球呢？這些並非全都是不成熟的預測，畢竟這類幻想是來自於一個假新聞充斥的社會，夾雜在現實和虛構，因此容易受騙的人接受了邪教式的願景和幻想，而這些幻想在過去那些較為敏銳的觀察者眼中，會被毫不留情地視為痴人說夢。

本書的讀者都不會搬到火星，我們所有人吃的糧食，一樣會從大片農田裡種植出來，而並非都市農業支持者想像的那樣，種在摩天大樓裡；我們沒有任何人會生活在一個去材料化的世界，在那裡，原本蒸發的水或不可替代的植物授粉等自然現象，都派不上用場。但是，提供這些生存必需品會是一項日益艱鉅的挑戰，因為多數人目前生活的環境，是由上幾代少數富裕的人留下來的，而且人類對能源和材料的需求與日俱增，對生物圈造成的

壓力太多、太快，進而破壞了生物圈維持長期正常運作的流動和儲存能力。

提供一個相當關鍵的比較數字，二〇二〇年全球有將近四〇%的人口（三十一億人，包括撒哈拉以南非洲地區幾乎所有人口），每年的人均能源供應量竟然只跟一八六〇年的德國和法國差不多！為了達到有尊嚴的生活水準，這三十一億人的人均能源消耗量至少要增加為兩倍，最好是三倍，這樣一來，才能讓電力供應量倍增，提高食物產量，建設必要的都市、工業和交通基礎設施，但這些需求必然將進一步破壞生物圈。

我們將如何處理隨之而來的氣候變遷？目前普遍的共識是我們需要有所作為，以預防許多非常不受歡迎的後果，但是要採取什麼行動、在行為上怎麼改變才會最有效？對於那些忽視這個世界能源和材料需求的人，以及那些喜歡提倡綠色環保方案，而不去了解我們如何走到今天這一步的人，有個簡單的解決之道：脫碳（decarbonize）就好——從原本燃燒化石碳，轉成利用取之不盡的再生能源。真正的障礙是：我們這個文明社會是以化石為燃料，而科技的進步、生活品質與繁榮，都是取決於大量燃燒化石碳，化石碳是我們財富的關鍵因素，無法在未來幾十年說不用就不用，更別說是幾年內。

全球經濟若要在二〇五〇年完全脫碳，目前可想而知的前提有兩種，第一是全球經濟要付出代價，將發生難以想像的衰退；第二是技術上出現了奇蹟般的大躍進，能以非常快的速度轉成依賴其他能源。不過現階段我們仍缺乏可信任、可利用、可負擔的全球策略和技術，無法確定能否達到第二種結果，而要是發生了第一種結果，有誰願意處理這個燙手山芋呢？究竟會發生什麼事？在一廂情願的幻想與現實之間，存在著巨大的鴻溝，但在民主社會中，必須由大家集思廣益，各自分享一些現實世界的相關資訊，各種觀點百家爭鳴，之後才能以合理的方式繼續向前邁進，而不是動不動就搬出個人的偏見，提出與現實脫節的論點。

本書試圖減少理解缺陷，解釋一些影響著我們生存和繁榮最基本的主要現實狀況。我的目標不是預測，也不是勾勒出令人震驚或沮喪的未來情境，這種自打嘴巴的預測已蔚為流行，不必助長這股風氣：從長遠角度來看，因為出乎意料的發展和複雜的互動太多，所以無論窮盡個人或群體之力都無法加以預測。我也不會提倡對現實的任何特定（具有偏見的）解讀，以免讓人產生絕望或無止境的期望。我既不是悲觀主義者，也不是樂觀主義者，我是科學家，試著解釋世界究竟如何運作，我將利用這樣的理解讓我們更能意識到未來的限制和機會。

這種探討必然要有所取捨，而我選擇深入研究的這七個關鍵主題，每一個都通過生存必要性的標準：全都精挑細選過，毫不馬虎。本書的第一章指出，我們這些高度使用能源的社會是如何一步一步依賴化石燃料，尤其是電力這個最有彈性的能源。目前主流提出的觀點是，全球能源供應可以做到快速脫碳，而且只需要兩到三年的時間，就能轉換成完全依賴再生能源，我認為這種論點是基於對複雜的現實情況不了解，因此有必要讓大家認識這些現實，以重新審視能源政策。雖然我們正在增加新再生能源（太陽能和風能，以取代行之有年的水力發電）的使用比例，馬路上的電動汽車也越來越多，但是卡車、航空業和運輸業若要脫碳，將會是更大的挑戰，而不依賴化石燃料生產關鍵材料也是如此。

本書的第二章是關於最基本的生存必需品：食物生產。重點在於解釋我們為了生存，需要依賴的東西有多少，不管是小麥、番茄，還是蝦子，都有一個共同點：需要直接和間接大量使用化石燃料。了解到這種對化石燃料的基本依賴，就會讓我們對化石碳的持續需求有現實的理解：利用風力渦輪機（wind turbine）或太陽能電池來發電，比起燃燒煤或天然氣相對容易，但是若缺乏液態化石燃料，所有的田間作業機械將很難運作，而且少了天然氣和石油，也不容易生產所有的肥料和其他農業化學品。簡而言之，如果不以化石燃料作為能源和原料的來源，接下來幾十年就無法為地球提供充足的食物。

第三章解釋由人類智慧創造出來的材料，如何繼續維持我們的社會，以及背後的原因，重點放在我所謂的現代文明四大支柱：氨、鋼鐵、混凝土和塑膠。近年來服務業和小型電子設備掛帥，主導了現代的經濟，去材料化成為一種潮流，但是在了解我闡釋的這些現實後，會明白這樣的主流觀點本質上是一種誤導。許多成品每單位材料的需求下降，這是現代工業發展的關鍵趨勢；但即使是全球最富裕的社會，對材料的需求仍持續攀升，而低收入國家的材料短缺程度令人難以想像，對數十億人來說，精心打造的公寓、廚房用具和空調（更別說是汽車），依舊是遙不可及的夢想。

第四章談論全球化，或是說，運輸和通訊如何讓世界緊密連結。這個歷史觀點顯示出這個過程的起源有多古老（真的是年代久遠），而且如何在最近達到高峰，也就是最後真正的全球化。若仔細觀察會清楚看到，這種矛盾（大受讚揚，也飽受質疑和批評）的現象在未來的發展過程中並非勢在必行，最近全世界有些地方開始走回頭路，民粹主義和民族主義成為趨勢，但還不清楚會持續到什麼程度，或是基於經濟、安全、政治的整體考量，這些改變會修正到什麼程度。

為了評估我們面對的風險，第五章提供了實際的架構：現代社會已經消除或減少許多

會致命或造成殘疾的風險，例如小兒麻痺症和分娩。但有很多危險仍會繼續存在，我們總是一而再再而三地做出不適當的風險評估，不是低估就是高估了面對的危險。讀完本章後，讀者將更了解在許多常見的非自願暴露或自願參與的活動中（從在家中摔倒到洲際旅行；從住在颶風頻仍的城市到跳傘），承擔的風險是高還是低。再來，撇開資方提倡節食等無根據的說法，我們會看到一系列讓我們更長壽的食物選擇清單。

第六章先探討目前發生的環境變化，可能會如何影響我們的三種生存必需品：氧氣、水和食物，其餘焦點會放在全球暖化，這是最近大家關心的環境議題，有一派說法讓新的（幾乎是世界末日似的）災難論甚囂塵上，另一派則完全否認這個論點。與其重述和評斷這些對立的主張（這類書籍已多如牛毛），我要強調的重點與主流的看法相反，這根本不是最近才發現的現象：我們對環境變化的基本了解，已經長達一百五十年。

此外，這一個多世紀以來，我們一直都清楚二氧化碳濃度加倍與實際暖化程度之間的關連，而且早在半個多世紀以前（精確的二氧化碳濃度偵測始於一九五八年，多年來不間斷），就有人提醒說，這種現象史無前例（且很罕見）。但我們選擇去忽略這些說明、警告和真實的記錄，反而加倍燃燒化石燃料，過度依賴的結果導致我們很難斷然捨棄，否則就得耗費更高的成本。我們能以多快的速度改變這種狀況，目前仍不清楚，把這一點再加到其他的環境考量後，一定會得出一個結論，那就是關鍵的生存問題（人類在我們生物圈的安全範圍內，能否實現願望？）並沒有簡單的答案，但我們必須了解事情的真相，唯有如此，才能有效解決問題。

在最後一章中，我將展望未來，特別是針對最近對立的災難論（關於再過幾年的時間，現代文明將落幕的說法）和技術樂觀主義（那些人預測未來的發明會超越地球的限制，開創無限的新天地，讓所有陸地上的挑戰走入微不足道的歷史）。可以預見的是，這兩種立場對我都沒什麼用處，而且我的觀點也不會偏向任何一方。我認為短時間內不會告別歷史，走上其中任何一個方向，我看不出既定的結果，而比較像是複雜的軌跡，這一切都取決於選擇——我們並非毫無選擇。

這本書建立在兩個基礎之上：包羅萬象的科學發現，以及我自己半個世紀以來的研究和著書。這些科學發現涵蓋了十九世紀的經典文獻，例如那些以開創性的方式闡述能量轉換和溫室效應的文章，再加上針對全球挑戰和風險機率的最新評估報告。由於我數十年來從事跨學科研究，因此從我著述的許多書籍中淬取出精華，才能完成這本主題廣泛的書。

我不想沿用狐狸和刺猬的例子（狐狸觀天下之事，知道很多事；但刺猬以一事觀天下，只知一件大事），而是把現代科學家想像成是把洞挖得越來越深的鑽子（這種科學家現在比較容易享有聲望），或是來者不拒的掃描機（這種科學家現在已寥寥無幾）。

我對於盡可能挖出很深的洞，然後成為從洞底觀天的大師級人物毫無興趣，我喜歡在有限的能力範圍內，盡可能多方掃描，一生中最感興趣的研究領域是能源，因為若要精通這麼龐大的知識領域，需要結合物理學、化學、生物學、地質學和工程學，還要關注歷史、社會、經濟和政治因素。

目前為止，我總共寫了四十多本書（主要是偏向學術性質），其中將近一半涉及能源的各個層面，有的書從大範圍切入，廣泛探討能量學和能源的歷史，有的書是小範圍研究個別的燃料類別（石油、天然氣、生物質），以及特定的屬性和過程（功率密度、能量轉換）。其餘的著作違背了我的跨學科探索：我寫過基本現象，例如成長（以所有自然和人為的形式）和風險，也寫過關於全球環境（生物圈、生物地球化學循環、全球生態學、光合生產力和收割）、食物和農業、材料（尤其是鋼鐵和肥料）、技術進步、製造業的興衰等主題，還寫過古羅馬和現代美國歷史，以及日本料理。

這本書絕對是我畢生工作的結晶，是為一般大眾而寫，延續了我長期以來的渴望，也就是對生物圈、歷史和我們創造的世界能有基本的了解。而且，本書也再度展現我幾十年來堅持的立場：強烈主張遠離極端的觀點；最近支持這種立場的人（越來越刺耳、讓人眼花撩亂）將會感到失望：書中既不會悲嘆二〇三〇年是世界末日，也不會迷戀人工智慧以超乎想像的驚人轉變力量快速發展。相反地，本書想為一個更能加以衡量，且必然不可知的觀點提供基礎，希望以理性、實事求是的方法，幫助讀者了解世界究竟如何運作，以及我們是否有機會看到這個世界為後代子孫創造更好的前景。

但是在你深入研究特定主題之前，我要稍微提出一個警告，或者說是一個要求。這本書充滿了數字（都是公制），因為現代世界的現實狀況不能只靠定性描述（qualitative descriptions）來理解，書中的數字不是非常大，就是非常小，最好是按照數量級處理這些現實，以全球通用的方式來標示。如果你沒有這方面的基礎，那麼附錄會解決這個問題，協助你理解大數字和小數字，因此，有些讀者可能會發現從本書的結尾開始閱讀比較有幫助。至於有基礎的讀者，我們第一章見！我會從定量（quantitative）的角度更深入探討能源，這個觀點應該永不退流行。

第一章 了解能源

燃料與電

試想一個友善的科幻小說場景：有個高智慧的外星文明，不想前往遙遠的星球尋找生命，而是將探測器發送到附近的銀河系，然後把地球和上面的居民當作遠端監控的目標。他們為什麼要這樣做？也許只是想做一系列的研究，或是預作準備，在螺旋星系中，原本這第三顆行星是繞著一顆不起眼的恆星運行，要是哪天突然變成一大威脅怎麼辦？也可能是他們需要第二個家園。總之，這顆行星會定期關注地球。

想像一下，有個探測器每一百年會接近我們的星球一次，而且將探測器預先設定好，只有在以下的情況發生時，才會來第二次（近距離觀察）：第一是偵測到之前未觀察到的能量轉換，這是指能量從一種形式轉變為另一種形式；第二是發現隨著能量轉換而來的新物理現象。在基本的物理學術語中，無論是下雨、火山爆發、植物生長、動物獵食、還是人類智慧的成長，任何過程都可以定義為一系列的能量轉換。在地球形成之後的幾億年裡，探測器只會看到幾種一成不變的景象：火山噴發、地震和大氣風暴。

結構性轉變

大約在四十億年前，出現了第一批微生物，但探測器經過時沒有記錄下來，因為這些生命形式的數量很少，仍隱藏起來，與海底的鹼性熱液噴口（alkaline hydrothermal vent）有關。第一次近距離觀察是出現在三十五億年前，當時經過的探測器，記錄了淺海中第一個簡單的單細胞光合微生物：它們吸收近紅外輻射，剛好超出可見光譜的範圍，不會產生氧氣。[1] 在接下來幾億年裡，都沒有任何變化的跡象，直到藍綠藻（cyanobacteria）開始利用可見的太陽輻射能量，將二氧化碳和水轉換成新的有機化合物後釋出氧氣，才出現轉變。[2]

這個重大的轉變為地球大氣層創造出氧氣，然而，又過了很長的時間，在十二億年前才看到較複雜的新水生生物，由當時的探測器記錄到色彩鮮豔的紅藻（紅色是因為具有光合色素藻紅蛋白〔photosynthetic pigment phycoerythrin〕）和體積更大的褐藻，兩者開始出現及大量增加。又過了大約五億年後，綠藻出現。由於新的海洋植物繁殖，探測器需要加裝更好的感應器才能監測海底，這一切都很值得，因為在六億多年前，探測器有了另一

項劃時代的發現：由已分化的細胞所構成的有機體首次登場。這些扁平、柔軟、棲息在海底的生物（出現在澳洲的伊迪卡拉山，所以稱為伊迪卡拉動物群〔Ediacaran fauna〕），是第一批需要靠氧氣才能新陳代謝的簡單動物，而且可以移動，不像藻類只能隨波逐流。[3]

接著，探測器開始記錄比之前變化較為快速的內容：探測器不再像之前一樣，經過沒有生命的大陸地帶，得等個幾億年才記下一個劃時代的變化，而是開始以類似波浪上升、達到頂峰和下降的方式，記錄了各類物種從出現、興盛到滅絕的過程。這個時期始於寒武紀大爆發（Cambrian explosion），小型海底棲生動物暴增（五・四一億年前，主要是三葉蟲），然後第一批魚類、兩棲動物、陸地植物和四足動物（因此具有非常高的移動能力）陸續到來。週期性的物種滅絕減少了這種生物多樣性，甚至幾乎完全消除多樣性，即使到了六百萬年前，探測器也還沒發現任何主宰地球的生物。[4]不久後，探測器差點錯過一個重大的轉變，這個機械的轉變在能量上具有非凡的意義：許多四足動物可以偶爾站立，或是以兩條腿蹣跚前進。到了四百多萬年前，這種移動的形式成為猿猴般小型生物的常態，牠們開始經常待在陸地，而不是樹上。[5]

現在，探測器已經不是間隔幾億年，才向基地回報值得注意的事情，而是縮短到只有幾十萬年。到最後，這些早期兩足動物的後代（我們將其歸類為人亞族〔**hominina**〕，隸屬於人屬〔genus *Homo*〕，是我們的直系祖先）做了一件事，因此踏上統治地球的快車道。幾十萬年前，探測器偵測到第一次體外能量的使用（在一個人的身體外面；也就是說，除了消化食物之外的任何能量轉換），此時這些直立行走的人當中，有人掌握了使用火的技巧，開始刻意用於烹飪，讓自己感到舒適和安全。[6] 以這種受控制的燃燒方式，將植物的化學能轉換為熱能和光，使得人亞族可以吃進以前不易消化的食物，在寒冷的夜晚取暖，遠離危險的動物。[7] 這些作法等於是向前跨出第一步，以史無前例的規模來刻意塑造和控制環境。

下一個顯著的變化，讓這種趨勢更上一層樓，那就是種植作物。大約一萬年前，有些人類控制和操縱一小部分地球的總光合作用（**total photosynthesis**），開始打理作物，也就是篩選、種植、照料和收割食物，以得到（之後的）利益，於是探測器記錄了第一批刻意栽種的植物。[8] 動物的第一次馴化隨即到來，在那之前，人類的肌肉是唯一的原動力（prime mover）——也就是將化學能（食物）轉換為人力的動能（機械能）。馴化動物投入勞動工作，大約是在九千年前，這是人類第一次使用自己肌肉以外的體外能量，最早開始的動物是牛，在農地耕田、從水井提水、拉動或搬運重物，甚至是當作個人交通工具。[9]過了很久以後，第一批無生命的發動機出現了：五千多年前的帆、兩千多年前的水車、一千多年前的風車。[10]

在這之後的階段，進展的腳步相對趨緩，所以探測器沒有太多東西可以觀察：過了一個又一個世紀，只有這些行之有年的能量轉換，一直重複、停滯或緩慢成長和普及。由於美洲和澳洲缺乏役畜（譯注：供使役用的牲畜）和簡單的機械發動機，因此在歐洲人到來之前，所有的工作都是靠人類肌肉完成。在工業化以前的時代，舊大陸（Old World）的一些地區裡，碾穀、榨油、研磨和鍛造，多半是由馴化的動物、風和流水提供能量，至於繁重的田間工作（尤其是犁地，至於收割仍靠手工完成）、運輸貨物和發動戰爭，役畜都扮演著不可或缺的角色。

但此時，即使是擁有馴化動物和機械發動機的社會，大部分的工作仍由人工完成。我利用過去提供勞力的動物和人口總數（這當然是個大概的數字），再以現代的體力勞動量為基準，推估出每日平均的工作量比率，結果發現無論是西元一千年，還是五百年後（也就是西元一五〇〇年，在近代早期剛開始），在所有有用的機械能當中，九〇%以上是來自於有生命的人力和畜力，兩者各占一半，而所有的熱能都來自於燃燒植物燃料（以木材和木炭為主，再加上秸稈和乾糞）。

接著在一六〇〇年，外星探測器開始行動，發現到前所未見的情況。有一個島嶼社會不再只完全依賴木材，而是燃燒越來越多的煤炭，這種燃料是在幾千萬或幾億年前透過光合作用產生，長期儲存在地底下，因熱力和壓力而變成化石。最佳的研究資料指出，在一六二〇年左右（也許更早），英國主要是以煤炭來供應熱源，用量已經超過了生質燃料（biomass fuel）；一六五〇年，化石碳的燃燒提供了三分之二的熱能；一七〇〇年達到七五%。[11]英格蘭的起步非常早：所有煤田早在一六四〇年以前就生產煤炭，讓英國穩居十九世紀全球經濟霸主的寶座。[12]接著到了十八世紀初，一些英國礦坑開始依賴蒸汽機，這是第一個以燃燒化石燃料為動力的無生命發動機。

這些早期的機器效率很低，只能放在礦坑裡，如此一來，燃料就可以隨時添加，而且不需要運輸。[13]但是幾世代以來，外星探測器最感興趣的國家仍然是英國，因為英國很早開始使用煤礦，即使到了一八〇〇年，一些歐洲國家和美國的煤炭開採量加起來，跟英國產量相比根本是小巫見大巫。

一八〇〇年經過的探測器，會記錄主宰地球的兩足動物所使用的全部熱能和光能，其中，九八%以上仍由植物燃料提供，此外，在農業、建築和製造業所需的機械能當中，九〇%以上仍由人力和畜力提供。在英國，詹姆士·瓦特（James Watt）於一七七〇年代改良了蒸汽機，博爾頓瓦特公司（Boulton & Watt company）開始製造平均功率相當於二十五隻強壯馬匹的機器，但是到了一八〇〇年，銷售量仍不到五百台，與馴化的馬匹和勤勞的工人所提供的總能量相比，實在是相形見絀。[14]

即使到了一八五〇年，歐洲和北美的煤炭開採不斷增加，卻依然不超過燃料能源總供給量的七%，在所有有用的動能中，將近一半是來自於役畜，大約四〇%來自於人力，只有十五%來自於三個無生命的發動機：水車、風車和普及率緩慢增加的蒸汽機。一八五〇年的世界跟一七〇〇年比較像，甚至像一六〇〇年，而不太像二〇〇〇年。

但是到了一九〇〇年，化石、再生燃料以及發動機在全球的比重都發生了顯著的變化，所有的初級能源（primary energy）中，現代能源（煤炭和一些原油）占一半，傳統燃料（木材、木炭、秸稈）則占另一半。一八八〇年代，水力發電廠的水輪機（water turbine）產生了第一批的初級電力，接著是地熱發電，二戰後是核能、太陽能和風力發電（新的再生能源）。但是到了二〇二〇年，全球仍有一半以上的電力來自於燃燒化石燃料，主要是煤炭和天然氣。

在一九〇〇年，無生命的發動機提供了大約一半的機械能：燃煤蒸汽機的貢獻最大，其次是設計較佳的水車和新的水輪機（於一八三〇年代首次推出）、風車和全新的蒸汽渦輪機（**steam turbine**，自一八八〇年代後期起）和內燃機（以汽油為燃料，也於一八八〇年代首次推出）。[15]

到一九五〇年，化石燃料已供應將近四分之三的初級能源（仍以煤炭為主），而無生命的發動機（現在是以汽油和柴油為燃料的內燃機領先）提供了八〇%以上的機械能。在二〇〇〇年，只有低收入國家的窮人依賴生質燃料，而木材和秸稈只提供大約一二%的全球初級能源。有生命的發動機只占機械能的五%，因為以液體為燃料或裝上電動馬達的機器，幾乎完全取代了人力和畜力。

在過去兩個世紀裡，外星探測器見證到初級能源在全球快速替換，還看到大量供給、種類繁多的化石能源，再加上以同樣快速全新推出的高生產力無生命發動機——首先是燃煤蒸汽機，接著是內燃機（活塞和渦輪機）。探測器最近一次的造訪，會看到一個真正的全球化社會，由大規模靜態與動態的化石碳轉換建立而成，除了地球上一些無人居住的地區之外，到處都有化石碳的足跡。

現代能源的用途

運用這種體外能量帶來了什麼改變？全球初級能源供給通常是指總產量（總額），但是檢視實際可轉換成有用形式的能源會更有意義。因此，我們需要扣除預先消耗而損失的部分（例如在淨煤、原油精煉和天然氣加工過程中）、非能源使用（主要是作為化學工業的原料、泵浦或飛機渦輪等機器的潤滑油，以及鋪路材料），還有電力傳輸過程中的損失。經過一番調整後（大量的四捨五入，此處無須過於精確的數字），我的計算結果是，十九世紀化石燃料的使用增加為六十倍，二十世紀增加為十六倍，在過去的兩百二十年間，大約增加為一千五百倍。[16]

這種對化石燃料與日俱增的依賴，最足以說明現代文明的進展，也凸顯出我們對能源供給是否充裕，以及燃燒能源對環境影響的隱憂。實際上，增加的能源遠高於上述的一千五百倍，因為我們必須考慮到平均轉換效率也同時增加了。[17]一八〇〇年，在鍋爐中燃燒煤炭時產生的熱能和熱水，效率不超過二五到三〇％，蒸汽機消耗的煤當中，只有二％轉換成可以使用的能源，導致整體轉換效率低於十五％。一個世紀後，更好的鍋爐和引擎讓整體效率提高到約二〇％，到二〇〇〇年，平均轉換率約為五〇％。因此，二十世紀的有用能源增加了將近四十倍；自一八〇〇年起，大約增加三千五百倍。

為了更清楚了解這些巨幅的變化，我們應該以人均消耗量來表示這些比率。全球人口從一八〇〇年的十億，增加到一九〇〇年的十六億，到了二〇〇〇年為六十一億，因此有用能源的供給量（皆以人均表示）從一八〇〇年的〇．五億焦耳，增加到一九〇〇年的二十七億焦耳，到了二〇〇〇年約為兩百八十億焦耳。而由於中國自二〇〇〇年以後在世界舞台上崛起，造成二〇二〇年全球的比率進一步推升至人均消耗量約三百四十億焦耳。現階段地球上居民平均擁有的有用能源，約為十九世紀初祖先的七百倍。

此外，對於二戰後出生的人來說，這個比率在他們的一生中增加了兩倍多，自一九五〇年到二〇二〇年之間，人均消耗量從一百億焦耳增加到三百四十億焦耳。若要更容易理解這個比率，可以想成每個地球人每年可使用的原油約八百公斤（〇・八噸，或接近六桶〔barrel〕），或是大約一・五噸的優質煙煤（bituminous coal）。以體力勞動的角度而言，就像是每人可以得到六十個一般成人日以繼夜不停工作的成果；對於富裕國家的人民來說，相當於兩百到兩百四十個固定勞動的成人，視各國情況略有差異。平均而言，人類現在可使用的能源數量更勝於以往。

從人類體力的消耗、勞動時數、休閒時間和整體生活水準來看，這種結果顯而易見。富裕國家擁有大量有用的能源，這不僅帶來了重大的影響，也足以解釋各方面的進步已成常態，而非例外，包括從更好的飲食到大規模旅遊；從生產和運輸的機械化到即時個人電子通訊。近年來，各國之間的變化差異很大：如我們所料，在一個世紀以前，高收入國家人均能源消耗量已相對較高，所以變化較少；至於從一九五〇年以來，經濟現代化速度最快的國家，能源消耗量的成長幅度也較大，最著名的是日本、南韓和中國。一九五〇年到二〇二〇年，在由化石燃料和主要電力提供的有用能源中，美國人均消耗量大約增加為兩倍（達到約一千五百億焦耳），日本增加為五倍多（人均消耗量達到約八百億焦耳），而中國增加超過一百二十倍（人均消耗量約五百億焦耳），相當驚人。[18]

追蹤有用能源使用的軌跡非常發人深省，因為能量不僅是生物圈、人類社會和經濟的複雜結構中的一個要素，也不只是複雜方程式中的一個數字，用以計算這些相關的系統如何演變，能量轉換是生命和演化的基礎。現代歷史可視為新能源快速轉型的一系列過程，現代世界是能量轉換累積而來的成果。

物理學家最先認出能量在人類活動中扮演舉足輕重的角色。一八八六年，揭開熱力學神祕面紗的路德維希．波茲曼（Ludwig Boltzmann）將自由能（free energy，也就是可用於轉換的能量）稱為「生命奮鬥的目標」（Kampfobjekt, the object of struggle），最終必須依賴入日射（進入的太陽輻射〔incoming solar radiation〕）。[19]一九三三年諾貝爾物理學獎得主歐文．薛丁格（Erwin Schrödinger）以一句話總結生命的基礎：「生物體以負熵（negative entropy或negentropy，等於自由能）為食。」[20]一九二〇年代的阿爾佛雷德．洛特卡（Alfred Lotka）是美國數學家與統計學家，遵循十九世紀和二十世紀初物理學家的基本原則，得出的結論是：最能取得可用能源的生物具有演化優勢。[21]

在一九七〇年代初期，美國生態學家霍華德．奧登（Howard Odum）解釋說：「所有的進步都歸功於特殊的電力補貼，無論何時何地撤銷補貼，進步就煙消雲散。」[22]物理

學家羅伯特・艾爾斯（Robert Ayres）最近在著作中，一再強調能源是所有經濟體的核心：「經濟體系基本上是一個提煉能源，將其加工後轉成資源的系統，以提供產品和服務。」[23]簡而言之，能源是唯一真正通用的貨幣，若是沒有能量轉換，一切（從銀河系到昆蟲短暫的生命）都不會存在。[24]

現代經濟學充斥著大量的解釋和規則，經濟學家對公共政策的影響也遠大於其他專家，但上述經過驗證的事實已擺在眼前，他們竟然對能源視而不見，實在是令人費解。如艾爾斯所說，經濟學不僅不了解實際生產過程中能源的重要性，而且還假設說：「能源不太重要，因為在經濟中，能源所占的成本比重很低，因此可以忽略……彷彿光靠勞動力和資本就能生產產品——或是能源彷彿只是一種人造資本（man-made capital），利用勞動力和資本就能生產出來（而不需要提煉）。」[25]

現代的經濟學家並不會因為專注在能源上而得到回報和獎勵，現代的社會只有在特別具有商業價值的能源供給受到威脅和價格飆升時，才會特別關注。Google 的 Ngram Viewer 正足以說明這一點，利用這個工具，你可以查看從一五〇〇年到二〇一九年的印刷資料中出現的熱門關鍵字：在二十世紀時，「能源價格」一詞出現的頻率仍微不足道，直到一九七〇年代初期開始迅速攀升（原因是石油輸出國家組織〔OPEC〕將原油價格調漲為五倍；本章後面會詳細說明），在一九八〇年代初期達到高峰。一旦油價下跌，出現的頻率也大幅下滑，到了二〇一九年，提及「能源價格」的次數比一九七二年少。

如果不稍微了解能源，就無法了解世界究竟如何運作。在本章中我會先解釋，要為能源下定義也許不容易，但是要避免將能源與電力混為一談的這種常見錯誤就比較簡單。我們將看到不同形式的能源（各有特定的優缺點），以及不同的能量密度（energy densities，每單位質量或體積所儲存的能量，這對於能源儲存以及是否便於攜帶非常重要）如何影響不同階段的經濟發展，此外，那些正準備轉型為比較不依賴化石碳的社會，我也會對他們將面臨的挑戰提供現實的評估。如你所見，我們的文明非常依賴化石燃料，因此下一次轉型所需的時間會比大多數人預期的更久。

何謂能量？

我們如何定義這個基本量（fundamental quantity）？從希臘語的詞源來看很清楚，亞

里斯多德（**Aristotle**）在他的《形上學》（*Metaphysics*）一書寫道，把 *ἐν*（**in**，加進去）與 *ἔργον*（**work**，功勞）結合，得出的結論是，每個物體都是由 *ἐνέργεια* 維持（譯注：*ἐνέργεια* 是古希臘語的 **energeia**，等於英文的 **energy**，加進去的功，意指「活動、操作」）。[26]這種理解賦予了所有物體行動、運動和改變的潛力——具有能轉換為其他形式的潛力（不管是舉起、投擲或燃燒），這個說法還算不錯。

在接下來的兩千年裡幾乎沒什麼變化。最後，終於由艾薩克・牛頓（**Isaac Newton**，**1643 – 1727** 年）奠定了物理定律的基礎，包括質量、力和動量，而且幸虧有他的第二運動定律才能推導出基本能量單位。若使用現代科學單位表示，一焦耳等於一牛頓的力——也就是使質量一公斤物體，以一米每平方秒（m/s^2）的加速度移動一公尺的距離。[27]但這個定義僅指動（機械）能，當然無法讓人在直覺上了解所有形式的能量。

到了十九世紀，由於燃燒、熱、輻射和運動方面的實驗大量增加，讓我們對能量的理解更上一層樓。[28]因此出現至今仍最常見的能量定義：「作功的能力」（**the capacity for doing work**），此定義僅適用於「功」不只代表投入一些勞動的情況，正如那個時代一位重要的物理學家所說，一般而言在物理上，功是「藉由反抗一個阻止改變的力，所造成系統狀態的改變。」[29]但這種表達方式還是跟牛頓時代一樣，無法一看就懂。

若要回答「何謂能量？」這個問題，就得提到二十世紀最具洞察力的物理學家——多才多藝的理察・費曼（Richard Feynman），在他著名的《費曼物理學講義》（*Lectures on Physics*）中，以直接了當的方式解決這項挑戰，強調：「能量有非常多種形式，每種形式都有一個公式，包括：重力能、動能、熱能、彈性能、電能、化學能、輻射能、核能、質量能。」

然後得出了以下這個令人卸下心房，但不容質疑的結論：

> 當今的物理學中，我們不知道能量是什麼，了解這一點非常重要。我們沒有看到能量一點一滴出現的圖片，但並不是這樣的。然而，有一些公式可以計算一些數值，如果加在一起，會得到……總是相同的數字。這個東西很抽象，因為沒有告訴我們各種公式的機制或推論。[30]

一直以來都是如此，不管是移動的箭或高空飛行的噴射客機，我們都可以用公式非常精確地計算出動能；我們可以從一顆即將從山上滾落的巨石來計算出位能；化學反應釋放出來的熱能，或是閃爍的蠟燭或雷射的光（輻射）能，我們都算得出來——卻無法將這些能量縮小成腦海中容易描述的單一物體。

但是對那群上網查一些資料就自詡為專家的人來說，能源的不確定性難不倒他們：自一九七〇年代初期起，能源成了公眾討論的主要話題，這些無知的人狂熱地對能源問題發表高見。能源的概念最難以捉摸，也最容易誤解，若不了解基本現實，就會導致許多幻想和錯覺。如前所述，能量以各種形式存在，為了讓能量變得有用，我們需要將它從一種形式轉換成另一種形式。可是將這種多面向的抽象事物視為一個整體，已經成了常態，彷彿不同形式的能量很容易取代。

要取代其中一些相對容易且有益的能量，例如用蒸汽渦輪機產生電力（燃料的化學能首先轉換為熱能，然後是電能，接著再轉換為輻射能），再供電給電燈以取代蠟燭（蠟的化學能轉換為輻射能），這麼做顯然好處多多（轉換成一種更安全、更明亮、更便宜、更可靠的能源）。以電力取代蒸汽和柴油驅動的火車，讓運輸變得更便宜、更乾淨、更快速：所有豪華的高速火車都是電動的。不過許多理想的替代品，可能會面臨三種狀況：第一是價格依然很昂貴；第二是可能可以使用，但短時間內確實負擔不起；第三是不可能達到所需的規模——無論支持者對這些能源多麼讚不絕口，情況就是如此。

電動汽車是第一種狀況中常見的例子：現在很容易買到，最好的車型非常可靠，但是到了二〇二〇年，跟由內燃機驅動的同尺寸汽車相比，價格還是偏貴。至於第二種狀況，我將在下一章進一步說明，生產氮肥必須靠合成氨，而現在是依賴天然氣作為氫氣的主要來源，雖然氫氣也可以透過水的分解（電解）產生，但這種作法的價格比從大量廉價的甲烷製取氫氣貴了四倍，而且我們尚未建立大規模的氫氣工業。以電力驅動的長途商業飛行（相當於從紐約搭燃燒煤油的波音〔Boeing〕787到東京）是第三種狀況的最佳範例：正如我們將看到的，這種能量轉換在未來很長一段時間仍然不切實際。

熱力學第一定律指出，能量在轉換過程中不會憑空消失：消化食物是從化學能轉為化學能；肌肉運動是從化學能轉為機械能；燃燒天然氣是從化學能轉為熱能；渦輪機旋轉是從熱能轉為機械能；發電機是從機械能轉為電能；光線照亮你現在閱讀的書頁時，是從電能轉為電磁能。然而，所有的能量轉換最終都會導致低溫熱源消散：能量沒有消失，但是效用以及作有用功的能力不見了（熱力學第二定律）。

所有形式的能量都可以用相同的單位測量——焦耳是科學單位，卡路里則經常用於研究營養。下一章，我會詳細介紹現代食品生產中的大量能源補貼，那時我們將遇到不同能源特質的真實存在狀況。生產雞肉所需的總能源是食用肉類所含能量的數倍，雖然我們可以根據能量的量（輸入焦耳／輸出焦耳）來計算補貼比例——輸入和輸出之間顯然存在著基本的差異：我們無法消化柴油或電，而精瘦的雞肉幾乎是易於消化的食物，富含優質蛋白質，這是一種不可或缺的巨量營養素（macronutrient），無法由等量的脂質或碳水化合物取代。

談到能量轉換，可用的選擇很多，其中有一些比較好的選擇。煤油和柴油的高密度化學能非常適合洲際飛行和運輸，但如果你希望潛水艇在穿越太平洋時維持在水面下運行，那麼最好的選擇是濃縮鈾（enriched uranium）在小反應爐中分裂。[32]在陸地上，大型核子反應爐是最可靠的電力生產者：其中一些核子反應爐現在可發電的時間高達九〇％到九五％，而最好的離岸風力渦輪機約為四五％，即使在陽光最充足的氣候下，太陽能電池為二五％——德國太陽能板的發電時間只有大約一二％。[33]

這是簡單的物理學或電機工程學，但值得注意的是，這些現實經常受到忽視。另一個常見的錯誤是將能量與功率（power）混為一談，顯然是完全不了解基礎物理學，而令人遺憾的是，不是只有外行人會出錯。能量是一個純量（scalar），在物理學中是僅用來描述大小的量；體積、質量、密度、時間和速度是其他常見的純量。功率是測量每單位時間的能量，是一個速率（在物理學中，速率是測量變化，通常是每單位時間內）。發電的機構通常稱為發電廠（power plant）——但功率只是能量生產或能量使用的速率。功率等於能量除以時間：以科學單位表示，則為瓦特＝焦耳／秒（watts＝joules／seconds）。能量等於功率乘以時間：焦耳＝瓦特×秒。如果你在羅馬教堂中點燃一根小小的蠟燭，可能會燃燒十五小時，以接近四十瓦的平均功率，將蠟的化學能轉為熱（熱能）和光（電磁能）。[34]

不幸的是，即使是工程出版刊物也常寫道：「生產十億瓦（1000 MW，譯注：1 MW等於一百萬瓦）電力的發電廠」，但這是不可能的。一個發電廠的（額定〔rated〕）功率可以是十億瓦，也就是能以該速率發電，但這樣做時，會產生十億瓦時（watt-hours），或是以基本科學單位表示，在一小時內產生三·六兆焦耳（十億瓦×三六〇〇秒）。以同樣的方式來計算，一個成年男性的基礎代謝率（身體為了要維持基本運作，在完全休息

時所需消耗的能量）約八十瓦，或是每秒八十焦耳；一個七十公斤重的人整天趴在床上，仍然需要大約七百萬焦耳（八〇×二四×三六〇〇）的食物熱量，或大約一千六百五十大卡，以維持體溫、心跳以及大量的酶促反應（enzymatic reaction）。[35]

近年來，由於對能源不了解，提倡建立新綠色世界的人，天真地大力疾呼立刻停用帶來汙染、數量有限、可惡的化石燃料，改用環保、可再生、優質的太陽能電力。可是從原油（汽油、航空煤油、柴油、重油）提煉出來的液態碳氫化合物（hydrocarbon），在所有常用燃料中能量密度最高，因此非常適合用於各種運輸方式。以下的密度由低到高排列（皆以「十億焦耳／每噸」的比率表示）：風乾木材，十六；煙煤（視品質而定），二十四—三十；煤油和柴油，大約四十六。就體積而言（皆以「十億焦耳／立方公尺」的比率表示），木材的能量密度大約只有十，優質煤為二十六，煤油為三十八，天然氣（甲烷）只有〇・〇三五，不到煤油密度的千分之一。[36]

能量密度以及燃料的物理性質，對運輸的影響顯而易見。由蒸汽機驅動的遠洋客輪不燒木頭，因為在其他條件都相同的情況下，橫跨大西洋所需的木柴體積是優質煙煤的二・五倍（而且至少重了五〇%），會大幅降低船隻運送人員和貨物的能力。飛行不可能以天然氣為燃料，因為甲烷的能量密度比航空煤油低三個數量級，也不會以煤炭為燃料——雖然密度的差異沒那麼大，但煤炭不會從機翼中的油箱流到引擎。

液體燃料的優點不只是能量密度高而已，與煤炭不同的是，原油更容易生產（不需將礦工送入地底下，或是因為開發大型露天礦坑破壞景觀）、儲存（在油罐中或地下——因為石油的能量密度高得多，在任何封閉空間裡，液體燃料的儲存量通常比煤多七五%）、配送（透過油輪和輸油管跨洲運輸，是最安全的長距離大量運送模式），因此有需要時很容易就可取得。[37]原油需要精煉，才能將碳氫化合物的複雜混合物分離出特定的燃料——汽油最輕；殘餘燃油（residual fuel oil）最重——但這個過程會生產出更有價值的燃料，以作為特定用途，還可生產出不可或缺的非燃料產品，例如潤滑油。

不管是廣體噴射客機（wide-body jetliner）裡的大型渦輪風扇發動機（turbofan engine），還是微型軸承（miniature bearing），都需要使用潤滑油來減少摩擦。[38]汽車業是最大的消費者，目前全球至少有十四億輛汽車在路上行駛，其次是工業用途（最大的市場是紡織品、能源、化學品和食品加工）以及遠洋漁船。這些化合物的年使用量現在超過一・二億噸（另一個可供比較的數字是全球所有食用油的產量，從橄欖油到大豆油，現在每年約兩億噸），而且可用的替代品更昂貴合成潤滑油（synthetic lubricants）的生產過程更簡單，但多是來自於石油的化合物，而非直接從原油中提煉出來，隨著這些行業在全球持續擴張，這種需求將進一步增加。

另一種從原油提煉出來的產品是瀝青，這種黑色的高黏度材料目前全球產量約為一億噸，其中八五%用於鋪路（熱拌和溫拌瀝青混合料），其餘多半用於屋頂。[39]碳氫化合物還有另一個不可或缺的非燃料用途：當作許多化學合成品的原料（主要是來自天然氣液體〔natural gas liquid〕的乙烷、丙烷和丁烷），生產各種合成纖維、樹脂、黏著劑、染料、油漆和塗料、清潔劑、殺蟲劑，對我們現代的世界至關重要。[40]既然有這些優點和好處，可以預見的是（實際上是不可避免）一旦產品價格變得讓人負擔得起，而且在全球都能穩定供應，那麼我們對原油的依賴就會增加。

從煤炭轉變到原油花了幾個世代的時間。俄羅斯、加拿大和美國於一八五〇年代開始，以商業模式開採原油，使用重型切削鑽頭反覆升降的古老衝擊法（percussion method）鑽出的井很淺，每日產量低，這種簡單的原油提煉方式得到的主要產品是燈用煤油（取代鯨油〔whale oil〕和蠟燭）。[41]精煉油（refined oil）產品的新市場是隨著內燃機的普及應運而生：首先是以汽油為燃料的機器（奧圖循環，Otto cycle），用於汽車、公車和卡車；接著是魯道夫・狄賽爾（Rudolf Diesel）發明的機器，效率更高，由更重、更便宜的柴油為燃料，主要用於船隻、卡車和重型機械（更多相關資訊，請見本書第四章）。這些新的發動機普及速度緩慢，在二戰之前，汽車擁有率較高的國家只有美國和加拿大。

由於中東和當時的蘇聯發現了大型油田，原油因此成為全球燃料，後來成為世界上最重要的初級能源，而大型油輪的引進當然也功不可沒。一些中東的石油大國於一九二〇和一九三〇年代首次鑽探油井（一九二七年在伊朗的加奇薩蘭〔Gachsaran〕和伊拉克的基爾庫克〔Kirkuk〕，一九三七年在科威特的布爾甘〔Burgan〕油田），但大部分油田是在戰後發現，包括一九四八年的加瓦爾（Ghawar，世界最大），一九五一年的薩法尼亞（Safaniya），以及一九五七年的邁尼費（Manifa）油田，都位於沙烏地阿拉伯。蘇聯最大的油田是在一九四八年（伏爾加－烏拉爾盆地〔Volga-Ural Basin〕的羅馬什金〔Romashkino〕）和一九六五年（西西伯利亞的薩莫特洛爾〔Samotlor〕）發現。[42]

原油的興起與地位微幅衰退

一九五〇年代，歐洲和日本的經濟體跟以往不同，開始大規模使用汽車，同時從原本的煤炭轉變為原油，以及後來的天然氣。此外，歐、日對外貿易擴張、旅遊盛行（包括第一架噴射客機），用石化原料來合成氨和塑膠製品。全球石油開採量在一九五〇年代增加一倍，到了一九六四年，原油已經超過煤炭，成為世界上最重要的化石燃料，儘管產量繼續增加，但供給仍相當充足，所以價格下跌。若排除貨幣變動的因素（通貨膨脹已調整），一九五〇年的世界石油價格低於一九四〇年，一九六〇年低於一九五〇年，一九七〇年仍低於一九六〇年。[43]

如果說「需求來自於所有產業」，這一點也不足為奇。實際上，因為原油太便宜，所以會缺乏有效使用的動機：在美國的寒冷地區，越來越多房屋安裝油爐以提高室溫，但窗戶是單層玻璃，而且外牆沒有使用保溫材料；在一九三三年到一九七三年，美國汽車的平均效率也確實下降；能源密集產業持續使用低效率的流程運作。[44]也許最值得注意的是，美國用優質的氧氣爐取代舊式平爐煉鋼的步伐，比日本和西歐慢很多。

在一九六〇年代後期，美國對石油的高需求又增加了約二五％，而全球的需求增加了約五〇％。從一九六五年到一九七三年，歐洲的需求幾乎增加為兩倍，日本的進口量增加為二．三倍。[45]如前所述，新發現的石油彌補了急增的需求，因此石油的售價基本上與一九五〇年相同。但好景不常，一九五〇年，美國的石油產量仍占全球的五三％，到了一九七〇年雖然依舊是最大的生產國，但比重下降，占不到二三％（這顯然需要增加進口量），而石油輸出國家組織的產量為四八％。

一九六〇年該組織由五個國家在巴格達成立，目的是為了防止進一步的價格下跌，讓時間站在他們那邊：在一九六〇年代，規模不足以大到能主張自己的權利，但到了一九七〇年，該組織的產量在全球的比重提高，再加上美國開採減少（在一九七〇年達到高峰），讓人無法忽視其需求。[46]一九七二年四月，德州鐵路委員會（Texas Railroad Commission）取消了對該州產量的限制，因此放棄自一九三〇年代以來對價格的控制權。一九七一年，阿爾及利亞和利比亞開始將石油生產收歸國有，伊拉克在一九七二年如法炮製，科威特、卡達和沙烏地阿拉伯在同一年開始逐步接管油田——因為在那之前油田一直掌握在外國企業手中。接著在一九七三年四月，美國結束了對洛磯山脈以東原油進口的限

制。突然間變成了賣方市場，一九七三年十月一日，石油輸出國家組織將公告價格提高了一六%，每桶為三・〇一美元，隨後六個波斯灣阿拉伯國家（Arab Gulf states）又提高了一七%，而一九七三年十月，以色列在西奈半島（Sinai）戰勝埃及後，全面禁止石油出口至美國。

一九七四年一月一日，波斯灣國家將公告價格提高到每桶一一・六五美元，使這個必要能源的成本在一年內上漲為四・五倍，因此結束了廉價石油帶來的經濟快速擴張時代。從一九五〇年到一九七三年，西歐的經濟商品價格幾乎漲為三倍，而美國光是在那一個世代的時間裡，國內生產毛額（GDP）就增加為兩倍多。從一九七三年到一九七五年，全球經濟成長率下降了大約九〇%，就在那些受到油價上漲影響的經濟體開始適應這些新現實（特別是工業能源效率顯著提升），這時伊朗君主制宣告結束，改由伊朗基本教義派神權政府接管，導致第二波油價上漲，從一九七八年的十三美元左右，上漲到一九八一年的三十四美元，使得一九七九年到一九八二年間全球經濟成長率再次下降了九〇%。[47]

一桶超過三十美元的價格大幅降低需求，到了一九八六年，石油再次以每桶十三美元的價格出售，為下一輪全球化奠定基礎——這次是以中國為中心，中國快速現代化的推動力是來自於鄧小平的經濟改革，以及大量的外國投資。過了兩個世代以後，只有經歷過那段石油價格和供給動蕩時期的人（或那一小群會去研究其影響的人），才能體會這兩波油價上漲帶來了多大的創傷。即使在四十年後，依舊能感受到當時因經濟反轉而產生的結果，因為一旦對石油的需求開始增加，仍然會實行許多節油措施（最明顯的是工業上能源使用變得更有效率），而且其中一些措施會持續強化。[48]

一九九五年，原油開採量終於打破一九七九年的紀錄，且繼續增加，滿足了中國經濟改革和亞洲其他地區與日俱增的需求，但石油並沒有重返一九七五年以前的相對主導地位。[49]全球商業初級能源供給的比重從一九七〇年的四五%，降為二〇〇〇年的三八%和二〇一九年的三三%——現在可以肯定的是，由於天然氣消耗量以及風力和太陽能發電量持續增加，這個比例仍會進一步下降。使用太陽能和風力渦輪機產生更多電力會是個大好機會，但是從這些間歇性來源獲得二〇—四〇%的電力（德國和西班牙是大型經濟體中的最佳典範），與一個國家要完全依賴這些再生能源供應電力，基本上不可混為一談。

人口眾多的大國若要完全依賴這些再生能源，需要我們目前仍缺少的兩樣東西：第一是大規模、長期（數天到數週）的電力儲存，才能支援間歇性發電；第二是大範圍的高電壓電網，才能在各個不同時區內傳輸電力，也能從陽光充足和風力強大的地區，輸送到都會區和工業集中地區。這些新的再生能源所產生的電力，是否足以取代今天靠煤炭和天然氣為燃料的發電量呢？此外，現在由液體燃料提供給車輛、船隻和飛機的所有能源，也可以靠再生能源產生的電力達到公共運輸完全電氣化嗎？即使真的可以達到現在一些計畫所給出的承諾，但我們能在短短二、三十年間看到成果嗎？

電力的許多優點

如果按照費曼的說法，能量是「抽象的東西」，那麼電力就是其中一種最抽象的形式。你不必理解科學就可以直接體驗到幾種不同類型的能量，還能區分它們的形式，利用它們的轉換方式。固體或液體燃料（化學能）是有形的（一截樹幹、一塊煤炭、一罐汽油），不管是森林大火、舊石器時代的洞穴、產生蒸汽的火車頭或汽車內，燃燒燃料都會釋放熱量（熱能）。從高處落下的水和流水無所不在，只要建造簡單的木製水車，就能看出重力能和動能如何輕易地轉換為有用的動（機械）能——若要將風的動能轉換為機械能，用以磨碎穀物或榨油，只需要一台風車和木製齒輪，將水平運動轉換成磨石的垂直運動。

相較之下電是無形的，無法像燃料一樣，讓我們在一下子就能了解。但是電的作用可以從靜電、火花、閃電看到；也可以從小電流感覺到，超過一百毫安培（milliampere）的電流可能會致命。電的常見定義並不是憑直覺就可以理解，需要具有先備知識，了解其他的專業術語，例如「電子」、「流量」、「電荷」和「電流」。雖然費曼在《費曼物理學講義》第一冊中，只草率帶過一句話：「電能的存在，跟電荷的推和拉有關。」但是他在第二冊詳細說明這個主題時，用了微積分來處理機械能、電能以及穩定電流。[50]

對多數人而言，現代的世界充滿了黑箱，很多裝置的內部運作原理（在不同程度上）對用戶來說仍然是一團謎。電力可視為一個無所不在的終極大黑箱系統：儘管許多人相當清楚投入了哪些東西（大型熱電廠裡化石燃料的燃燒；水力發電廠水位的落差；太陽能電池吸收的太陽輻射；反應爐裡面的鈾分裂），而且每個人都從產出的東西中受益（光、熱、運動），可是只有少數人完全了解發電廠、變壓器、傳輸線和最終用途的設備裡，究竟發生了什麼事。

閃電是電的自然現象，經常可見，但是因為太強大、太短暫（只有幾分之一秒），而

且破壞力太大，所以不曾開發作為生產用途。雖然每個人都可以藉由摩擦合適的材料產生微量的靜電，或是在不需充電的情況下，將小電池放入手電筒和可攜式電子設備中，享受持續數小時的簡單服務，但為了大規模商業用途而發電，則是一項既昂貴又複雜的工作。電力的配送必須考量如何從發電廠輸電到用電量最大的地區，例如都市、工業區和電氣化的大眾運輸，每個環節都很複雜：需要變壓器和大範圍的高壓輸電線路電網，進一步轉換後，才能透過低壓架空線或地下線路，配電給數十億的消費者。

即使在這個高科技電子奇蹟時代，儲存的電量仍不足以供應一個中型都市（五十萬人）一、兩週的需求，也不足以供應一個巨型都市（超過一千萬人）半天的電力。[51]但儘管複雜度高、成本高、技術挑戰高，我們還是一直努力讓現代的經濟體達成電氣化的目標，而且這種對於高度電氣化的追求將持續下去，因為這種形式的能源結合了許多無與倫比的優點。最明顯的是，電力的使用在最終消費端總是既輕鬆且乾淨，在大多數的時間裡也特別有效率，只要輕觸一下開關、按下按鈕或調一下恆溫器（現在通常只需用手轉一下或按一下，也可以用語音控制），就可以打開電燈、馬達或電暖器和冷氣，不需儲存大量燃料，也不必費力搬運和點燃，沒有不完全燃燒的危險（排放有毒的一氧化碳），更不必清潔燈具、火爐或暖氣爐。

電力是照明的最佳能源形式：不管是在任何規模的私人或公共照明上，都沒有競爭對手，不但消除了日光的限制，而且照亮黑夜，很少有一項創新能像這樣對現代文明產生如此大的影響。[52]不管是古老的蠟燭和油燈，還是早期工業用的煤氣燈和煤油瓶，以往這些替代品都很昂貴，效率極低。若要比較光源，最有說服力的指標是發光效率（luminous efficacy）——產生視覺信號的能力，以總光通量（luminous flux，光源發出的總能量，以流明〔lumen〕為單位）除以提供光源的電能（以瓦特為單位）所算出的比值。如果把蠟燭的發光效率設定為一，早期工業都市裡的煤氣燈則至少是五到十倍；在第一次世界大戰之前，鎢絲電燈泡是六十倍；今天最好的螢光燈大約是五百倍；鈉燈（sodium lamp，用於戶外照明）的效率高達一千倍。[53]

燈和馬達這兩類電力的轉換，究竟是哪一類帶來的影響比較大，目前仍無法確定。但是透過電動馬達將電能轉換為動能，率先澈底改變了工業生產的每個環節，後來也進入每個家庭。要求比較低的人工作業，以及那些在工業上需要利用蒸汽機協助的操作，例如升起、壓平、切割、編織等，幾乎已完全電氣化。在美國，這個過程發生在第一台交流馬達問世後的短短四十年之內，[54]到了一九三〇年，電力驅動讓美國的製造業生產率幾乎增加了一倍，而且在一九六〇年代後期再度增加了一倍。[55]同時，電動馬達逐漸將觸角延伸到鐵路運輸，先從電車開始，接著是客運列車。

服務業目前主導著所有現代經濟體，而服務業的運作完全依賴電力，不管是電梯、手扶梯、有空調的建築物、開門或壓縮垃圾，都必須靠電動馬達提供動力。電動馬達也是電子商務不可或缺的好幫手，因為可以為巨型倉庫中有如迷宮般的輸送帶提供動力。但是最無所不在的電動馬達，其實每天依賴它們的人卻從來都看不見，那就是讓手機震動器能運作的微型馬達：最小的不到四公釐×三公釐，寬度還不到普通成人小指頭寬度的一半，只有拆開手機才看得到，不然就是要上網觀看操作影片。[56]

有些國家的鐵路運輸現在幾乎都已電氣化，所有高速列車（最高三百公里／小時）都是由電力機車（electric locomotive，譯注：以架空電車線提供電力作為動力的鐵路機車）或安裝在多個位置的馬達來提供電力。一九六四年日本推出的新幹線就是個創新的例子，[57]即使是基本的車型，現在也有二十到四十個小馬達，昂貴的車型則更多——會增加車輛的重量以及電池的消耗。[58]在家庭中，電力不只為照明和所有電子設備供電（現在通常還包括保全系統），而且在機械式的工作中也占有一席之地，像是在廚房加熱和冷藏食物，以及為許多房屋提供熱水和暖氣。[59]

如果沒有電，各都市就不會有飲用水，各地也不會有液態和氣態化石燃料。強大的電動泵（electric pump）要將水送入市區的供水設施，如果高度商業化和人口密集的都市是位於高海拔地區，那麼任務會特別艱鉅。[60]電動馬達讓所有的燃油泵（fuel pump）運轉，才能將汽油、煤油、柴油送入油箱和機翼。北美地區多半是用強制空氣流動的方式提高室內溫度，而雖然當地天然氣管道中可能有大量的天然氣（通常用燃氣渦輪機〔gas turbine〕來輸送燃料），但是仍然要靠小型電動馬達讓風扇運轉，才能將由天然氣所加熱的空氣推進管道。[61]

社會朝向電氣化已是個長期趨勢（將燃料轉化為電力的比例不斷攀升，而不是直接消耗燃料），這一點毫無疑問，新的再生能源（指太陽能和風能，而不是始於一八八二年的水力發電）很容易成為這個趨勢背後的推動力。但是發電的歷史提醒我們，許多複雜因素會隨著這個過程接踵而至；儘管電力具有深遠且日益重要的意義，但在全球最終的能源消耗裡，電力仍只占相當少的部分，僅為一八％。

在你觸碰開關之前

我們需要回到這個產業的開端，了解它的根基、基礎設施，以及這一百四十年來發展的軌跡。商業發電始於一八八二年，拿下了三個第一名，其中兩個是由湯馬斯・愛迪生（Thomas Edison）設計的兩座燃煤發電廠（倫敦的霍爾本高架橋發電廠〔Holborn Viaduct〕於一八八二年一月啟用；紐約的珍珠街車站發電廠〔Pearl Street station〕於一八八二年九月啟用），第三個是首座水力發電廠（位於威斯康辛州阿普爾頓〔Appleton〕的福克斯河〔Fox River〕上，也於一八八二年九月開始發電）。[62] 一八九〇年代發電量開始迅速增加，當時的交流電傳輸超過了既有的直流電網路，而且新設計的交流電動馬達開始用於工業和家庭。一九〇〇年，全球產出的化石燃料不到二%是用於發電，到一九五〇年這個比例仍不到一〇%，現在約為二五%。[63]

一九三〇年代，由於美國和蘇聯的大型國家贊助計畫，水力發電也同步加速擴張，且在二戰後達到新高，由巴西（伊泰普水電廠〔Itaipu〕於二〇〇七年完工，十四吉億瓦〔14 gigawatts，譯注：1 gigawatt 為一「吉瓦」，等於十億瓦〕）和中國（三峽水力發電廠於二〇一二年完工，兩百二十五億瓦）的大型工程創下紀錄。[64]在此同時，一九五六年英國的克得霍爾（Calder Hall）核電廠開始利用核分裂產生商業電力，一九八〇年代持續大幅擴展，在二〇〇六年達到高峰，此後稍微下降至全球發電量的一〇%左右。[65]到了二〇二〇年，水力發電約占一六%；風能和太陽能增加了約七%；其餘（約三分之二）主要來自於以煤炭和天然氣為燃料的大型中心發電廠。

人們對電力的需求，遠高於對其他商業能源的需求，這一點也不足為奇：從一九七〇年到二〇二〇年的這五十年間，全球發電量增加為五倍，而初級能源的總需求量只增加為三倍。[66]隨著越來越多人遷移到都市，基載電力（baseload generation，必須供應的最低電量，以每天、每月或每年為基準）更進一步攀升。幾十年前，美國在夏天晚上的需求最低，商店和工廠關閉，公共運輸停駛，除了少數人之外，所有人都進入夢鄉，窗戶敞開，可是現在為了能在悶熱的夏夜入眠，大家都把窗戶關上，打開整夜嗡嗡作響的空調。在大都市和巨型都市裡，許多工廠實施雙班制，許多商店和機場每天二十四小時營業。只有在新冠肺炎（COVID-19）期間，紐約地鐵停止全天候營運，而東京地鐵只睡了五小時（從東京站開往新宿的第一班火車是清晨五點十六分發車，最後一班則是半夜十二點二〇分）。[67]

相隔多年後，衛星拍攝的夜間圖像顯示，街道、停車場和建築物的區域變得越來越大，燈光變得越來越亮，這些區域通常與附近的都市相連，形成了發光的大型複合都市。[68]

電力供應的穩定度高（電網管理人員提及要達到六個九：九九・九九九九的穩定度，一年中只斷電三十二秒！），這絕對有其必要，因為很多社會都依賴電力，例如燈光（無論是在醫院、機場跑道，還是緊急逃生指示燈）、人工心肺機、無數的工業製程都少不了電。[69]真要說起來，雖然新冠肺炎大流行的確帶來了破壞、痛苦和無可避免的死亡，但如果電力短缺的問題是發生在整個國家且持續數週，也將是一場災難，會帶來前所未見的後果。[70]

脫碳：速度和規模

地殼中不乏化石燃料資源，沒有立即耗盡煤和碳氫化合物的危險：以二〇二〇年的產量水準來看，煤炭儲存量約一百二十年，石油和天然氣的儲存量約五十年，繼續勘探將會讓更多能源從資源的類別轉移到儲存量（在技術上和經濟上都可行）的類別。對化石燃料的依賴創造了現代世界，但由於擔憂全球暖化的速度會越來越快，於是許多人開始大聲疾呼，要盡快消除化石碳。在理想的情況下，全球能源供應的脫碳進度應該夠快，讓全球平均升溫控制在不超過攝氏一．五度（最壞的情況為攝氏二度）。根據大多數的氣候模型，這代表到二〇五〇年全球二氧化碳淨排放量會降至零，而且從那時起一直到本世紀結束前，都會保持負排放。

請注意關鍵的修飾語：目標不是完全脫碳，而是「淨零」或碳中和。這個定義允許持續排放二氧化碳，但是要採取平衡方式（目前尚不存在！），例如大規模清除大氣中的二氧化碳，永久儲存在地下，或是大量種樹等暫時措施來補償。[71]在二〇二〇年，設定以五或〇結束的年分作為淨零目標年，已成為一種趕流行的遊戲：已經有一百多國加入這個行列，從挪威的二〇三〇年、芬蘭的二〇三五年，一直到整個歐盟，再加上加拿大、日本和南非的二〇五〇年，以及中國（全球最大的化石燃料消費國）的二〇六〇年。[72]由於二〇一九年燃燒化石燃料產生的二氧化碳年排放量超過三百七十億噸，到了二〇五〇年的淨零目標將需要在速度和規模上達到前所未見的能源轉型。若仔細觀察其中的關鍵要素，就會發現這些挑戰不容小覷。

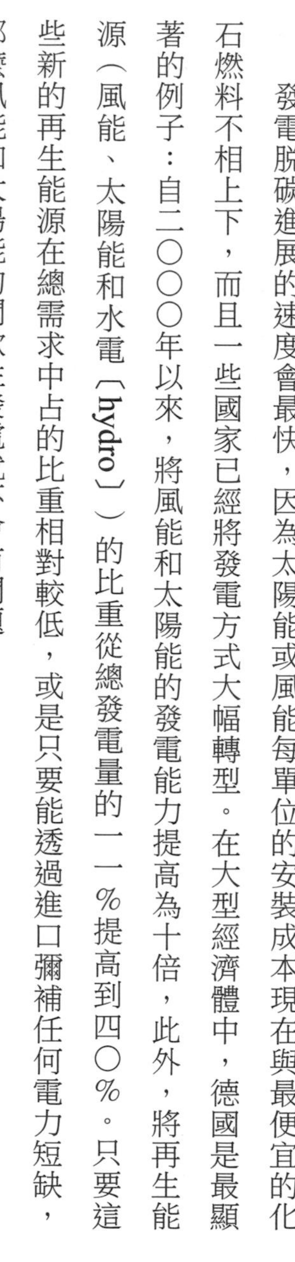

發電脫碳進展的速度會最快，因為太陽能或風能每單位的安裝成本現在與最便宜的化石燃料不相上下，而且一些國家已經將發電方式大幅轉型。在大型經濟體中，德國是最顯著的例子：自二〇〇〇年以來，將風能和太陽能的發電能力提高為十倍，此外，將再生能源（風能、太陽能和水電〔hydro〕）的比重從總發電量的一一%提高到四〇%。只要這些新的再生能源在總需求中占的比重相對較低，或是只要能透過進口彌補任何電力短缺，那麼風能和太陽能的間歇性發電就不會有問題。

因此，許多國家目前在不需任何重大調整的情況下，透過間歇性能源生產的電力可高達一五%。從下述丹麥的例子可看出，一個相對較小且支援系統良好的市場如何提高比重。[73]在二〇一九年，丹麥四五%的電來自風力發電，就算國內沒有太多的電力儲存量，仍能維持這個特別高的比例，因為任何電力短缺都可以從瑞典（水電和核電）和德國（電力來自許多種來源）進口來彌補。可是德國不能這樣做：德國的需求是丹麥總量的二十倍以上，而且必須保持足夠的電力儲存量，以防新的再生能源派不上用場時可隨時啟用。[74]二〇一九年，德國產生了五七七兆瓦時（terawatt-hours）的電力，比起二〇〇〇年增加了不到五%，但是發電裝置容量（installed generating capacity）增加了約七三%（從一二一〇億瓦增加到約二〇九〇億瓦），造成這種差異的原因顯而易見。

德國於一九八〇年開始刻意加速能源轉型，推動《能源過渡計畫》（*Energiewende*），但二十年過後，仍必須保留大部分的化石燃料發電容量（實際上是占八九%），以滿足陰天和無風情況的需求。畢竟在陰霾的德國，太陽能發電的時間平均只有一一%到一二%，而在二〇二〇年燃燒化石燃料依然產生了將近一半（四八%）的電力。此外，由於風力發電的比重增加，必須建設新的高壓線路，才能將電力從風勢強勁的北方輸送到需求量大的南方，但工程進度落後。在美國，若要將大平原（Great Plains）的風力發電和西南地區的太陽能電力，輸送到高需求的沿岸地區，則需要更大的輸電專案才能達成，可是這些長期計畫幾乎仍未完工。[75]

由於這類配套措施極具有挑戰性，因此需要仰賴技術成熟（目前仍持續改良）的解決方案，也就是效率更高的太陽能電池、大型陸上和離岸風力渦輪機、高壓電（包括長距離的直流電）傳輸。如果排除一些障礙，例如成本、申請程序和「不要蓋在我家後院」的情緒，其實這些技術可以快速派上用場。此外，太陽能和風力發電的間歇性問題，可以透過重新依賴核能發電來解決，如果我們在近期內不能開發出更好的大規模電力儲存方式，那麼再次使用核電將會特別有幫助。

我們需要為大都市和巨型都市儲存非常大量（幾十億瓦時，也就是百萬度）的電力，但到目前為止，唯一可行的選擇是抽水蓄能（pumped hydro storage，PHS）：使用較便宜的夜間電力從低窪的水庫中抽水，之後只要一放水就可立即發電。[76]只要有多餘的太陽能或風能可用，就可以抽水，持續發電，但顯然抽水蓄能只適合在有高度差異的地方運作，而且把水抽上來的過程中，大約會消耗四分之一的發電量。其他的能源儲存裝置，例如電池、壓縮空氣和超級電容器（supercapacitor），容量仍比大都市所需要的電力低了幾個數量級，即使是一天的儲存量也不夠。[77]

相較之下，現代的核子反應爐如果建造得當、小心運作，將是安全、持久和高度可靠的發電方式；如前所述，運轉的時間可超過九〇%，使用壽命可超過四十年。儘管如此，核能發電的未來仍是未定數，只有中國、印度和南韓承諾會進一步擴大產能，在西方，由於投入資本高、重大建設延宕，再加上有其他較便宜的選擇（美國的天然氣、歐洲的風能和太陽能），因此讓新的核分裂能力不具吸引力。此外，美國新的小型模組化反應爐雖然本質上很安全（於一九八〇年代首次提出申請），但尚未商業化，而德國決定在二〇二二年停用所有核能發電，從這個例子可以看出歐洲普遍的強烈反核態度（關於核電真正的風險評估，請見第五章）。

但這種狀況可能不會持續太久：即使是歐盟現在也體認到，如果沒有核子反應爐，根本談不上是野心勃勃的脫碳目標。歐盟二〇五〇年淨零排放的情境，是將長達數十年的停滯擱置一旁，同時忽略核能產業，並且設想在全部的能源消耗中，有高達二〇%是來自於核分裂。[78]請注意，這是指初級能源消耗的總量，而不僅是電，電力只占全球最終能源總消耗量的一八%，如果最終能源使用（來自工業、家庭、商業和交通）的八〇%以上要達到脫碳目標，將會比發電脫碳更具挑戰性。增加的發電量可用於空間加熱（space heating），以及用在目前依賴化石燃料的許多工業加工，但是現代長途運輸的脫碳過程仍不確定。

我們在多久後可以搭乘由電池供電的廣體噴射客機跨洲飛行？新聞頭條向我們保證，未來將使用電力飛行——相當令人感動，卻忽略了一件事：渦輪風扇發動機燃燒的煤油能量密度，與這些假想的電動飛機上面使用的目前最好的鋰離子電池（Li-ion batteries），兩者之間有著極大的差距。為噴射客機提供動力的渦輪風扇發動機，所燃燒的燃料能量密度為每公斤四千六百萬焦耳（接近每公斤一萬兩千瓦時），將化學能轉換為熱能和動能——而目前最好的鋰離子電池提供的能量每公斤不到三百瓦時，相差四十多倍。[79] 電動馬達的能量轉換效率大約是燃氣渦輪機的兩倍，這一點無可否認，因此有效密度的差距大約「只有」二十倍。但是在過去三十年中，電池的最大能量密度大約增加為三倍，即使我們把這個數字再乘以三，到二〇五〇年，密度仍將遠低於每公斤三千瓦時——根本還不足以搭乘廣體噴射客機從紐約到東京、或從巴黎到新加坡，而這是幾十年來以煤油為燃料的波音和空中巴士（Airbus）客機每天在做的事。[80]

此外，現代文明的四大材料支柱（第三章將會說明）完全只依賴電力生產，而目前我們並沒有符合商業規模的替代方案，能夠很快就拿來利用。意思是說，即使再生電力供應充足可靠，我們還是必須開發大規模的新製程來生產鋼鐵、氨、水泥和塑膠。

除了發電以外的脫碳進展速度仍然緩慢，這一點也不令人訝異。德國很快將有一半的電力來自再生能源，但在《能源過渡計畫》的這二十年間，化石燃料占初級能源供給的比重只從八四％下降到七八％：德國人喜歡沒有速限的高速公路和頻繁的洲際旅行，天然氣和石油依然是德國工業嗡嗡作響的背景音樂。[81] 如果德國複製過去的紀錄，那麼到了二〇四〇年，對化石燃料的依賴仍會接近七〇%。

至於那些沒有付出極高的代價推動再生能源的國家，狀況又是如何呢？日本是其中一個典型的例子：在二〇〇〇年，大約有八三%的初級能源來自於化石燃料；到了二〇一九年，這個比重（由於福島核電廠事故後失去了核能發電，而且需要進口更多的燃料）為九〇%！[82]雖然美國大幅減少對煤炭的依賴（發電時以天然氣取代），但在二〇一九年，化石燃料仍占初級能源供給的八〇%。同時，中國的化石燃料比重從二〇〇〇年的九三%下降到二〇一九年的八五%，比重相對減少，但對化石燃料的需求卻提高為原本的三倍。中國的經濟崛起，主要為以下兩件事：一、二十一世紀前二十年，全球化石燃料消耗量增加約四五%；二、即使各國投入鉅資，大規模擴增再生能源，化石燃料在全球的初級能源供給只略微下降一些，約從八七%降為八四%。[83]

現在全球每年對化石碳的需求量略高於一百億噸（這個數字幾乎是最近供應全球人口主要穀物年產量的五倍多，也是全球近八十億居民每年飲用水總量的兩倍多），但顯然各國政府的目標不是在以〇或五結尾的年分裡，盡力處理或改變這個數字。這個相對高的比重，以及我們對化石碳的高度依賴，使得任何快速的替代方案不可能發生：這不是出於對全球能源系統的了解不足而產生的個人偏見，而是基於工程和經濟現實得出來的務實結論。

這些現實是經過審慎考量長期的能源供給狀況，與最近倉促的政治承諾不可同日而語。根據國際能源署（International Energy Agency, IEA）於二〇二〇年發布的「承諾政策情境」（Stated Policies Scenario）認為，化石燃料占全球總需求的比重，將從二〇一九年的八〇%下降到二〇四〇年的七二%。在此同時，國際能源署「永續發展情境」（Sustainable Development Scenario，這是目前為止最積極的脫碳情境，能大幅加速全球脫碳）預設到了二〇四〇年，化石燃料將能滿足五六%的全球初級能源需求，因此，不太可能在接下來的十年將這麼高的比例降到接近零。[84]

富裕國家的財富多、技術能力強、人民消費水準高，製造的廢棄物也多，當然可以採取一些令人印象深刻且相對較快的脫碳步驟（坦白說，應該是要減少使用任何一種能源）。但是對於另外五十多億人來說，情況並非如此，他們消耗的能源只是富裕國家的一小部分，需要更多的氨來提高作物產量，以養活不斷增加的人口，也需要更多的鋼鐵、水泥和塑膠來完成基礎設施。我們需要做的是，逐步減少依賴那些創造現代世界的能源，對於即將到來的轉型，我們仍然不知道大部分的細節，但有一件事是確定的：不會（不能）突然放棄化石碳，甚至也不會迅速讓化石碳消失——而是逐漸減少。[85]

參考資料和注釋

1 我們永遠無法確定這件事：最早可以追溯至三十七億年前，最晚則是二十五億年前。T. Cardona, "Thinking twice about the evolution of photosynthesis," *Open Biology* 9/3 (2019), 180246.

2 A. Herrero and E. Flores, eds., *The Cyanobacteria: Molecular Biology, Genomics and Evolution* (Wymondham: Caister Academic Press, 2008).

3 M. L. Droser and J. G. Gehling, "The advent of animals: The view from the Ediacaran," *Proceedings of the National Academy of Sciences* 112/16 (2015), pp. 4865–4870.

4 G. Bell, *The Evolution of Life* (Oxford: Oxford University Press, 2015).

5 C. Stanford, *Upright: The Evolutionary Key to Becoming Human* (Boston: Houghton Mifflin Harcourt, 2003).

6 關於人亞族最早在什麼時候刻意使用火、控制火，這一點永遠不會有定論，但最佳證據指出至少大約是在八十萬年以前：N. Goren-Inbar et al., "Evidence of hominin control of fire at Gesher Benot Ya'aqov, Israel," *Science* 304/5671 (2004), pp. 725–727.

7 藍翰（Wrangham）認為烹飪是演化上最重要的里程碑：R. Wrangham, *Catching Fire: How Cooking Made Us Human* (New York: Basic Books, 2009).

8 許多植物物種的馴化分別發生在舊大陸和新大陸的幾個地區，但最早是出現在近東：M. Zeder, "The origins of agriculture in the Near East," *Current Anthropology* 52/ Supplement 4 (2011), S221–S235.

9 役畜包括一般的牛、水牛、犛牛、馬、騾、驢、駱駝、美洲駝、大象，以及（較少用的）馴鹿、綿羊、山羊和狗。常用來當坐騎的除了馬科動物（馬、驢、騾）外，只有駱駝、犛牛和大象。

10 關於這些機器的演進發展，請參考：V. Smil, *Energy and Civilization: A History* (Cambridge, MA: MIT Press, 2017), pp. 146–163.

11 P. Warde, *Energy Consumption in England and Wales*, 1560–2004 (Naples: Consiglio Nazionale delle Ricerche, 2007).

12 關於英格蘭和不列顛的煤炭開採史，請參考：J. U. Nef, *The Rise of the British Coal Industry* (London: G. Routledge, 1932); M. W. Flinn et al., *History of the British Coal Industry*, 5 vols (Oxford: Oxford University Press, 1984–1993).

13 R. Stuart, *Descriptive History of the Steam Engine* (London: Wittaker, Treacher and Arnot, 1829).

14 R. L. Hills, *Power from Steam: A History of the Stationary Steam Engine* (Cambridge: Cambridge University Press, 1989), p. 70; J. Kanefsky and J. Robey, "Steam engines in 18th-century Britain: A quantitative assessment," *Technology and Culture* 21 (1980), pp. 161–186.

15 這些是非常接近的估計數字，即使我們知道勞動人口和役畜的確切總數，仍然還是得推估他們一般產出的勞力和總工時。

16 一八〇〇年實際的總量不到〇．五艾焦耳，一九〇〇年增加為約二十二艾焦耳，到二〇〇〇年增加為約三五〇艾焦耳，到二〇二〇年達到五二五艾焦耳。關於全球（和許多國家）能源轉型的詳細歷史記錄，請參考：V. Smil, *Energy Transitions: Global and National Perspectives* (Santa Barbara, CA: Praeger, 2017).

17 能源轉換效率的歷史綜合平均值，出自於我的計算，請參考：Smil, *Energy and Civilization*, pp. 297–301. 近年來的整體轉換效率，請參考全球或各國的桑基能量分流圖（Sankey diagrams of energy flows）：https://www.iea.org/sankey，美國的資料請參考：https:// flowcharts.llnl.gov/content/assets/images/energy/us/Energy_US_ 2019.png.

18 這些計算數據請參考聯合國的《能源統計年報》（*Energy Statistics Yearbook*）：https://

unstats.un.org/unsd/energystats/pubs/yearbook/. 以及英國石油公司（BP）的《世界能源統計年鑑》（*Statistical Review of World Energy*）：https:// www.bp.com/en/global/corporate/energy-economics/statistical-review-of-world-energy/downloads.html.

19 L. Boltzmann, *Der zweite Hauptsatz der mechanischen Wärmetheorie* (Lecture presented at the "Festive Session" of the Imperial Academy of Sciences in Vienna), May 29, 1886. See also P. Schuster, "Boltzmann and evolution: Some basic questions of biology seen with atomistic glasses," in G. Gallavotti et al., eds., *Boltzmann's Legacy* (Zurich: European Mathematical Society, 2008), pp. 1–26.

20 E. Schrödinger, *What Is Life?* (Cambridge: Cambridge University Press, 1944), p. 71.

21 A. J. Lotka, "Natural selection as a physical principle," *Proceedings of the National Academy of Sciences* 8/6 (1922), pp. 151–154.

22 H. T. Odum, *Environment, Power, and Society* (New York: Wiley Interscience, 1971), p. 27.

23 R. Ayres, "Gaps in mainstream economics: Energy, growth, and sustainability," in S. Shmelev, ed., *Green Economy Reader: Lectures in Ecological Economics and Sustainability* (Berlin: Springer, 2017), p. 40. See also R. Ayres, *Energy, Complexity and Wealth Maximization* (Cham: Springer, 2016).

24 Smil, *Energy and Civilization*, p. 1.

25 Ayres, "Gaps in mainstream economics," p. 40.

26 關於能量概念的歷史發展細節，請參考：J. Coopersmith, *Energy: The Subtle Concept* (Oxford: Oxford University Press, 2015).

27 R. S. Westfall, *Force in Newton's Physics: The Science of Dynamics in the Seventeenth Century* (New York: Elsevier, 1971).

28 C. Smith, *The Science of Energy: A Cultural History of Energy Physics in Victorian Britain* (Chicago: University of Chicago Press, 1998); D. S. L. Cardwell, *From Watt to Clausius: The Rise of Thermodynamics in the Early Industrial Age* (London: Heinemann Educational, 1971).

29 J. C. Maxwell, *Theory of Heat* (London: Longmans, Green, and Company, 1872), p. 101.

30 R. Feynman, *The Feynman Lectures on Physics* (Redwood City, CA: Addison-Wesley, 1988), vol. 4, p. 2.

31 關於熱力學的入門書籍不勝枚舉，但以下這本仍最傑出：K. Sherwin, *Introduction to Thermodynamics* (Dordrecht: Springer Netherlands, 1993).

32 N. Friedman, U.S. *Submarines Since 1945 : An Illustrated Design History* (Annapolis, MD: US Naval Institute, 2018).

33 容量（負載）因數（Capacity〔load〕factor）是一個機組實際發電量與能夠生產的最大電力輸出量之間的比率。例如，一個五百萬瓦的大型風力渦輪機全天候運轉，將產生十二萬度（120 MWh，譯注：1 MWh 為一百萬瓦時，等於一千度電）電力；如果實際輸出量僅為三萬度電，則容量因數為二五％。二〇一九年，美國年平均容量因數（全部四捨五入）：太陽能板為二一％，風力渦輪機為三五％，水力發電廠為三九％，核電廠為九四％：Table 6.07.B, "Capacity Factors for Utility Scale Generators Primarily Using Non-Fossil Fuels," https://www.eia.gov/electricity/monthly/epm_table_grapher.php?t=epmt_6_07_b. 德國太陽能電池容量因數很低，這一點也不足為奇：柏林和慕尼黑每年的日照時數比西雅圖還少！

34 一根許願蠟燭（約五十公克重，石蠟〔paraffin〕的能量密度為四十二千焦 / 克〔kJ/g〕）含有兩百一十萬焦耳（五〇 × 四二〇〇〇）的化學能，燃燒十五小時的平均功率接近四十瓦（很像一顆光線微弱的燈泡）。但在兩種情況下，都只有一小部分的總能量會轉成光：現代白熾燈（incandescent light）不到二 %，石蠟蠟燭只有〇 · 〇二 %。關於蠟燭重量和燃燒時間，請參考 https://www.candlewarehouse.ie/shopcontent.asp?type=burn-times；關於照明效能，請參考：https://web.archive.org/web/20120423123823/ http://www.ccri.edu/physics/keefe/light.htm.

35 關於基礎代謝率的計算，請參考：Joint FAO/WHO/UNU Expert Consultation, *Human Energy Requirements* (Rome: FAO, 2001), p. 37, http://www.fao.org/3/a-y5686e.pdf.

36 Engineering Toolbox, "Fossil and Alternative Fuels – Energy Content" (2020), https://www.engineeringtoolbox.com/fossil-fuels-energy-content-d_1298.html.

37 V. Smil, *Oil: A Beginner's Guide* (London: Oneworld, 2017); L. Maugeri, *The Age of Oil: The Mythology, History, and Future of the World's Most Controversial Resource* (Westport, CT: Praeger Publishers, 2006).

38 T. Mang, ed., *Encyclopedia of Lubricants and Lubrication* (Berlin: Springer, 2014).

39 Asphalt Institute, *The Asphalt Handbook* (Lexington, KY: Asphalt Institute, 2007).

40 International Energy Agency, *The Future of Petrochemicals* (Paris: IEA, 2018).

41 C. M. V. Thuro, *Oil Lamps: The Kerosene Era in North America* (New York: Wallace-Homestead Book Company, 1983).

42 G. Li, *World Atlas of Oil and Gas Basins* (Chichester: Wiley-Blackwell, 2011); R. Howard, *The Oil Hunters: Exploration and Espionage in the Middle East* (London: Hambledon Continuum, 2008).

43 R. F. Aguilera and M. Radetzki, *The Price of Oil* (Cambridge: Cambridge University Press, 2015); A. H. Cordesman and K. R. al-Rodhan, *The Global Oil Market: Risks and Uncertainties* (Washington, DC: CSIS Press, 2006).

44 在一九三〇年代初期，美國汽車的平均性能約為十六英里 / 加侖（mpg, miles per gallon，每加侖行駛的英里數。十六英里 / 加侖相當於十五公升 / 百公里〔L/100 km，每一百公里用掉十五公升汽油〕），在後來的四十年當中持續緩慢退步，一九七三年僅達到十三 · 四英里 / 加侖（十七 · 七公升 / 百公里）。到了一九八五年，新的廠商平均燃料消耗量（CAFE, Corporate Average Fuel Economy）標準提高為兩倍，達到二七 · 五英里 / 加侖（八 · 五五公升 / 百公里），但隨後油價偏低，因此在二〇一〇年之前都毫無進展。Smil, *Transforming the Twentieth Century* (New York: Oxford University Press, 2006), pp. 203–208.

45 關於能源生產和消費的詳細統計數據，請參考聯合國《能源統計年報》和英國石油公司《世界能源統計年鑑》。

46 S. M. Ghanem, *OPEC: The Rise and Fall of an Exclusive Club* (London: Routledge, 2016); V. Smil, *Energy Food Environment* (Oxford: Oxford University Press, 1987), pp. 37–60.

47 J. Buchan, *Days of God: The Revolution in Iran and Its Consequences* (New York: Simon & Schuster, 2013); S. Maloney, *The Iranian Revolution at Forty* (Washington, DC: Brookings Institution Press, 2020).

48 能源密集產業（冶金、化學合成）率先降低特定能源的使用量；美國的廠商平均燃料消耗量標準已具成效（請參考注釋 44）；而原本依賴燃燒原油或燃料油來發電，後來幾乎全都轉換為煤炭或天然氣。

49 一九八〇年代以後原油的比重，是根據英國石油公司《世界能源統計年鑑》的消費數字計算得出。

50 Feynman, *The Feynman Lectures on Physics*, vol. 1, pp. 4–6.

51 這些重要的問題現在影響著全球越來越多的人口，自二〇〇七年以來，一半以上的人住在都市，到了二〇二五年，大約一〇 % 將住在巨型都市。

52 B. Bowers, *Lengthening the Day: A History of Lighting* (Oxford: Oxford University Press, 1988).

53 V. Smil, "Luminous efficacy," *IEEE Spectrum* (April 2019), p. 22.

54 一八八〇年代後期，小型交流電動馬達在美國首次應用於商業上。一八九〇年代，由一二五瓦馬達驅動的小型風扇售出了將近十萬台：L. C. Hunter and L. Bryant, *A History of Industrial Power in the United States*, 1780–1930, vol. 3: The Transmission of Power (Cambridge, MA: MIT Press, 1991), p. 202.

55 S. H. Schurr, "Energy use, technological change, and productive efficiency," *Annual Review of Energy* 9 (1984), pp. 409–425.

56 兩款基本設計是偏心旋轉馬達（eccentric rotating mass vibration motor）和線性震動馬達（linear vibration motor），現在最薄的是硬幣型馬達（僅一．八公釐）（https://www.vibrationmotors.com/vibration-motor-product-guide/cell-phone-vibration-motor）。從全球智慧型手機銷售量看來（二〇一九年為一三．七億隻），目前沒有其他電動馬達的產量可與之相比。（https://www.canalys.com/newsroom/canalys-global-smartphone-market-q4-2019）.

57 法國高速列車（TGV）有兩輛動力車（power car），馬達的總功率為八八〇一九六〇萬瓦。日本新幹線N700系列裡，十六輛車子中有十四輛是動力車，總功率為一千七百萬瓦：http://www.railway-research.org/IMG/pdf/r.1.3.3.3.pdf.

58 在豪華汽車中，這些小型電動伺服馬達（servo motor）的總質量可高達四十公斤：G. Ombach, "Challenges and requirements for high volume production of electric motors," SAE (2017), http://www.sae.org/events/training/symposia/emotor/ presentations/2011/GrzegorzOmbach.pdf.

59 關於廚房電器中電動馬達的更多資訊，請參考：Johnson Electric, "Custom motor drives for food processors" (2020), https://www.johnsonelectric.com/en/features/custom-motor-drives-for-food-processors.

60 墨西哥市是這種特殊需求的最佳案例：水的主要來源是庫察馬拉河（Cutzamala River），供給的水量大約占總需求的三分之二，必須往上運送至少一千公尺；每年供水量超過三億立方公尺，代表超過三拍焦耳（PJ，譯注：一拍焦耳等於 10^{15} 焦耳）的位能，相當於將近八萬噸柴油。R. Salazar et al., "Energy and environmental costs related to water supply in Mexico City," *Water Supply* 12 (2012), pp. 768–772.

61 這些是相當小的馬達（〇．二五一〇．五馬力；大約一九〇一三七〇瓦），即使是較大的送風機馬達（blower motor）也比小型食物調理機中的馬達（四〇〇一五〇〇瓦）功率更小，推動空氣比切碎和揉捏食物容易得多。

62 關於電力的早期歷史，請參考：L. Figuier, *Les nouvelles conquêtes de la science: L'électricité* (Paris: Manoir Flammarion, 1888); A. Gay and C. H. Yeaman, *Central Station Electricity Supply* (London: Whittaker & Company, 1906); M. MacLaren, *The Rise of the Electrical Industry During the Nineteenth Century* (Princeton, NJ: Princeton University Press, 1943); Smil, *Creating the Twentieth Century*, pp. 32–97.

63 即使在美國也只略微高一些。二〇一九年，美國所有的化石燃料中，二七．五%用於發電（大致上一半為煤炭，一半為天然氣，液體燃料占的比例微不足道）：https://flowcharts.llnl.gov/content/assets/images/energy/us/Energy_US_2019.png.

64 International Commission on Large Dams, *World Register of Dams* (Paris: ICOLD, 2020).

65 International Atomic Energy Agency, *The Database of Nuclear Power Reactors* (Vienna: IAEA, 2020).

66 資料來源為英國石油公司《世界能源統計年鑑》。

67 東京地鐵，東京站時刻表（二〇二〇年的資料）請參考：https://www.tokyometro.jp/lang_en/station/tokyo/timetable/marunouchi/a/index.html.

68 關於夜間衛星圖像照片集，請參考：https://earthobservatory.nasa.gov/images/event/79869/earth-at-night.

69 Electric Power Research Institute, *Metrics for Micro Grid: Reliability and Power* Quality (Palo Alto, CA: EPRI, 2016), http://integratedgrid.com/wp-content/uploads/2017/01/4-Key-Microgrid-Reliability-PQ-metrics.pdf.

70 在新冠肺炎死亡率高的時期，電力供應沒有問題，但是有些都市的太平間暫時不夠用，不得不用冷藏貨車。太平間冰櫃是另一個需要依賴電動馬達的關鍵設備：https://www.fiocchetti.it/en/prodotti.asp?id=7.

71 這個概念承認了不可能消除所有人為排放的二氧化碳，但是究竟如何具體從空氣中直接捕集，或是要採取哪些大規模和可負擔的過程來執行，都沒有達成一致的意見。我將在最後一章仔細探討其中一些選項。

72 United Nations Climate Change, “Commitments to net zero double in less than a year” (September 2020), https://unfccc.int/ news/commitments-to-net-zero-double-in-less-than-a-year. See also the Climate Action Tracker (https://climateactiontracker. org/countries/).

73 The Danish Energy Agency, *Annual Energy Statistics* (2020), https:// ens.dk/en/our-services/statistics-data-key-figures-and-energy-maps/annual-and-monthly-statistics.

74 關於德國的容量和發電數據，請參考：Bundesverband der Energie-und Wasserwirtschaft, *Kraftwerkspark in Deutschland* (2018), https://www.bdew.de/energie/kraftwerkspark-deutschland-gesamtfoliensatz/; VGB, Stromerzeugung 2018/2019, https://www.vgb.org/daten_stromerzeugung.html?dfid=93254.

75 乾淨線路能源公司（Clean Line Energy）原本計畫在二〇一九年開發五個大型美國輸電專案，但是於二〇一九年倒閉。平原和東部乾淨線路公司（Plains & Eastern Clean Line）將於二〇二〇年成為美國新電網的支柱（該公司的環境影響說明書已於二〇一四年完成），但因美國能源部（US Department of Energy）退出該專案而告終；即使到了二〇三〇年，可能還是無法完成。

76 N. Troja and S. Law, “Let’s get flexible—Pumped storage and the future of power systems,” IHA website (September 2020). 二〇一九年，佛羅里達電力照明公司（Power and Light）宣布，位於馬納提（Manatee）的全球最大電池儲存系統容量為九十萬度電，將於二〇二一年底完工。但是最大的抽水蓄能發電廠（位於美國的巴斯郡〔Bath County〕）容量為兩千四百萬度電，是電力照明公司未來儲存量的二十七倍，二〇一九年全球抽水蓄能的容量為九十億度電（9 TWh，譯注：1 TWh 為一兆瓦時，等於十億度電），相較之下，電池容量約為七百萬度，差了將近一千三百倍。

77 一個擁有兩千萬人口的巨型都市，一天需要至少三億度的儲電量，是佛羅里達州全球最大電池儲存量的三百多倍。

78 European Commission, *Going Climate-Neutral by 2050* (Brussels: European Commission, 2020).

79 二〇一九年最暢銷的電動汽車，使用的鋰離子電池約為每公斤二五〇瓦時：G. Bower, “Tesla Model 3 2170 Energy Density Compared to Bolt, Model S1009D,” InsideEVs (February 2019), https://insideevs.com/news/342679/tesla-model-3-2170-energy-density-compared-to-bolt-model-s-p100d/.

80 在二〇二〇年一月，距離最長的定期航班是從美國的紐瓦克（Newark）到新加坡（九五三四公里，大約要花十八小時）、紐西蘭的奧克蘭（Auckland）到卡達的杜哈（Doha）、澳洲的伯斯（Perth）到倫敦：T. Pallini, “The 10 longest routes flown by

airlines in 2019," Business Insider (April 2020), https:// www.businessinsider.com/top-10-longest-flight-routes-in-the-world-2020-4.

81 Bundesministerium für Wirtschaft und Energie, *Energiedaten: Gesamtausgabe* (Berlin: BWE, 2019).

82 The Energy Data and Modelling Center, *Handbook of Japan's & World Energy & Economic Statistics* (Tokyo: EDMC, 2019).

83 消耗數據來自英國石油公司《世界能源統計年鑑》。

84 International Energy Agency, *World Energy Outlook 2020* (Paris: IEA, 2020), https://www.iea.org/reports/world-energy-outlook-2020.

85 V. Smil, "What we need to know about the pace of decarbonization," *Substantia* 3/2, supplement 1 (2019), pp. 13–28; V. Smil, "Energy (r)evolutions take time," *World Energy* 44 (2019), pp. 10–14. 不同的觀點請參考：Energy Transitions Commission, *Mission Possible: Reaching Net-Zero Carbon Emissions from Harder-to-Abate Sectors by Mid-Century* (2018), http://www.energy-transitions. org/sites/default/files/ETC_MissionPossible_FullReport.pdf.

第二章 了解食物生產

食物的幕後推手——化石燃料

確保食物的數量充足，富含各種營養，是每個物種生存的當務之急。在漫長的演化過程中，我們的祖先人亞族演化出關鍵的身體優勢：直立的姿勢、以雙腳行走、相對較大的大腦，使他們與類人猿（simian）的祖先有所區隔。結合了這些特徵後，他們更能找尋需要的食物、採集植物、獵捕小動物。

早期的人亞族只有最簡單的石器工具（錘石、砍伐器），可以用來屠宰動物，但是沒有人工器具幫忙狩獵和捕捉動物。他們很容易就可以殺死受傷或生病的動物，以及行動緩慢的小型哺乳動物，可是大型獵物的肉多半來自野生捕食者殺死的動物。[1] 後來開始利用長矛、斧頭、弓箭、編織網、籃子和釣魚竿，才慢慢能狩獵和捕捉各類物種。有些族群（最著名的是舊石器時代晚期的猛獁象獵人〔mammoth hunter〕，這個時代約在一萬兩千年前結束）擅長獵殺大型野獸，而許多沿海居民變成了熟練的漁民，有些甚至利用船隻捕殺遷徙的小型鯨魚。

從覓食（狩獵和採集）轉型到坐式生活（sedentary live），加上早期農業已經馴化了幾種哺乳動物和家禽，使得食物供應在一般情況下更容易預測，但仍然經常不穩定，不過跟早期人類相比，已經足以養活人口密度更高的地方——可是不代表營養一定更均衡。在乾旱環境中覓食，可能需要超過一百平方公里的面積，才能養活一個家庭。對今天的倫敦人來說，大約是從白金漢宮到道格斯島（Isle of Dogs）的距離；對紐約人來說，是一隻海鷗從曼哈頓的最南邊飛到中央公園的中間：為了生存，需要很多土地。

在生產力較高的地區，人口密度可以增加到每一百公頃二到三人（相當於大約一百四十個標準足球場）。[2]人口密度高的覓食社會只出現在沿海族群（最著名的是太平洋西北部），每年都有遷徙的魚類經過，還有很多捕撈水生哺乳動物的機會：提供可靠的高蛋白、高脂肪食物，使其中一些人能在大型的公共木屋中，轉變為坐式生活，也讓他們有空閒時間在圖騰柱上雕刻出令人印象深刻的作品。相較之下，早期農業收割的是剛馴化的作物，代表每公頃耕地可以養活至少一個人。

覓食者可以收集大量的野生物種，但早期從事農耕者不同，種植的植物種類必須受限，因為他們一般的飲食絕大多數都來自種植的植物，而且是以少數的糧食作物（小麥、大麥、稻米、玉米、豆類、馬鈴薯）為主，但是這些作物可以養活的人口密度比覓食社會高出兩到三個數量級。原本在古埃及的前王朝時期（西元前三一五〇年之前），每公頃耕地的人口密度約一・三人，過了三千五百年後，增加到每公頃約二・五人，這時的埃及是

羅馬帝國的行省。[3]這相當於需要四千平方公尺的面積來養活一個人，也就是將近六個網球場，但是這種高生產密度（尼羅河每年供應穩定的水源）已經算是特別好的成果。

在工業化以前的時代，食物生產的速度上升非常緩慢，到十六世紀才達到每公頃三人，而且到了那時才出現中國明朝的集約化耕作地區；在歐洲，一直到十八世紀都維持每公頃二人以下。在工業化以前的漫長過程中，這種食物供應量停滯，或是增加得非常緩慢，代表那段時間只有一小部分吃飽的精英不必擔心餓肚子，這種現象一直到最近這幾個世代才逐漸改變。縱使偶爾有幾年的產量高於平均水準，一般的飲食仍然單調乏味，營養不良和營養不足已是司空見慣。收穫量可能會不夠——作物經常在戰爭中遭到摧毀，饑荒屢見不鮮，因此，我們有能力年復一年生產充裕的食物，這項轉變才是最基本的生存要素，重要性遠高於近年來個人移動範圍變大，或是私人可擁有的財產增加。大多數富裕國家和中等收入國家的人，現在擔心的是吃什麼（和吃多少）才能保持或改善健康，延年益壽，而不必煩惱賴以生存的食物是否足夠。

全球仍有大量的兒童、青少年和成人面臨食物短缺，特別是撒哈拉以南的非洲地區，但是在過去三代人當中，這些居民總數原本占全球的多數，後來下降為不到十分之一。根據聯合國糧農組織（Food and Agriculture Organization, FAO）估計，全球營養不足人口的比例，從一九五〇年的六五%下降到一九七〇年的二五%，到了二〇〇〇年為一五%。持續的改善（有些國家或地區會因自然災害或武裝衝突導致暫時的波動）使得這個比例降到二〇一九年的八．九%，代表食物產量增加，使營養不良率從一九五〇年人口的三分之二，降到二〇一九年的十分之一。[4]

如果再加上這段期間的全球人口變動數字，則上述這個令人印象深刻的成就更值得注意：從一九五〇年約二十五億人，大幅增加到二〇一九年七十七億人。全球營養不良的人數急劇減少，代表在一九五〇年，世界能為大約八．九億人提供足夠的食物，但是到二〇一九年，已經上升至七十億人以上：絕對數字就增加約八倍！

要怎麼解釋這項令人印象深刻的成就呢？眾所周知的答案是，因為作物產量增加。如果說是因為更好的作物品種、農業機械化、施肥、灌溉，再加上作物保護，而使得產量增加，這確實說明投入生產作業上關鍵的變化，但依然少了基本的解釋。現代食物生產，無論是農田作物種植，還是捕獲野生海洋物種，都是依賴兩種不同能源的特殊混合體。第一個最顯而易見的是太陽，但除此之外，我們也需要現在不可或缺的化石燃料，以及人類生

產的電力。

如果請歐美寒帶地區的居民，列舉出經常依賴哪些化石燃料，他們立刻會想到為房子提供暖氣的天然氣，而各地的人都會指出，燃燒液體燃料為我們大部分的交通工具提供動力，但是現代世界最依賴（也是對基本生存最重要）的化石燃料，是直接和間接用在我們的食物生產上。直接使用包括：為所有田間作業機械（主要是曳引機、聯合收割機和其他的收割機）提供動力的燃料、將收成的作物從田地運送到儲存和加工地點、以及灌溉泵浦。間接使用的範圍較為廣泛，例如用於生產農業機械、肥料和農用化學品（除草劑、殺蟲劑、殺菌劑）的燃料和電力，其他包括溫室的玻璃和塑膠膜，以及為了達到精準農業（precision farming）的全球定位裝置。

生產食物的基本能量轉換並沒有改變：一如以往，我們吃的食物無論是直接來自種植還是間接來自動物，都是光合作用的產物。光合作用是生物圈最重要的能量轉換，由太陽輻射提供動力。不同的是作物和動物的生產密集度：由於投入的化石燃料和電力日益增加，作物收穫量才會如此豐富，也能夠預測產量。如果沒有這些人為的能源補貼，就無法為九〇%的人類提供足夠的營養，也無法將全球營養不良人口的比率降到這麼低，而且還可以逐步減少養活一個人所需的時間和耕地面積。

農業（種植糧食作物給人類，種植飼料給動物）必須由太陽輻射提供能源，特別是可見光譜中的藍色和紅色部分。[5]葉綠素和類胡蘿蔔素（carotenoids）是植物細胞中對光線敏感的分子，吸收了這些波長的光，用來為光合作用提供動力，藉由一連串的化學反應，結合大氣中的二氧化碳和水，以及少量的元素，包括最著名的氮和磷，再提供養分給穀物、豆類、根莖類蔬菜、油料和糖料作物。這些收成的其中一部分會用於飼養家畜以生產肉、奶和蛋，至於額外的動物性食物，是來自於以草和水生物種為食的哺乳動物，這些水生物種的生長終究要依賴水中的浮游植物，那些浮游植物也還是得透過在水中行光合作用而產生。[6]

自從定居耕種以來，這種情況大約維持了一千年。但是在兩個世紀以前，除了太陽之外，還加入其他形式的能源，於是開始影響作物生產，後來也影響野生海洋物種的捕獲。這種影響起初微不足道，直到二十世紀初期才變得引人注目。

為了追蹤這個在演化上劃時代的轉變，我們接下來將研究過去兩個世紀以來美國的小麥生產。然而，我當然也可以選擇英國或法國的小麥生產，或是中國、日本的水稻生產；

雖然北美、西歐和東亞的耕作地區，在農業上進展發生的時間點可能不同，但是相對上來說整個過程跟美國大同小異。

小麥

我們先從一八〇一年，紐約西部的傑納西谷（Genesee Valley）開始。這年是美國建國後第二十六年，當年農民種植普通小麥的方式，不僅與幾代以前從英國移民到英屬北美的祖先大同小異，而且也跟兩千年前古埃及的作法沒什麼差別。

一開始先把兩頭牛綁在木犁上，木犁下面的尖端安裝一塊鐵板。種子是前一年的作物保存一部分下來，由人工撒下種子，用耙子覆蓋在土裡，每播種一公頃，需要花大約二十七小時的人力。[7]最費力的任務還在後頭，作物收成要用鐮刀切割，切下的小麥稈需要一捆一捆手工綁好，直立堆放（一堆一堆放好），等著變乾，之後全部拖到穀倉，在硬地板上用連枷（flail，譯注：由一個長柄和一組平排的竹條或木條構成）拍打麥穗脫粒，麥稈堆好，把小麥挑出來（與穀殼分開），量好後裝入麻袋。從收割到裝袋每公頃至少需要一百二十小時的人力。

完整的生產流程每公頃需要約一百五十小時的人力，以及大約七十小時的牛力。每公頃的產量僅為一噸，其中至少一〇%必須留作明年作物的種子。總體而言，生產一公斤的小麥需要大約十分鐘的人力，以全麥麵粉來說，可以生產一．六公斤（兩條土司）的麵包。這種農業既費力又耗時，產量低，但完全是靠太陽能，除了太陽輻射之外，不需要投入其他能源：農作物為人類生產食物，為動物提供飼料；樹木則生產用於烹飪和取暖的木材；木材還成為冶金的木炭，用於冶煉鐵礦和生產小型金屬製品，包括犁板、鐮刀、刀具和蓋在木車輪子上的輪箍。以現代的說法，我們會說這種農業不需要投入不可再生（化石燃料）能源，只需要最少的不可再生材料補貼（鐵製零件、磨粉用的石頭），而且農作物和材料的生產，只依賴來自人力和畜力的再生能源。

過了一世紀之後，在一九〇一年，美國大部分的小麥都來自於大平原，因此我們把場景移到北達科他州東部的紅河谷（Red River Valley）。在過去兩個世代以來，大平原已經有人定居，工業化也取得了極大的進展——儘管小麥種植仍依賴役畜，但北達科他州的大型農場已經以高度機械化的方式種植小麥。四匹壯馬為一隊，一起（很多個犁頭）拉鐵

犁和鐵耙子，用機械式播種機來播種，機械式收割機來割麥稈子和捆綁，只有堆放要靠人工，再將捆好的麥稈子拖過來，放入由蒸汽機提供動力的脫穀機，最後穀物送到穀倉。整個過程下來，每公頃不到二十二小時，大約只花了當時一八〇一年七分之一的時間。[8]在這種大規模種植中，大面積彌補了低產量：每公頃一噸的產量，仍然很低，但是每公斤的穀物只需投入約一・五分鐘的人力（一八〇一年為十分鐘），而使用役畜加起來每公頃約三十七小時的馬力，等於是每公斤穀物花兩分多鐘。

這是一種新型的混合農業，投入不可或缺的太陽能，以及大量來自於煤炭的不可再生人為能源。新方式需要更多的畜力而不是人力，工作的馬匹（美國南方是騾子）需要餵養穀物飼料，主要是燕麥以及新鮮的草和乾草，因為動物的數量過於龐大，所以對美國的農作物產量需求大增：大約四分之一的美國農田用於種植役畜飼料。[9]

由於化石能源的投入不斷增加，於是產量得以提高。煤用於製造裝入高爐的冶金焦（metallurgical coke），鑄鐵在平爐中轉換為鋼（見第三章），農業機械需要鋼，而製造蒸汽機、軌道、貨車、火車頭和駁船（barge）也需要鋼。煤炭不只為蒸汽機提供動力，產生的熱量和電力不但可用來製造犁、播種機、收割機（也是最早的聯合收割機）、貨車、裝動物飼料的塔狀穀倉，也讓鐵路和船隻正常運作，才能將穀物配送給最終消費者。隨著智利硝酸鹽的進口，以及使用佛羅里達州開採的磷酸鹽，無機肥料首次取得一席之地。

在二〇二一年，堪薩斯州成為美國首屈一指的小麥種植州，因此我們將場景移到阿肯色河谷（Arkansas River Valley）。在這個美國小麥之鄉的中心地帶，現在的農場通常比一世紀以前大了三到四倍，[10]但是大部分的田間作業只需一、兩個人操作大型機械就可完成。美國農業部（US Department of Agriculture）在一九六一年停止計算役畜數量，現在田間作業是以功能強大的曳引機為主，許多機型至少有四百以上的馬力和八個巨型輪胎，可以用來拉鐵犁（有十幾個或更多犁頭）、播種機和施肥機等體積龐大的工具。[11]

種子是來自經過認證的種植者，幼苗得到適量的無機肥料（尤其是以氨或尿素的形式施用大量的氮），特別要防止昆蟲、真菌和雜草滋生。收割和脫穀由大型聯合收割機同時完成，之後聯合收割機直接將穀物放到卡車上，然後運到塔狀穀倉儲存，在全國各地銷售、運往亞洲或非洲。現在生產小麥每公頃只需要不到兩小時的人力（一八〇一年是一百五十個小時），而且每公頃的產量約為三．五噸，代表生產每公斤穀物花不到兩秒鐘。[12]

現在很多人以崇拜的心態引述現代的運算（「這麼多數據」）或電信（「這麼便宜」）

成效大幅提升——但是收穫量呢？在這兩個世紀裡，生產一公斤美國小麥的人力從十分鐘縮短為不到兩秒，這就是我們現今世界真正的運作方式。如前所述，我也可以舉中國或印度的稻米為例，以同樣的方式來計算投入的勞動力下降、收穫量增加和生產力飆升，雖然時間架構有所不同，但相對收益將會類似。

大多數令人讚嘆且日新月異的技術進步，改變了工業、運輸、通訊和日常生活，但是如果八〇％以上的人還必須留在農村，生產每日所需的麵包（在一八〇〇年，美國農民人口為八三％）或米飯（一八〇〇年，日本村莊居住人口約為九〇％），這一切都不可能發生。通往現代世界的道路始於廉價的鐵犁和無機肥料，使我們能將這個吃飽喝足的文明視為理所當然，需要仔細研究才能解釋這些我們投入的必備產品。

投入了什麼？

在工業化以前的農業中，投入人力和獸力，使用簡單的木製和鐵製工具，當時太陽是唯一的能源。今日跟往常一樣，如果沒有太陽驅動的光合作用，作物就不可能收成，但是如果沒有化石能源的直接和間接投入，也不可能以最少的勞力和前所未見的低成本，獲得那麼高的生產量。在這些投入的人為能源當中，有一些來自電力，可以由煤炭、天然氣或再生能源產生，但大部分是液態和氣態碳氫化合物，用來作為機器燃料和原料。

田間作業會使用直接消耗柴油或汽油等化石能源的機器，包括從井中抽取灌溉用水、作物加工和乾燥，收成的穀物在國內用卡車、火車和駁船運輸，出口到國外則需要大型散裝貨船。製造這些機器時所使用的間接能源較為複雜，因為化石燃料和電力不僅用於製造鋼鐵、橡膠、塑膠、玻璃和電子產品，而且還用於組裝，才能製造曳引機、工具、聯合收割機、卡車、穀物乾燥機和塔型穀倉。[13]

但若是與生產農用化學品所需的能源相比，製造農業機械和為這些機械提供動力所需的能源，實在是相形見絀。現代農業需要殺菌劑和殺蟲劑來大幅減少作物損失，也需要除草劑來防止雜草爭奪可用的植物養分和水分。這些都是高度能源密集型產品，不過使用量相對較少（每公頃只要幾百公克）。[14]相較之下，提供三種基本植物巨量營養素（氮、磷和鉀）的肥料，每單位最終產品所需的能源較少，但是因為必須大量使用肥料，以確保提高作物的產量。[15]

鉀的生產成本最低，來自於露天或地下礦山的氯化鉀（KCl）；磷肥是從挖掘磷酸鹽開始，加工後產生合成的磷酸鈣化合物；氨是製造所有合成氮肥的起始化合物。如果小麥、稻米，以及許多蔬菜的產量要高，則每公頃需要一百多公斤（有時候多達兩百公斤）的氮，這些高需求使氮肥的合成，變成了現代農業最重要的間接能源投入。[16]

因為氮存在於每個活細胞中，所以需求量非常大：存在於葉綠素中，促成了光合作用；存在於去氧核糖核酸和核糖核酸（RNA）中，才能儲存和處理所有的基因訊息；也存在於氨基酸，構成我們的組織生長和維持所需的所有蛋白質。這種元素很豐富（占大氣將近八〇%，多種生物生活在其中），但它也是作物生產力和人類生長的關鍵限制因素，這是生物圈最矛盾的一項現實，解釋起來很簡單：氮氣是以非反應性分子（N_2）存在於大氣中，只有少數自然過程可以分裂兩個氮原子之間的鍵結，才能讓這個元素用於形成活性化合物。[17]

閃電產生氮氧化物（Nitrogen Oxides），在雨中溶解，形成硝酸鹽，然後森林、田野和草原從中獲得肥料——但是這種自然方式產生的氮太少，無法產生足以養活全球近八十億人口的作物。閃電在巨大的溫度和壓力下所做的事情，有一種酶（固氮酶

〔Nitrogenase〕）在正常條件下也做得到：固氮酶是由豆科植物（豆類，以及一些樹木）根部的細菌產生，或是自由生活在土壤或植物中。附著在豆科植物根部的細菌負責大部分的天然固氮作用（Nitrogen Fixation），即分解非反應性分子態氮，然後還原成氨（NH_3）。氨是一種活性高的化合物，很容易轉化為可溶性硝酸鹽，可以供應植物所需的氮，以換取植物合成的有機酸。

因此，大豆、菜豆、豌豆、扁豆和花生等豆科糧食作物，能夠自己供應（固定）氮。苜蓿、三葉草和大野豌豆等豆科覆蓋作物也是，但是主要糧食作物、油料作物（大豆和花生除外）、根莖類蔬菜都做不到這一點。若要從豆科植物的固氮能力中獲益，唯一的方法是與苜蓿、三葉草或大野豌豆輪作，先種植這些固氮作物幾個月，然後犁地使土壤補充活性氮，再讓之後栽種的小麥、稻米或馬鈴薯吸收。[18]在傳統農業中，另一種唯一能讓土壤裡氮儲存量豐富的方法，就是收集並使用人類和動物的排泄物，但這種提供養分的方法既費力，效率又低，這些排泄物的氮含量非常低，容易揮發而損失（當液體轉化為氣體——糞便中的氨味道可能非常刺鼻）。

在工業化以前的種植中，村莊、城鎮和都市的排泄物必須收集起來，全部堆在一起（由於氮含量低）發酵，再大量用於農田，通常每公頃十噸，但有時高達三十噸（三十噸相當於二十五到三十輛歐洲小型車的重量），才能提供所需的氮。這通常是傳統農業中最耗時的任務，至少要占五分之一，甚至高達三分之一的作物種植勞動力（人力和畜力），這一點也不足為奇。知名的小說家很少提及回收有機排泄物，但是寫實主義作家艾米爾．左拉（Émile Zola）在小說裡凸顯出排泄物的重要性。他提到年輕巴黎畫家克勞德（Claude）對「對糞便有種偏好」，自告奮勇往坑裡潑灑，「市集裡的髒東西，從那張大桌子掉下來的廢物，依然生機盎然，又回到了之前蔬菜發芽的地方……它們又長出了肥沃的作物，再次如雨後春筍般出現在市集廣場。巴黎讓一切腐爛，又把一切歸還給土壤，這片土地對於修復死亡的蹂躪從不厭倦。」[19]

但是要付出多少辛苦的人力啊！一直到十九世紀，智利開採和出口硝酸鹽（第一種無機氮肥），才終於改善因氮不足而導致作物產量無法提高的巨大障礙。接著在一九〇九年，弗列茲．哈伯（Fritz Haber）發明了合成氨，快速的商業化（氨於一九一三年首次出貨）解決了這個障礙，但隨後的產量增加緩慢，氮肥的廣泛應用必須等到二戰之後。[20]一九六〇年代引進小麥和稻米的高產量新品種，但如果沒有合成氮肥，就無法充分發揮產量潛能。

由於更好的作物加上更高的氮肥施用量，才使得產量大增，這個轉變就是著名的綠色革命（Green Revolution）。[21]

自一九七〇年代以來，氮肥的合成在農業能源補貼當中絕對是位居第一，但唯有檢視生產各種一般食物所需能源的詳細說明，才能看出這種依賴合成氮肥的全貌，我選了其中三個為例，因為它們是主要的營養來源。幾千年來，麵包一直是歐洲文明的主食，由於宗教對豬肉和牛肉的消費禁令，因此雞肉是唯一廣受歡迎的肉類；沒有其他蔬菜（雖然在植物學上歸類為水果）的年產量超過番茄，現在不只種在農田，也有越來越多番茄是在使用塑膠布或玻璃的溫室中栽種。

每一種食物都具有不同的營養作用（吃麵包是為了碳水化合物，雞肉提供完美的蛋白質，番茄含有維生素C），但是這些食物的產量之所以能如此豐富、穩定，價格經濟實惠，就是因為有大量的化石燃料補貼。到最後，我們的食物生產終將發生變化，不過就現在和可預見的未來而言，如果不依賴化石燃料，就無法養活全世界的人。

麵包、雞肉和番茄的能源成本

由於麵包的種類眾多，我只列舉西方飲食中常見的幾種發酵麵包，而且目前從西非（法國海外領地的法式長棍麵包）到日本（每家大型百貨公司裡都有法國或德國麵包店）都有。我們必須從小麥開始，幸好有許多研究是關於將所有投入的燃料和電力量化，就可以比較不同種類的穀類作物每單位面積的產量。[22]種植穀物是位於能源補貼階梯的最底部，與我們選擇的其他食物相比，所需要的能源相對較少，但是正如我們接下來會看到的，種植穀物仍然需要使用大量的能源，相當驚人。

在美國的大平原上，大片農地以無人工灌溉（rain-fed）的高效率方式所生產的小麥，每公斤穀物只需約四百萬焦耳，由於這種能量大部分是採用原油提煉出來的柴油形式，因此在比較時，以當量（equivialent）表示可能會比標準能量單位（焦耳）更明確。[23]此外，在表達對柴油的需求時，以每單位可食用產品（一公斤、一條吐司麵包或一餐）的數量來表示，會使這種能源補貼更容易想像。

柴油每公升內含的能量是三六九〇萬焦耳，大平原小麥的一般能源成本正好是每公斤需一百毫升（等於一分升或〇・一公升）的柴油——比美式量杯的一半再少一些。[24]我會使用特定的「柴油當量」，以標示每種食物在生產中投入的能源。

基本的酸麵包是最簡單的發酵麵包，在歐洲文明裡是主食：只含麵粉、水和鹽，發酵當然是靠麵粉和水。這種麵包一公斤大約需要五八〇公克的麵粉、四一〇公克的水和十公克的鹽。[25]碾磨（去除種子的麩皮，即外殼）的過程會使穀物重量減少約二五％（麵粉出粉率為七二—七六％。[26]意思是若要得到五八〇公克的麵包粉，必須從大約八百公克全麥開始，這個生產過程等於需要八十毫升的柴油當量。

碾磨穀物需要大約五十毫升／公斤的燃料，才能生產白麵包粉，從已公布的數據顯示，現代企業高效率（消耗天然氣和電力）大規模的烘焙方式，消耗的燃料當量為一百到兩百毫升／公斤。[27]種植穀物、碾磨、烘烤一公斤的酸麵團，需要投入至少二五〇毫升的柴油當量，略多於一個美式量杯的容量。至於一根標準的法式長棍麵包（二五〇公克），大約投入兩湯匙柴油當量；對於一個大的德國農夫麵包（Bauernbrot，兩公斤），大約需要二杯柴油（比一條全麥吐司少）。

真正消耗的化石能源成本其實更高，因為現在只有少量的麵包是在購買的地方烘烤，

即使在法國，社區裡的麵包店正日漸消失，而法式長棍麵包則由大型麵包店配送：工業級規模的高效率所省下的能源，被增加的運輸成本抵銷，總成本（從種植、碾磨穀物，一直到在大型麵包店烘焙麵包、配送給遠距離的消費者）所消耗的能源當量可能高達六百毫升／公斤！

但是，拿麵包的可食重量與投入能源的重量相比（也就是一公斤麵包與約二一〇公克柴油相比），如果這個比例（大約5：1）看起來高到令人不舒服，請回想一下，我前面提過穀物（甚至是穀物加工後，轉換為我們最喜歡的食物）仍只是位於我們食物能源補貼階梯的最底部。現在有些人標榜「舊石器時代飲食」，誤導大眾避開所有穀物，光吃魚、肉、蔬果就好，要是遵循這類飲食建議，會產生什麼後果？

與其花時間追蹤牛肉（一種飽受抨擊的肉類）的能源成本，還不如量化生產效率最高的肉所帶來的能源負擔——肉雞，在大型穀倉中飼養，採用所謂的集中動物飼養作業（central animal feeding operations, CAFOs）。意思是在狹長的矩形建築中，數以萬計的雞擠在光線昏暗的空間裡（就像只有月光的夜晚），餵養約七週後送去宰殺。[28]美國農業部公布了家禽和家畜的每年飼料效率統計數據，在過去五十年中，牛肉或豬肉的效率（單位飼料是以每單位活體重所需的玉米飼料表示）沒有下滑的趨勢，但是雞的飼料轉換效率明顯提升。[29]

一九五〇年，每單位活體重的肉雞需要三單位飼料，現在這個數字只要一．八二，大約是豬的三分之一，牛的七分之一。[30]我們吃的顯然不是整隻雞（包括羽毛和骨頭），調整了可食重量（大約是活體重的六〇％）後，最低的飼料換肉比例為3：1，生產一隻美國雞（平均可食重量現在正好約一公斤）需要三公斤的玉米飼料。[31]以無人工灌溉的高效率方式栽種玉米，生產量很高，能源成本相對較低（每公斤穀物約五十毫升柴油當量），但是灌溉玉米的能源成本可能是無人工灌溉飼料的兩倍，而全球一般的玉米產量和飼料效率都低於美國。因此，光是飼料成本，每公斤食用肉最低可至一百五十毫升的柴油當量，最高可達七百五十毫升。

大規模的飼料跨洲貿易讓能源成本進一步上升：主要是美國玉米和大豆的運輸，以及巴西大豆的銷售。巴西大豆種植每公斤穀物需要一百毫升柴油當量，但是用卡車把作物從產地運到港口，再以船隻運往歐洲，會使能源成本增加一倍。[32]若要將肉雞飼養到屠宰體重還需要其他能源，例如冷暖氣設備、維護雞舍、供水和木屑，以及清除排泄物和堆肥。

這些需求因地而異（主要是夏天的空調和冬天的暖氣），所以再加上運送飼料的能源成本，數字的差異會很大——每公斤食用肉從五十到三百毫升不等。[33]

把飼料和養雞的比率加起來，最保守的數字是每公斤的肉約兩百毫升柴油當量，但最高可達一公升。從雞的屠宰、加工（雞肉現在多半會以不同部位銷售，而不是整隻雞）、零售、儲存、家庭冷藏，每個階段都需要能源，如果再加上最後的烹飪，那麼晚餐盤子上一公斤的烤雞需要的總能源，會增加到至少三〇〇—三五〇毫升的原油：相當於幾乎半瓶葡萄酒的量（至於效率最低的生產商則會超過一公升）。

與麵包的二一〇—二五〇毫升／公斤相比，最少的三〇〇—三五〇毫升／公斤已經是非常有效率的成果，從雞肉親民的價格就可見一斑：在美國的都市，一公斤白麵包只比一公斤全雞的平均價格低五%左右（而全麥麵包的價格高出三五%），而在法國，一公斤標準的全雞只比麵包的平均價格高出二五%左右。[34]這一點足以解釋雞肉為什麼會快速崛起，搖身一變為所有西方國家的主要肉類（由於中國的大量需求，豬肉在全球仍獨占鰲頭）。

因為純素主義者推崇吃蔬菜，而且媒體又廣泛報導吃肉帶來的環境成本很高，可能會讓你認為種植和行銷蔬菜在能源成本上帶來的好處超過雞肉，可是這種想法錯了，事實上情況恰好相反，番茄就是個典型的例子，最能說明能源負擔高得驚人，讓我們來仔細檢視。番茄集所有優點於一身——顏色迷人、形狀多樣、表皮光滑、內部多汁。植物學上番茄是一種果實，原產於中南美洲的小植物，在歐洲第一次橫渡大西洋的大航海時代傳到世界其他地方，但經過了幾世代的時間，才終於在全球引人注目。[35]番茄可以拿在手上吃，可以放進湯裡煮，也可以在中間塞食物或切碎，可以烤，可以煮，也可以製成醬汁，或加到各種沙拉和煮熟的菜餚中，目前在全球廣受歡迎，可說是許多國家的寵兒，從原產地墨西哥和祕魯，一直到西班牙、義大利、印度和中國（現在是最大的生產國）。

營養手冊稱讚番茄的維生素C含量高：事實上，一顆大番茄（兩百公克）可以提供成人每日建議維生素C攝取量的三分之二。[36]但就像所有新鮮多汁的水果一樣，吃番茄並不是為了內含的能量，充其量只是外形吸引人，又富含水分，水占其重量的九五%，剩下的主要是碳水化合物、一點點蛋白質和少量脂肪。

只要有至少九十天溫暖的天氣，任何地方都可以種番茄，包括斯德哥爾摩附近海濱小屋的甲板上，或是加拿大草原上的花園裡（在這兩種情況下，都是從室內開始種植）。然而，商業化種植則是另一回事，種植番茄是一件高度專業化的事，這一點就像其他現代社會消費的蔬菜和水果一樣（除了少部分之外），北美和歐洲超市中的大多數品種都來自少數幾個地方，在美國是加州，在歐洲是義大利和西班牙。為了提高生產量、改進品質和降低投入的能源密集度，越來越多番茄是種在單一或多隧道式的塑膠棚或溫室中——不僅在加拿大和荷蘭，也在墨西哥、中國、西班牙和義大利。

這讓我們又回到了化石燃料和電力，比起搭建多隧道式的玻璃溫室，塑膠是更便宜的替代品，種番茄也需要塑膠夾子、以木頭排成三角椎的空間和排水溝。如果是露天種植，就要用塑膠布覆蓋土壤，以減少水分蒸發和防止雜草叢生。塑膠化合物的合成必須依賴碳氫化合物（原油和天然氣），不僅用於原料，也用於生產原料所需的能源。原料包括乙烷和其他天然氣液體，以及在原油精煉過程中產生的石腦油（**naphtha**），天然氣也用來作為生產塑膠時的燃料，如前所述，它是合成氨最重要的原料（氫的來源）。其他碳氫化合物是作為生產保護性化合物（殺蟲劑和殺菌劑）的原料，因為即使是種在玻璃或塑膠溫室內的植物，也免不了蟲害和感染。

計算每年種番茄的營運成本很簡單，只要把幼苗、肥料、農藥、水、暖氣和勞動力的支出相加，再按比例分攤那些使用時間超過一年的原始建築和設備成本，包括金屬支架、塑膠蓋、玻璃、管道、水槽、加熱器。但是，要把整體的能源加總起來做出一張帳單，就沒那麼簡單了，直接能源的投入很容易量化，可以根據電費和汽油或柴油的購買數量，但是流入材料生產的間接能源，則需要一些專門的計算，通常需要一些假設。

詳細的研究已經將這些投入量化，然後乘上一般的能源成本：例如，一公斤氮肥的合成、配製和包裝需要將近一．五公升的柴油當量。這些研究結果的總數差異很大，這一點也不足為奇，但是有一項研究（這項堪稱最縝密的研究，主題是西班牙阿爾梅里亞〔Almería〕加熱和非加熱的多隧道式溫室番茄種植差異）得出的結論是，在加熱的情況下，淨生產所需的累積能源每公斤超過五百毫升的柴油（超過兩個量杯），不加熱的話，每公斤只需一百五十毫升。[37]

我們之所以會得出這麼高的能源成本，主要原因是溫室番茄是世界上施肥量數一數二的作物：每單位面積吸收的氮（和磷）是美國主要農作物玉米的十倍。[38]此外，還使用硫、鎂和其他微量營養素，以及防蟲和防菌的化學品。加熱是溫室栽培中最重要的直接能源使用：可延長生長季節，提高作物品質，但如果是在較冷的氣候種植，當然會成為最大的能

源使用來源。

位於阿爾梅里亞省南端的塑膠溫室，是全球最大的農產品商業化種植覆蓋區：約四萬公頃（試想一個二十公里×二十公里的正方形），在衛星圖像上很容易識別，請自行到Google地球（Google Earth）尋找，甚至可以利用Google街景服務，從比較低的高度體驗這些塑膠棚的獨特之處。西班牙的種植者以及當地勞工和非洲移工，在這一大片塑膠棚裡每年生產出（通常溫度是攝氏四十度）將近三百萬噸的早熟和非當季蔬菜（番茄、辣椒、四季豆、櫛瓜、茄子、甜瓜），以及一些水果，其中約八〇%出口到歐盟國家。[39]一輛卡車將阿爾梅里亞十三噸的番茄運送到斯德哥爾摩，全程共三七四五公里，消耗約一一二〇公升的柴油，[40]相當於每公斤番茄約九十毫升，如果是送到地區配銷中心儲存和包裝，最後再送到店家，加起來約一三〇毫升／公斤。

這代表在瑞典超市購買來自阿爾梅里亞加熱塑膠溫室栽種的番茄，所需投入的生產和運輸能源成本高得驚人，總共約六五〇毫升／公斤，意思是每個中型（一二五公克）番茄需要超過五湯匙（每湯匙含一四．八毫升）的柴油！你可以在桌上做這種化石燃料補貼的示範，既輕鬆又不浪費，方法是將一個中等大小的番茄切成薄片，鋪在盤子上，然後將五到六湯匙的黑油倒在上面（芝麻油的顏色很像）。一旦對這種簡單食物帶來的化石燃料負擔感到印象深刻，就可以把盤子裡的東西放到碗裡，再另外加入兩、三顆番茄、一些醬油、鹽、胡椒和芝麻，然後享用美味的番茄沙拉。有多少位喜歡沙拉的純素主義者知道，這其實要消耗這麼多化石燃料呢？

海鮮背後的柴油消耗量

由於現代社會的農業生產力高，使得陸上狩獵（季節性射擊一些野生哺乳動物和鳥類）在所有富裕社會裡提供的營養已微乎其微。在撒哈拉以南非洲地區，以非法獵捕為主的野生肉類仍然很普遍，但隨著人口快速成長，即使在那裡，野生肉類也不再是動物蛋白的主要來源。相較之下，現今海上狩獵的範圍之廣、密度之高則是前所未見，大陣仗的船隊（從大型現代的漁業加工船到破舊的小船），在世界各地的海洋中捕撈野生魚類和甲殼類動物。[41]

結果，在食物供應過程中，能源密集度最高的是捕捉各種雙殼貝類（*frutti di mare* 這

是義大利人取的名稱，意思是「海裡的果實」，頗具詩意）。當然，並不是所有的海鮮都難以捕撈，如果要捕獲許多產量依然豐富的物種，不需長途跋涉跑到南太平洋的偏遠地區。像是鯷魚、沙丁魚或鯖魚這類遠洋（生活在水面附近）魚類的數量很多，需要投資的能源相對較少——間接能源是建造船隻和製造大型捕魚網，直接能源是船用引擎的柴油。最好的計算結果顯示，捕魚的消耗能源最低可到一百毫升／公斤，相當於不到半個量杯的柴油。[42]

如果你想吃化石碳足跡最少的野生魚類，請選擇沙丁魚。所有海鮮的平均值高得嚇人——七百毫升／公斤（幾乎是將一整個酒瓶裝滿了柴油），而一些野生蝦子和龍蝦的最大值超過十公升／公斤（其中包括大量不可食用的外殼），實在難以置信。[43]這代表光是兩串中型野生蝦（總重量為一百公克）就可能需要○．五到一公升的柴油才能捕獲，相當於二到四個量杯的燃料。

但是你會反駁說，蝦子現在主要是靠水產養殖，這些大規模工業化經營享有的優勢，不也和我們因剝削肉雞而大獲成功一樣嗎？唉呀！不一樣，因為牠們的新陳代謝有著基本的差異。肉雞是草食性動物，被限制在狹小的空間裡活動，能量消耗有限，因此，只要以適合的飼料餵養（現在多半是玉米和大豆的混合物），就能讓牠們快速生長。不幸的是，人們喜歡吃的海洋物種（鮭魚、鱸魚、鮪魚）是肉食性，為了正常生長，需要餵食富含蛋白質的魚粉，以及來自捕獲野生物種的魚油，如鯷魚、沙丁魚、柳葉魚、鯡魚和鯖魚。

不斷擴展的水產養殖（全球淡水養殖和海水養殖的總產量，目前已經快接近全球野生捕撈量，二〇一八年養殖量為八千兩百萬噸，而野生捕撈物種為九千六百萬噸），讓一些備受歡迎的肉食性魚類得以減輕因過度捕撈而造成的壓力，但是卻造成較小的草食性魚類被進一步剝削，因為只有靠這些草食性魚類當作其他魚類的食物，才能使水產養殖更加壯大。[44]因此，地中海鱸魚的箱網養殖能源成本（希臘和土耳其是主要生產國），通常是二到二・五公升／公斤的柴油當量（大約是三個酒瓶的容量），也就是說，與捕獲人小類似的野生物種所需的能源成本，是一樣的數量級。

正如預期，只有吃植物性飼料就能生長良好的水產養殖草食性魚類，所耗費的能源成本低——最著名的是不同種類的中國鯉魚（鱅魚、白鰱魚、青魚和草魚最常見），通常不超過三百毫升／公斤。但是，除了奧地利、捷克、德國和波蘭的傳統平安夜大餐之外，鯉魚在歐洲是一種非常不受歡迎的烹飪選擇，而且北美地區幾乎不吃，而由於壽司在全球迅

速普及，對鮪魚的需求大增，其中一些種類現在已經列在瀕臨絕種的海洋肉食性動物名單中前幾名。

因此，證據顯而易見：我們的食物供應越來越依賴化石燃料，包括主要糧食作物、咯咯叫的雞、最喜歡的蔬菜、因營養品質高而備受稱讚的海鮮。那些不想了解世界究竟如何運作的人，以及現在預測快速脫碳的人，通常都忽略了這個基本的現實。如果他們知道目前的情況無法輕易或迅速改變，也會感到很震驚：正如前一章所見，我們依賴的層面已經太廣，規模太大。

燃料和食物

有幾項研究在追蹤食物生產對現代能源（絕大多數是指化石能源）投入的依賴程度，從十九世紀早期的零需求，一直到最近的比率（穀物種植每公頃不到〇・二五噸的原油，溫室栽培加熱所消耗的原油是十倍）。[45]也許要了解這種全球依賴的上升趨勢和程度，最佳方式是比較耕地擴大及全球人口變多後，外部能源補貼增加的數字。從一九〇〇年到二〇〇〇年，全球人口增加為不到四倍（精確數字是三．七倍），而農田增加約四〇%，但我的計算顯示，農業中的人為能源補貼增加為九十倍，主要是投入於農用化學品的能源，以及機械直接消耗的燃料。[46]

我還計算了這種依賴所造成的相對全球負擔，人為能源投入在現代田間農業（包括所有運輸）、漁業和水產養殖，加起來僅占最近全球年度能源使用量的四%左右。這個比例可能小得驚人，但必須記住，太陽始終承擔了種植食物的大部分工作，而外部能源補貼針對的部分是，那些可以減少或消除食物系統中的天然限制，以獲得最大的報酬率，例如施肥、灌溉、提供保護以防昆蟲、真菌和競爭養分的植物，或及時收割成熟的作物。另一個有說服力的例子，也可以說明些許的投入可以帶來不合乎比例的巨大成果，這在複雜系統的行為中很常見：想想維生素和礦物質，每天只需要幾毫克（維生素B_6或銅）或幾微克（維生素D、維生素B_{12}），就能使體重數十公斤的身體保持良好狀態。

但是生產食物（田間耕作、畜牧業和海鮮）所需的能源，只占食物相關燃料和電力總需求的一部分，若是估計整個食物系統的使用量，則在能源總供給中占的比例更高。美國為我們提供了最佳數據，由於現代技術普及，且具有足夠的規模經濟，因此食物生產中的直接能源用量現在占全國總供給的一%。[47]但是加上了食品加工、行銷、包裝、運輸、批發和零售服務、家庭食品儲存和準備，以及外食和行銷服務等能源需求，二〇〇七年在美國的總量已達全國能源供給的一六%左右，現在接近二〇%。[48]推動這些能源需求上升的因素，包括生產的進一步整合（因此增加了運輸需求）、對進口食品日益依賴、更多的外食、準備更多在家吃的冷凍食品。[49]

我們今天生產食品的許多方法都不應該再繼續，原因很多，最常引述的正當理由是農業的溫室氣體排放，所以要走上另一條不同的道路。但是現代的作物種植、畜牧業和水產養殖還有很多其他不利於環境的影響，不管是喪失生物多樣性，還是沿海水域海洋死區的形成（更多訊息請見第六章），而且如果過度的食物生產導致了隨之而來的食物浪費，那麼我們還有什麼充分的理由持續過度生產呢？因此，目前的情況亟需改變，但實際發生的速度能多快？我們在現實生活中改變的幅度能有多大？

我們能不用能源生產食物嗎？

我們能否至少扭轉其中一些趨勢呢？如果不使用合成肥料和其他農用化學品，這個即將擁有八十億人口的世界能否自給自足，同時又維持各種作物和動物產品，且顧及目前主要飲食的品質？我們能否回歸純粹的有機種植，依靠回收有機排泄物，以天然的方式控制害蟲？我們能否再次藉助役畜的勞力，灌溉不必靠引擎幫忙，完全不使用田間作業機械？我們做得到，但純粹的有機農業需要大多數人放棄都市生活，重新回到農村，放棄集中動物飼養作業，把所有動物帶回農場，以作為勞力和糞便來源。

我們每天都必須給動物餵食餵水，定期清除糞便，讓糞便發酵，然後撒在田間，在牧場上照顧牛群和羊群。季節性的勞動力需求有起有落，男人領著一群套上犁車的馬；婦女和兒童在菜園裡種菜和除草；在收割和屠宰期間，每個人都必須加入，將已收割的小麥捆好，挖馬鈴薯，幫忙把剛宰殺的豬和鵝變成食物。我認為有機環保線上評論家短時間內不會接受這些選項，即使他們願意清空都市，擁抱有機泥土，所生產的食物也只夠養活目前全球不到一半的人口。

若要整理出足以證明上述所有論點的數據，其實並不難。本章前面概述了美國小麥生產所需的人力減少，恰好可以代表機械化和農用化學品對美國農業勞動力規模帶來的整體影響。從一八〇〇年到二〇二〇年，生產一公斤糧食所需的勞動力減少了九八％以上，也同樣大幅減少美國從事農業人口的比例。[50]這個有用的資料告訴我們一件事，如果農業機械化要退場、合成農用化學品要少用，則經濟必然要完全轉型。

這些奠基於化石燃料的服務減幅越大，就需要更多的勞動力離開都市，然後以古老的方式生產食物。美國馬匹和騾子的數量在一九二〇年以前達到高峰，這段期間有四分之一的農田專門種植飼料，以餵養超過兩千五百萬隻提供勞力的馬和騾子，而當時的美國農場只需養活約一．〇五億人，但是「只」靠兩千五百萬匹馬，顯然不可能養活現今至少三．三億人。如果沒有合成肥料，光依賴回收有機物質以生產食物和飼料，產量將會是目前收成的一小部分，玉米是美國最大宗的作物，在一九二〇年每公頃產量不到二噸，到二〇二〇年每公頃產量為十一噸。[51]意思是需要額外幾百萬隻的役畜，在全美幾乎所有可用的農田上耕種，而且如果想獲得目前合成肥料所提供的養分，就要找到足夠的回收有機物質（以及像克勞德那樣喜歡潑糞的人），不然就是種植的面積要夠大，以穀物輪作（苜蓿或三葉草）的方式提供自然的綠肥，但這些都是不可能的事。

透過以下幾組簡單的比較，最能清楚說明為什麼不可能。有機物質的回收利用總是非常受歡迎，因為可以改善土壤結構、增加有機質的含量、為無數的土壤微生物和無脊椎動物提供能量。但是有機物質的氮含量極低，意思是農民必須使用大量的秸稈或糞便，才足以提供植物所需的養分，以提高產量。穀物植物的秸稈（作物殘留下來最多的部分）的氮含量總是很低，通常為〇．三—〇．六%；與動物的墊料（通常是秸稈）混合的糞便只含〇．四—〇．六%；發酵的人類排泄物（中國所謂的夜香）只有一—三%；施用於田地的糞肥氮含量很少超過四%。

相較之下，尿素是現在位居全球主導地位的固態氮肥，含有四六%的氮，硝酸銨有三三%，常用的液態肥料含有二八—三二%，至少比可回收排泄物的氮濃度高出一個數量級。[52]這代表若要為正在生長的作物提供相同數量的養分，農民必須使用十倍到四十倍重的肥料，但實際上甚至需要更多，因為大量的含氮化合物會因揮發而損失，或是溶解在水中，然後被帶到根部以下，有機物質中氮的總損失，幾乎總是高於合成液態肥或固態肥的氮損失。

此外，將會需要更多的勞動力，因為糞便的處理、運送和潑灑難度高，不像輕巧的小顆粒肥料很容易靠機器（例如亞洲小面積稻田中使用的尿素）或只需用手播撒即可。就算先不管有機回收可能需要投入的勞力，由於可回收物質的總量實在太少，根本無法提供當今全部作物收成所需的氮。

全球的活性氮清單顯示，有六種主要的方式可以讓這種元素流入世界上的農田：大氣沉降、灌溉用水、犁入土壤的作物殘株、潑灑動物糞便、豆科作物留在土壤中的氮、使用合成肥料。[53]

大氣沉降（主要是雨和雪裡含有溶解的硝酸鹽）和回收的作物殘株（指沒有從田地中取出來餵養動物，或直接就地燃燒的秸稈），每年分別貢獻約兩千萬噸的氮。用於農田的動物糞便主要來自於牛、豬和雞，含有近三千萬噸，跟豆類作物（綠肥覆蓋作物，以及大豆、菜豆、豌豆和雪蓮子）帶來的總量差不多；灌溉用水帶來約五百萬噸，因此每年總共約一・〇五億噸的氮。合成肥料每年提供一・一億噸的氮，略高於總氮量二・一到二・二億噸的一半。這代表最近全球的農作物收成中，至少有一半是歸功於合成含氮化合物的使用，如果沒有它，生產出來的食物只能養活目前近八〇億人口的一半。雖然我們可以透過少吃肉和少浪費食物以減少對合成氨的依賴，但如果說全球約一．一億噸來自合成化合物的氮，要由有機來源取代，也只是紙上談兵。

回收利用圈養動物產生的糞便，受到了諸多限制。[54]在傳統的混合農業中，牛、豬和家禽相對較少，糞便可以直接回收到相鄰的農地使用，可是現在以集中動物飼養作業的方式生產肉和蛋，則少了這個選項：在農田潑灑糞肥本來有益處，但是這些企業產生的排泄物數量太大，如果全部使用，反而會讓該範圍內的土壤養分過多，至於重金屬和殘留的藥物（來自飼料添加劑）則又是另一個問題。[55]現代的人類排泄物處理廠擴大使用的陰溝汙泥（sewage sludge，生物固形物〔biosolids〕），也受到類似的限制，排泄物裡的病原體必須經由發酵和高溫消毒來消滅，但這類處理方式不能殺死所有抗生素耐藥菌，也不能去除所有重金屬。

放牧動物產生的糞便，是被圈養的哺乳動物和家禽的三倍：糧農組織估計，牠們每年在排泄物中留下約九千萬噸的氮，但若想利用這一大來源的氮，完全不切實際，[56]因為在上億公頃的牧場裡，要收集放牧的牛、綿羊和山羊排出體外的一部分尿液和糞便，實在有其限制，不易取得，而且成本很高，接下來運送到處理場地和農田的費用，一樣相當可觀。

此外，這些排泄物本身的氮含量已經非常低，過程中還會造成氮連帶損失，因此還沒送到農田，養分又更少了。[57]

另一種選擇是大量種植豆科作物，每年就可生產五到六千萬噸的氮，目前產量大約是三千萬噸，但代價是要付出相當大的機會成本。種植更多的苜蓿和三葉草等豆科覆蓋作物，將增加氮供應，但也會降低同一塊農田一年生產兩季作物的能力，這對於人口仍不斷增加的低收入國家來說，是個重要的抉擇。[58]種植更多的豆類作物（菜豆、扁豆、豌豆）會降低整體食物能源的產量，因為它們的產量遠低於穀類作物，這顯然會減少一單位耕地可養活的人口數量。[59]此外，大豆作物留下的氮（通常每公頃四十到五十公斤的氮）比美國一般使用的氮肥少，現在小麥每公頃使用的氮約七十五公斤，玉米則是一百五十公斤。

豆科作物擴大輪作有另一個顯而易見的缺點，在較寒冷的氣候下，一年只能種植一種作物，種苜蓿或三葉草會妨礙一年一度的糧食作物種植，而在較溫暖的地區，原本一年可以種植作物兩次（雙期作〔double-cropping〕），輪作會減少糧食作物收成的頻率。[60]雖然這種作法在人口少、耕地充足的國家可行，但對於所有雙期作普及的地區，仍免不了會降低糧食生產能力，包括歐洲大部分地區，以及中國華北平原，該地區生產了中國大約一半的穀物。

現在中國至少有三分之一的耕地實行雙期作，華南地區超過三分之一的水稻來自雙期作，[61]因此，如果不是以這種集約化方式栽培，再加上破紀錄的氮肥使用量，中國將無法養活現在十四億以上的人口。中國傳統農業向來以有機回收率高和作物輪作複雜而聞名，即使在種植密度最高的地區，農民也無法提供每公頃超過一二〇到一五〇公斤的氮，這麼做需要投入非常多的勞動力，因為（前面強調過）收集糞便和施肥最耗時。

即使如此，這樣的農場每公頃也只能為十到十一人提供以素食為主的餐點。相較之下，中國產量最高的雙期作地區使用的合成氮肥，每公頃平均需要至少四百公斤的氮，產量足以養活二十到二十二人，這些人的飲食中可含有約四〇%的動物性蛋白質和六〇%的植物性蛋白質。[62]如果全球的作物種植光靠賣力回收有機排泄物，再加上更頻繁的輪作，要養活以植物性飲食為主的三十億全球人口，這一點可以想像，但若要供應近八十億人吃混合飲食餐點，就不太可能了：請回想一下，現在合成肥料所提供的氮，是全部回收作物殘株和糞便的兩倍多（若考慮到使用有機肥料時會損失更多的氮，則實際上是接近三倍）。

減少浪費

但這不代表我們不可能在食物生產過程中，大幅改變對化石燃料補貼的依賴度。最明顯的是，如果減少食物浪費，就可以減少農作物和動物的生產，以及隨之而來的能源補貼。在許多低收入國家，作物存放不當（使穀物和根莖類蔬菜容易受到囓齒動物、昆蟲和真菌侵害），沒有冷藏（加速乳製品、魚和肉類腐壞），食物甚至還沒到市場，就已經浪費了不少。而富裕國家食物鏈更長，每個環節都可能出現意外損失食物的機會。

即使如此，已有大量文件記錄全球損失的食物數量過高，主要是因為產出與實際需求之間的差異過於離譜：對於長時間久坐的富裕人口來說，成人每天平均最多只需要兩千到兩千一百大卡，遠低於三千兩百到四千大卡的實際供應量。[63]根據糧農組織估計，全球損失將近一半的根莖類蔬菜和其他蔬果、約三分之一的魚類、三〇%的穀物、五分之一的油籽、肉類和乳製品——至少占了總食品供應量的三分之一。[64]而英國的廢棄物暨資源行動計畫（Waste and Resources Action Programme）發現，家庭裡不可食用的食物垃圾（包括蔬果的皮、骨頭）僅占總食品供應量的三〇%，代表浪費掉的食物有七〇%本來是可以吃的，之所以沒吃是因為壞了或煮太多。[65] 減少食物浪費好像比改革複雜的生產流程容易得多，但這種看似可輕易實現的目標卻很難達成。

生產—加工—配銷—批發—零售—消費者，整條消費鏈（從農田、穀倉到餐盤）又長又複雜，要消除其中出現的浪費極具挑戰性。美國人飲食均衡的資料顯示，儘管呼籲改善的聲浪從未停歇，但過去四十年當中，全國浪費的食物比例一直維持不變。[66] 中國到了一九八〇年代初期，才終於擺脫了不穩定的食物供應，目前每人平均的食物供應量高於日本，但在中國人增加營養的同時，更多的食物浪費也隨之而來。[67]

提高食物價格應該會減少浪費，但這並不是解決低收入國家問題的理想方式，許多弱勢家庭仍然無法穩定取得食物，而且伙食費占整個家庭支出的一大部分。不過在食物相對便宜的富裕國家，將需要大幅漲價，但是沒有人大力推動這項政策。[68]

在富裕社會，若要減少農業對化石燃料補貼的依賴，更好的方法是大聲疾呼，採用健康和令人滿意的替代品，以取代今天過度豐富和多肉的飲食，最簡單的選擇是適度食用肉類，而且專挑成長期間比較不會影響環境的肉類。至於追求大規模的純素主義注定要失敗，吃肉就像是人類碩大的大腦（部分原因是吃肉演化而來）、使用雙腳行走和象徵性語言一樣，向來是我們演化過程中很重要的一部分。[69]我們所有人亞族祖先都是雜食性，兩種黑猩猩也是（普通黑猩猩〔*Pan troglodytes*〕和倭黑猩猩〔*Pan paniscus*〕），基因組成與我們最接近的人亞族，除了植物性飲食外，還會透過狩獵（和分享）小猴子、野豬和陸龜補充營養。[70]

兒童期和青春期的飲食當中含有足夠的動物性蛋白質，首先是牛奶，接著是其他乳製品、雞蛋和肉類，人類才得以充分展現生長的潛能：一九五〇年代以後，日本人、南韓人和中國人的身高之所以不斷增加，就是因為動物性產品的攝取量變多，這一點足以證明這個事實；[71]相反地，那些後來改吃奶蛋素或全素的人，多半在餘生中無法維持一樣的身高。有人認為全世界數十億人，而不只是西方的富裕都市人口，將會刻意不吃任何動物性產品，或是政府很快就會支持且強制執行這種作法，這樣的想法有點不切實際。

但是我們現在吃的肉，不一定要和富裕國家過去兩代人的平均數量一樣多，其實可以少吃一些。[72]如果以屠體（**carcass**）重量表示，許多高收入國家每年的肉類供應量已經接近（甚至還超過）人均一百公斤，而最好的營養建議是，我們每年吃的肉量不需超過成人的體重，即可獲得足夠的優質蛋白質。[73]

目前也沒有證據顯示大量吃肉對營養有益：絕對不會增加預期壽命，反而造成環境額外的壓力。日本是世界上最長壽的國家，最近的肉類消費量每年一直低於三十公斤；一個鮮為人知的事實是，以往法國人的肉類攝取量很高，但現在和日本一樣，低肉類消費量已成常態。到二〇一三年，近四〇%的法國成人只吃少量的肉，一年加起來不到三十九公斤，而大量吃肉的消費者（平均每年大約吃八十公斤）占不到法國成人的三〇%。[74]

顯而易見的是，如果所有高收入國家都仿效這些例子，就可以減少作物收成量，因為大部分的穀物收成都不是直接用於食品，而是當作動物飼料。[75]可是這並非普遍的作法，雖然許多富裕國家的肉類攝取量持續下降，而且還可以進一步減少，但是在巴西、印尼（這兩國自一九八〇年以來增加為兩倍）和中國（自一九八〇年以來增加為四倍）等現代化國家，肉類攝取量卻快速增加。[76]此外，亞洲和非洲有數十億人的肉類消費量仍然很少，更多的肉類飲食會有益於他們的健康。

從生產面來看，出現了其他減少對合成氮肥依賴的機會，例如提高植物對氮的吸收率，但這些機會依然有其限制。在一九六一年到一九八〇年間，作物實際吸收的氮肥比例大幅下降（從六八%降至四五%），後來維持在四七%左右。[77]中國是全球最大的氮肥消

費國，水稻實際吸收的氮只有三分之一，其餘都流失到大氣層、地底和河流中。[78]我們預計到二〇五〇年至少會再增加二十億人，而低收入國家應該可以為至少兩倍的人增加食物供給（品質和數量都會提升），因此全球短期內仍不需大幅減少對合成氮肥的依賴。

如果沒有化石燃料，田間作業機械顯然還是有機會運作，例如使用以太陽能或風力發電的泵浦，而不必靠引擎驅動，如此一來，脱碳灌溉可能會變得普及；此外，如果電池的能量密度改善，價格降低，將可以使更多的曳引機和卡車加入電動車的行列。[79]氨的合成主要是靠天然氣，我將在下一章中解釋替代方案，但是這些選項目前都無法立刻採用，而且還必須額外投入資金（通常是一大筆）。

若要看到進展，現階段仍有很長一段路要走，若想依賴廉價的再生能源發電，則要以充足的大規模能源儲存為後盾，但這種組合尚未商業化（大型抽水蓄能的替代方案尚未發明出來；更多資訊請見第三章）。有一個近乎完美的解決方案，是研發特殊的穀物或油料作物，使其具有豆科植物常見的能力，也就是根部所含有的細菌，能將大氣中的惰性氣體氮轉化為硝酸鹽，這是植物學家幾十年來夢寐以求的目標，但是短期內，在商業領域都不會發布具有固氮能力的小麥或水稻品種。[80]至於要所有富裕國家和較現代化的經濟體，都自願大幅減少日常飲食的數量和種類，或是將因此省下的資源（燃料、肥料和機械）轉到非洲去，改善當地居民營養不良的狀況，似乎都不可能。

半個世紀前，奧登在對能源和環境的系統化研究中指出，現代社會「不了解涉及到的能量學，也不了解能源進入一個複雜系統的各種方式，這些方式等於間接補貼了整個網路中的每一環……工業時代的人吃的馬鈴薯不再是來自太陽能，現在吃的馬鈴薯有一部分是來自石油。」[81]

五十年後，對這種生存依賴的認識仍不夠充分，但本書讀者現在明白，我們的食物不只部分來自石油，而且還來自煤，這些煤是用於生產焦炭，有焦炭才能冶煉鐵，而有了鐵才能製造農田、運輸和食品加工所需的機械。此外，食物不但來自天然氣，也用於合成氮肥的原料和燃料，還來自燃燒化石燃料所產生的電力，不管是作物加工、照顧動物、儲存和準備食物及飼料，全都少不了電。

現代農業所需要的勞力只是上一代人的一小部分，但是產量很高，原因不是我們提高光合作用的效率，而是提供了更好的作物品種和更佳的生長環境，包括給予充足的養分和水，減少雜草爭奪資源，免受蟲害。同時，我們藉由擴大捕撈的範圍和密度，才得以大幅增加野生魚類的捕獲量，而如果沒有提供必要的圍欄設備和高品質的飼料，水產養殖業就不可能興盛。

所有關鍵的介入措施都需要投入大量（且持續增加）的化石燃料，即使我們想以確實可行的速度改變全球食物系統，在未來幾十年裡，不管是麵包還是魚，食物仍然必須依賴化石燃料轉換而來。

參考資料和注釋

1 B. L. Pobiner, "New actualistic data on the ecology and energetics of hominin scavenging opportunities," *Journal of Human Evolution* 80 (2015), pp. 1–16; R. J. Blumenschine and J. A. Cavallo, "Scavenging and human evolution," *Scientific American* 267/4 (1992), pp. 90–95.

2 V. Smil, *Energy and Civilization: A History* (Cambridge, MA: MIT Press 2018), pp. 28–40.

3 K. W. Butzer, *Early Hydraulic Civilization in Egypt* (Chicago: University of Chicago Press, 1976); K. W. Butzer, "Long-term Nile flood variation and political discontinuities in Pharaonic Egypt," in J. D. Clark and S. A. Brandt, eds., *From Hunters to Farmers* (Berkeley: University of California Press 1984), pp. 102–112.

4 FAO, *The State of Food Security and Nutrition in the World* (Rome: FAO, 2020), http://www.fao.org/3/ca9692en/CA9692EN.pdf.

5 大部分被吸收的波長是光譜中的藍色部分，四五〇─四九〇奈米（nm），以及紅色部分六三五─七〇〇奈米；綠色（五二〇─五六〇奈米）多半是被反射，因此成為植物的主要顏色。

6 陸地（森林、草原、農作物）和海洋（主要是浮游植物）光合作用的年總產量大致相同，但是浮游植物的壽命很短，只能持續幾天，這一點與陸地植物不同。

7 十九世紀美國耕作實務的詳細描述收錄於：L. Rogin, *The Introduction of Farm Machinery* (Berkeley: University of California Press, 1931)。一八〇〇年播種所花的時間是基於一七九〇年到一八二〇年間盛行的作法，細節請參考該書第二三四頁。

8 根據一八九三年北達科他州里奇蘭郡（Richland county）的小麥產量計算，資料來源同本章注釋七，第二一八頁。

9 Smil, *Energy and Civilization*, p. 111.

10 一八五〇年到一九四〇年美國農場的平均規模，請參考：US Department of Agriculture, *U.S. Census of Agriculture: 1940*, p. 68. 堪薩斯農場的規模，請參考：Kansas Department of Agriculture, Kansas Farm Facts (2019), https://agriculture.ks.gov/about-kda/kansas-agriculture.

11 大型曳引機的圖片和技術規格，請參考強鹿公司（John Deere）的網站：https://www.deere.com/en/agriculture/。

12 我的計算數字是根據二〇二〇年無人工灌溉的堪薩斯州小麥預估收穫量，以及估算一般的工作效率而得出：Kansas State University, *2020 Farm Management Guides for Non-Irrigated Crops*, https://www.agmanager.info/farm-mgmt-guides/2020-farm-management-guides-non-irrigated-crops; B. Battel and D. Stein, *Custom Machine and Work Rate Estimates* (2018), https://www.canr.msu.edu/field_crops/uploads/files/2018 percent20Custom percent20Machine percent20Work percent20Rates.pdf.

13 這些間接能源的使用若要量化，則必須依賴大量的假設和近似值，這一點無法避免，因此，永遠不可能像監測直接燃料消耗所得到的數字那樣準確。

14 例如，歐洲用的是草甘膦（glyphosate），這是目前全球最廣為使用的除草劑，平均每公頃只需使用一百到三百公克的有效成分：C. Antier, "Glyphosate use in the European agricultural sector and a framework for its further monitoring," *Sustainability* 12 (2020), p. 5682.

15 V. Gowariker et al., *The Fertilizer Encyclopedia* (Chichester: John Wiley, 2009); H. F. Reetz, *Fertilizers and Their Efficient Use* (Paris: International Fertilizer Association, 2016).

16 但迄今為止，施氮量最高的作物是日本的綠茶，乾茶葉含有五─六％的氮；茶園每公頃的氮含量通常超過五百公斤，甚至還會高達一噸：K. Oh et al., "Environmental problems from tea cultivation in Japan and a control measure using calcium cyanamide," *Pedosphere* 16/6 (2006), pp. 770–777.

17 G. J. Leigh, ed., *Nitrogen Fixation at the Millennium* (Amsterdam: Elsevier, 2002); T. Ohyama, ed., *Advances in Biology and Ecology of Nitrogen Fixation* (IntechOpen, 2014), https://www.intechopen.com/books/ advances-in-biology-and-ecology-of-nitrogen-fixation.

18 Sustainable Agriculture Research and Education, *Managing Cover Crops Profitably* (College Park, MD: SARE, 2012).

19 Émile Zola, *The Fat and the Thin*, https://www.gutenberg.org/files/5744/5744-h/5744- h.htm.

20 關於氨合成的歷史，請參考：V. Smil, *Enriching the Earth: Fritz Haber, Carl Bosch, and the Transformation of World Food Production* (Cambridge, MA: MIT Press, 2001); D. Stoltzenberg, *Fritz Haber: Chemist, Nobel Laureate, German, Jew* (Philadelphia, PA: Chemical Heritage Press, 2004).

21 N. R. Borlaug, *The Green Revolution Revisited and The Road Ahead*, Nobel Prize Lecture 1970, https://assets.nobelprize.org/uploads/ 2018/06/borlaug-lecture.pdf; M. S. Swaminathan, *50 Years of Green Revolution: An Anthology of Research Papers* (Singapore: World Scientific Publishing, 2017).

22 G. Piringer and L. J. Steinberg, "Reevaluation of energy use in wheat production in the United States," *Journal of Industrial Ecology* 10/1–2 (2006), pp. 149–167; C. G. Sørensen et al., "Energy inputs and GHG emissions of tillage systems, *Biosystems Engineering* 120 (2014), pp. 2–14; W. M. J. Achten and K. van Acker, "EU-average impacts of wheat production: A meta-analysis of life cycle assessments," *Journal of Industrial Ecology* 20/1 (2015), pp. 132–144; B. Degerli et al., "Assessment of the energy and exergy efficiencies of farm to fork grain cultivation and bread making processes in Turkey and Germany," *Energy* 93 (2015), pp. 421–434.

23 所有的大型農業機械（曳引機、聯合收割機、卡車、灌溉泵浦）以及農作物的長途散裝運輸（由柴油火車頭拉動的貨運列車、駁船、輪船）都使用柴油燃料。小型曳引機和輕型載貨卡車使用汽油，丙烷用於讓穀物乾燥。

24 這只比用來測量烹飪原料的美式量杯少一點：一個美式量杯正好是二三六 ・ 五九毫升。

25 N. Myhrvold and F. Migoya, *Modernist Bread* (Bellevue, WA: The Cooking Lab, 2017), vol. 3, p. 63.

26 Bakerpedia, "Extraction rate," https://bakerpedia.com/processes/extraction-rate/.

27 Carbon Trust, *Industrial Energy Efficiency Accelerator: Guide to the Industrial Bakery Sector* (London: Carbon Trust, 2009); K. Andersson and T. Ohlsson, "Life cycle assessment of bread produced on different scales," *International Journal of Life Cycle Assessment* 4 (1999), pp. 25–40.

28 關於集中動物飼養作業養雞的細節，請參考：V. Smil, *Should We Eat Meat?* (Chichester: Wiley-Blackwell, 2013), pp. 118–127, 139–149.

29 US Department of Agriculture, *Agricultural Statistics* (2019), USDA Table 1–75, https://www.nass.usda.gov/Publications/Ag_Statistics/2019/2019_complete_publication.pdf.

30 National Chicken Council, "U.S. Broiler Performance" (2020), https://www.nationalchickencouncil.org/about-the-industry/statistics/u-s-broiler-performance/.

31 關於家禽家畜的活體、屠體和可食重量的比較，請參考：Smil, *Should We Eat Meat?*, pp. 109–110.

32 V. P. da Silva et al., "Variability in environmental impacts of Brazilian soybean according to crop production and transport scenarios," *Journal of Environmental Management* 91/9 (2010), pp. 1831–1839.

33 M. Ranjaniemi and J. Ahokas, "A case study of energy consumption measurement system in broiler production," *Agronomy Research Biosystem Engineering* Special Issue 1 (2012), pp. 195–204; M. C. Mattioli et al., "Energy analysis of broiler chicken production system with darkhouse installation," *Revista Brasileira de Engenharia Agrícola e Ambienta* 22 (2018), pp. 648–652.

34 US Bureau of Labor Statistics, “Average Retail Food and Energy Prices, U.S. and Midwest Region” (accessed 2020), https://www.bls.gov/regions/mid-atlantic/data/averageretailfoodandenergypri ces_usandmidwest_table.htm; FranceAgriMer, “Poulet” (accessed 2020), https://rnm.franceagrimer.fr/prix?POULET.

35 R. Mehta, “History of tomato (poor man’s apple),” *IOSR Journal of Humanities and Social Science* 22/8 (2017), pp. 31–34.

36 每一百公克的番茄含有約二十毫克的維生素C；成人每日建議的維生素C攝取量為六十毫克。

37 D. P. Neira et al, “Energy use and carbon footprint of the tomato production in heated multi-tunnel greenhouses in Almeria within an exporting agri-food system context,” *Science of the Total Environment* 628 (2018), pp. 1627–1636.

38 阿爾梅里亞的番茄每公頃每年使用一千到一千五百公斤氮肥，而美國玉米則是一百五十公斤：US Department of Agriculture, *Fertilizer Use and Price* (2020), table 10, https://www.ers.usda.gov/data-products/fertilizer-use-and-price.aspx.

39 “Spain: Almeria already exports 80 percent of the fruit and veg it produces,” Fresh Plaza (2018), https://www.freshplaza.com/article/9054436/spain-almeria-already-exports-80-of-the-fruit-and-veg-it-produces/.

40 歐洲長途卡車一般的油耗是為每一百公里三十公升或每一百公里一千一百萬焦耳：International Council of Clean Transportation, *Fuel Consumption Testing of Tractor-Trailers in the European Union and the United States* (May 2018).

41 工業化規模的捕撈目前出現在全球五五％以上的海洋，涵蓋面積是全球農業的四倍多：D. A. Kroodsma et al., “Tracking the global footprint of fisheries,” *Science* 359/6378 (2018), pp. 904–908. 非法漁船關閉了詢答機，但在以下網頁可以查看上千艘合法作業漁船（橘色標示）的即時位置：https://www.marinetraffic.com.

42 R. W. R. Parker and P. H. Tyedmers, “Fuel consumption of global fishing fleets: Current understanding and knowledge gaps,” *Fish and Fisheries* 16/4 (2015), pp. 684–696.

43 歐洲的底拖網方式極具破壞力，捕撈甲殼類動物（蝦子和龍蝦）耗費的能源成本最高，最多可達一七 ． 三公升／公斤。

44 D. A. Davis, *Feed and Feeding Practices in Aquaculture* (Sawston: Woodhead Publishing, 2015); A. G. J. Tacon et al., “Aquaculture feeds: addressing the long-term sustainability of the sector,” in *Farming the Waters for People and Food* (Rome: FAO, 2010), pp. 193–231.

45 S. Gingrich et al., “Agroecosystem energy transitions in the old and new worlds: trajectories and determinants at the regional scale,” *Regional Environmental Change* 19 (2018), pp. 1089–1101; E. Aguilera et al., *Embodied Energy in Agricultural Inputs: Incorporating a Historical Perspective* (Seville: Pablo de Olavide University, 2015); J. Woods et al., “Energy and the food system,” *Philosophical Transactions of the Royal Society B: Biological Sciences* 365 (2010), pp. 2991–3006.

46 V. Smil, *Growth: From Microorganisms to Megacities* (Cambridge, MA: MIT Press, 2019), p. 311.

47 S. Hicks, “Energy for growing and harvesting crops is a large component of farm operating costs,” Today in Energy (October 17, 2014), https://www.eia.gov/todayinenergy/detail.php?id=18431.

48 P. Canning et al., *Energy Use in the U.S. Food System* (Washington, DC: USDA, 2010).

49 農場整合一直持續往前邁進：J. M. MacDonald et al., “Three Decades of Consolidation in U.S. Agriculture,” USDA Economic Information Bulletin 189 (March 2018)。即使是許多食品淨出口大國（美國、加拿大、澳洲、法國），食品進口占總消費量的比例也不斷攀升，主要是因為對新鮮蔬果和海鮮的需求增加。自二〇一〇年以來，美國人外食的預算比重一直都超過在家用餐：M. J. Saksena et al., *America’s Eating Habits: Food Away From Home* (Washington, DC: USDA, 2018).

50 S. Lebergott, "Labor force and Employment, 1800–1960," in D. S. Brady, ed., *Output, Employment, and Productivity in the United States After 1800* (Cambridge, MA: NBER, 1966), pp. 117–204.
51 Smil, *Growth*, pp. 122–124.
52 關於各種有機排泄物的氮含量，請參考：Smil, *Enriching the Earth*, appendix B, pp. 234–236. 關於肥料的氮成分，請參考：*Yara Fertilizer Industry Handbook 2018*, https://www.yara.com/siteassets/investors/057-reports-and-presentations/other/2018/fertilizer-industry-handbook-2018-with-notes.pdf/.
53 我計算了一九九〇年代中期全球流入作物生產中的氮：V. Smil, "Nitrogen in crop production: An account of global flows," *Global Biogeochemical Cycles* 13 (1999), pp. 647–662. 而且用最新取得的收穫量和動物數量的資料，準備二〇二〇年的更新版。
54 C. M. Long et al., "Use of manure nutrients from concentrated animal feeding operations," *Journal of Great Lakes Research* 44 (2018), pp. 245–252.
55 X. Ji et al., "Antibiotic resistance gene abundances associated with antibiotics and heavy metals in animal manures and agricultural soils adjacent to feedlots in Shanghai; China," *Journal of Hazardous Materials* 235–236 (2012), pp. 178–185.
56 FAO, *Nitrogen Inputs to Agricultural Soils from Livestock Manure: New Statistics* (Rome: FAO, 2018).
57 氨具有揮發性，也會對人體健康構成威脅：氨會與大氣中的酸性化合物反應，形成導致肺部疾病的細顆粒，而沉積到陸地或水裡的氨，可能會導致氮的含量過高：S. G. Sommer et al., "New emission factors for calculation of ammonia volatilization from European livestock manure management systems," *Frontiers in Sustainable Food Systems* 3 (November 2019).
58 關於豆科覆蓋作物生物固定作用（biofixation）的一般範圍，請參考：Smil, *Enriching the Earth*, appendix C, p. 237. 美國主要作物的平均氮肥使用量，請參考：US Department of Agriculture, *Fertilizer Use and Price*, https://www.ers.usda. gov/data-products/fertilizer-use-and-price.aspx. 豆類供應減少的記錄，請參考： http://www.fao.org/faostat/en/#data/FBS.
59 最近全球平均稻米產量約為四 ・ 六噸／公頃，小麥為三 ・ 五噸／公頃，大豆為二 ・ 七噸／公頃，而扁豆僅為一 ・ 一噸／公頃。中國的產量差距較大：水稻為七噸／公頃，小麥為五 ・ 四噸／公頃，而大豆為一 ・ 八噸／公頃，花生（另一種最受中國歡迎的豆類）為三 ・ 七噸／公頃。資料來源：http://www. fao.org/faostat/en/#data.
60 雙期作代表在同一年連續種植相同的作物（中國常見的是水稻），或是繼豆科作物後，種植糧食作物（例如中國華北平原常見的是花生 / 小麥輪作）。
61 S.-J. Jeong et al., "Effects of double cropping on summer climate of the North China Plain and neighbouring regions," *Nature Climate Change* 4/7 (2014), pp. 615–619; C. Yan et al., "Plastic-film mulch in Chinese agriculture: Importance and problem," *World Agriculture* 4/2 (2014), pp. 32–36.
62 關於每單位面積農田可養活的人口數，請參考：Smil, *Enriching the Earth*.
63 所有兩歲以上的美國人每天平均攝取量約為兩千一百大卡，而每人平均供應量為三千六百大卡，至少多出七〇％！大多數歐盟國家的差距也是如此，在富裕國家中，只有日本的供應量（兩千七百大卡）比較接近實際的消費量（兩千大卡）。
64 FAO, *Global Initiative on Food Loss and Waste Reduction* (Rome: FAO, 2014).
65 WRAP, *Household food waste: Restated data for 2007–2015* (2018).
66 USDA, "Food Availability (Per Capita) Data System," https://www.ers.usda.gov/data-

products/food-availability-per-capita-data-system/.

67 中國每日平均食物供應量目前約為三千兩百大卡／人，而日本的平均值約為兩千七百大卡／人。關於中國的食物浪費，請參考：H. Liu, "Food wasted in China could feed 30-50 million: Report," *China Daily* (March 2018).

68 現在的美國家庭平均只將九・七％的可支配所得用於食物；歐盟的平均比例則從英國的七・八％到羅馬尼亞的二七・八％不等：Eurostat, "How much are households spending on food?" (2019).

69 C. B. Stanford and H. T. Bunn, eds., *Meat-Eating and Human Evolution* (New York: Oxford University Press, 2001); Smil, *Should We Eat Meat*?

70 關於普通黑猩猩的食肉行為，請參考：C. Boesch, "Chimpanzees—red colobus: A predator-prey system," *Animal Behaviour* 47 (1994), pp. 1135–1148; C. B. Stanford, *The Hunting Apes: Meat Eating and the Origins of Human Behavior* (Princeton: Princeton University Press, 1999). 關於倭黑猩猩的食肉行為，請參考：G. Hohmann and B. Fruth, "Capture and meat eating by bonobos at Lui Kotale, Salonga National Park, Democratic Republic of Congo," *Folia Primatologica* 79/2 (2008), pp. 103–110.

71 詳細的日本歷史統計數據記錄了這個趨勢。一九〇〇年，十七歲學生平均身高為一五七・九公分；到了一九三九年，平均值為一六二・五公分（每年增加一・一公釐）；到了一九四八年，戰爭時期和戰後食物短缺，降為一六〇・六公分；但是到二〇〇〇年，營養變得更好，於是增加到一七〇・八公分（每年增加約〇・二公釐）：Statistics Bureau, Japan, *Historical Statistics of Japan* (Tokyo: Statistics Bureau, 1996).

72 Z. Hrynowski, "What percentage of Americans are vegetarians?" Gallup (September 2019), https://news.gallup.com/poll/267074/percentage-americans-vegetarian.aspx.

73 每年人均肉類供應量（屠體重量）請參考：http://www.fao.org/faostat/en/#data/FBS.

74 關於法國人肉類飲食習慣的改變細節，請參考：C. Duchène et al., *La consommation de viande en France* (Paris: CIV, 2017).

75 歐盟現在將穀物（小麥、玉米、大麥、燕麥和黑麥）總產量的六〇％用於飼料：美國農業部，《二〇二〇穀物飼料年度報告》（*Grain and Feed Annual 2020*）。

76 參考人均肉類供應量（屠體重量）平均值：http://www.fao.org/faostat/en/#data/FBS.

77 L. Lassaletta et al., "50 year trends in nitrogen use efficiency of world cropping systems: the relationship between yield and nitrogen input to cropland," *Environmental Research Letters* 9 (2014), 105011.

78 J. Guo et al., "The rice production practices of high yield and high nitrogen use efficiency in Jiangsu," *Nature Scientific Reports* 7 (2016), article 2101.

79 第一台具指標性的電動曳引機原型，是由領先全球的曳引機公司強鹿所製造，車上沒有電池：是由連接在捲筒上長達一公里的纜線供電，這個解決方案很有趣，但是不太方便，所以無法普及：https://enrg.io/john-deere-electric-tractor-everything-you-need-to-know/.

80 M. Rosenblueth et al., "Nitrogen fixation in cereals," *Frontiers in Microbiology* 9 (2018), p. 1794; D. Dent and E. Cocking, "Establishing symbiotic nitrogen fixation in cereals and other non-legume crops: The Greener Nitrogen Revolution," *Agriculture & Food Security* 6 (2017), p. 7.

81 H. T. Odum, *Environment, Power, and Society* (New York: Wiley-Interscience, 1971), pp. 115–116.

第三章　了解材料世界

水泥、鋼鐵、塑膠和氨

現代文明四大支柱

重要的事情不可能排名，或者說，這麼做並不明智。心臟並不比大腦重要，維生素C對人類健康的重要性不亞於維生素D，而如果沒有大量使用金屬、合金、非金屬和合成化合物等許多人造材料，就不可能會有前兩章探討的兩個生存必需品──食物和能源供給，此外，我們所有的建築、基礎設施、以及各種交通和通訊方式也不會存在。如果你判斷這些材料重要與否的標準，是來自於「新聞」是否大幅報導（或不報導），以及備受推崇的經濟分析或知名的趨勢發展預測是否關注（或不關注），當然就不會知道這一點。

這些報導主要的內容都不是具體的現象，跟材料無關，例如國內生產毛額的年增率（西方經濟學家曾對中國的兩位數成長率讚嘆不已）、國債比例上升（在現代貨幣理論的世界中並不重要，因為貨幣已被視為無限量供給）、破紀錄的大筆資金投入公司的首次公開發行（initial public offerings，目的是為了遊戲應用程式這類具有生存價值的關鍵發明）、前所未見的網路連接速度帶來的好處、或人工智慧承諾即將改變我們的生活。

先來談重要的事，我們的文明本來就可以相當富裕，提供充足的食物、物質享受、教育和醫療保健，不需要任何半導體、微晶片或個人電腦：這三項產品分別在一九五〇年代中期（電晶體第一次應用在商業上）、一九七〇年代初期（英特爾〔Intel〕的第一個微處理器）和一九八〇年代初期（個人電腦第一次大規模普及），加入了我們的文明。[1]而在一九九〇年代以前，我們不需要任何智慧型手機、社群媒體和應用程式，也能有效整合了各個經濟體、投入必要的資金、建設必要的基礎設施、以廣體噴射客機連結全世界。然而，各種零件、裝置、配件，以及從小型微處理器到大型資料中心系統等新發明，都需要消耗電力，如果無法穩定提供所需的能源和材料，這些電子和電信領域就不會有長足的進步。

在薄薄的晶圓（也就是微晶片的基板）裡面的矽，正是電子時代的代表性材料，但是沒有它，幾十億人仍能過著富裕的生活，因此，它並不是現代文明的生存限制條件。要生產出直徑大、高純度（純度為九九．九九九九九九九％）的矽晶圓，然後切割成晶片，整個過程既複雜，步驟又多，能源密集度很高：初級能源成本比用鋁土礦提煉金屬鋁高兩個數量級，比鋼鐵冶煉高出三個數量級。[2]但矽是非常豐富的原料（地殼中含量第二的元素，接近二八％，氧為四九％），若跟其他不可或缺的材料相比，電子級矽（electronic-grade silicon）每年的產量非常少，最近大約為一萬噸晶圓。[3]

要看一種材料是否不可或缺，年消耗量當然並非最佳指標，但在這種情況下，結論很明確：就像一九五〇年代以後電子技術的進步一樣，雖然很有用，也帶來很大的改變，但並不足以構成現代文明不可或缺的材料基礎。若依重要性來為我們的材料需求排名，很難不引起爭議，不過我會將必要性、普遍性和需求規模納入考量，以提供更具說服力的名單。在這個綜合尺度上排名最前面的四種材料，構成了我所謂的現代文明四大支柱：水泥、鋼鐵、塑膠和氨。[4]

從物理和化學上來說，這四種材料可區分出非常多不同的屬性和功能。儘管它們在屬性和特定用途上有著這些差異，但共同點不只是對於現代社會的運作不可或缺，而且需要投入的數量比其他基本材料更多（仍在持續增加）。二〇一九年，全球消耗了約四十五億噸的水泥、十八億噸的鋼鐵、三．七億噸的塑膠和一．五億噸的氨，不容易由其他材料取代——這件事當然絕不會在不久的將來發生，也不會在全球遭到大規模取代。[5]

如第二章所述，只有將放牧動物所有的排泄物完全回收，然後近乎完美地回收所有其他來源的有機氮，加起來的數量才會等於每年以氨的形式，使用在作物上的肥料。同時，許多種類的塑膠可以結合延展性、耐用性和輕巧的優點於一身，其他材料實在是難以望其項背。同樣地，即使我們能生產質量相同的建築木材或加工石材，也無法跟鋼筋混凝土的強度、多功能和耐用性相提並論。沒有了鋼筋混凝土，雖然還是可以建造金字塔和大教堂，但是不能蓋出優雅的大拱橋、巨大的水電大壩、多車道的馬路或機場的長跑道。鋼鐵已經變得無處不在，無可取代，加以善用不但可確保我們獲取能源、生產食物、提供住所的能力，也讓所有基礎設施的數量和品質無虞：沒有一種金屬可以替代。

在我們考慮未來不用化石碳的同時，要特別注意這四種材料之間的另一個關鍵共同點：它們的大規模生產多半取決於燃燒化石燃料，其中一些燃料還為合成氨以及塑膠提供原料。[6]比如在高爐中冶煉鐵礦石，就需要由煤（以及天然氣）製成的焦炭；生產水泥的能源主要來自煤塵、石油焦和重質燃料油；若要生產塑膠，需要大量的簡單分子結合成長鏈或支鏈，而這些分子也都來自原油和天然氣；在現代的合成氨中，天然氣既是氫氣的來源，也是加工能源。

因此，這四種不可或缺的材料在全球生產過程中，不但消耗世界主要能源供給的一七%，而且燃燒的化石燃料占所有二氧化碳排放量的二五%，目前在商業上仍找不到能立即使用的大量替代品，以取代這些行之有年的生產過程。[7]儘管不乏新的建議和實驗技

術（從合成氨的新催化劑到氫能煉鋼），讓我們在生產這些材料時可擺脫對化石碳的依賴，但卻沒有一個已經商業化的替代品，即使是積極找到無碳的選擇方案，實行起來也需要幾十年的時間，才能取代目前幾十億噸以上的產能，而且必須是負擔得起的價格。[8]

為了真正體會這些材料的重要性，我會解釋它們基本的屬性和功能，概要敘述技術進展的歷史，以及促成量產和廉價的劃時代發明，再說明現代的廣泛應用層面。我先從氨開始，因為沒有它，就無法養活全球越來越多的人口，接著是按照每年全球生產的數量，由小到大分別為塑膠、鋼鐵和水泥。

氨：養活全球的氣體

在這四種材料中（儘管我很不喜歡排名），氨可說是我們最重要的材料，這一點當之無愧。如前一章所述，主要的氮肥如果沒有了它（直接使用或作為合成其他含氮化合物的原料），目前近八十億人口當中的至少四〇％，甚至高達五〇％的人就無法溫飽。我簡單重述一次：在二〇二〇年，如果沒有合成氨，約四十億人將無法生存。這樣的生存限制條件無可比擬，不適用於塑膠或鋼鐵，也不適用於製造混凝土所需的水泥（如前所述，也不適用於矽）。

氨是一種簡單的無機化合物，由一個氮和三個氫組成（NH_3），代表氮占其質量的八二%。[9] 在大氣壓下是一種不可見的氣體，在沒有沖的馬桶或是分解的動物糞便中會聞到典型的刺鼻味，吸入低濃度的氨會導致頭痛、噁心和嘔吐，較高的濃度會刺激眼睛、鼻子、嘴巴、喉嚨和肺，若吸入的濃度非常高會當場致命。相較之下，氨在水中溶解後形成的銨（NH_4^+，銨離子）是無毒的，不容易穿透細胞膜。

要合成這種簡單的分子極具挑戰性，這一點讓人出乎意料之外。科學發明的歷史中，包括了一些知名的意外發現，在材料的這一章裡，鐵氟龍（Teflon）的故事可能是最適當的例子。一九三八年，杜邦公司（DuPont）的化學家羅伊・布朗克（Roy Plunkett）和助理傑克・瑞貝克（Jack Rebok），嘗試以四氟乙烯（tetrafluoroethylene）製作一種新的製冷劑化合物，他們把它放入容器後冰起來，發現這個化合物產生意想不到的聚合反應，變成了聚四氟乙烯（polytetrafluoroethylene），一種白色、蠟狀、光滑的粉狀物。二戰後，鐵氟龍成為一種最著名的合成材料，而且也許是唯一能納入政治用語的材料名詞（美國有鐵氟龍總統〔譯注：像雷根總統利用好口才和幽默感，對外來的批評四兩撥千斤，身上彷彿塗了一層「鐵氟龍」，刀槍不入。〕，但似乎沒有酚醛樹脂〔Bakelite〕總統，不過倒是有一位鐵娘子〔Iron Lady〕）。[10]

至於合成氨的過程則非意外，而是屬於另一種相反的科學發現類別，這一類發現具有清楚定義的目標，由一些最優秀的科學家投入研究，最後終於由一位堅持不懈的研究人員做出成果。這樣的突破顯然有其必要，從一八五〇年到一九〇〇年間，歐美工業化國家的總人口從三億增加到五億，快速的都市化有助於推動飲食轉型，從以穀物為主，讓人勉強飽足的餐點，轉變為普遍攝取較多的動物性產品和糖分。[11]產量依然停滯不前，但前所未見的農地擴增讓飲食得以轉型：一八五〇年到一九〇〇年間，在北美、南美、俄羅斯和澳洲，大約有兩億公頃的草原改種糧食。[12]

日益成熟的農業科學清楚顯示，若要為二十世紀更多人口提供充足的食物，唯一的方法是增加氮和磷這兩種關鍵的植物巨量營養素，才能提高產量。磷酸鹽的開採（先是在北卡羅來納州，接著是佛羅里達州）及後續的處理，為磷肥的穩定供給開闢了一條康莊大道，[13]可是卻沒有相對可靠的氮來源。之前在乾燥的熱帶島嶼上開採鳥糞（累積的鳥糞富含氮），快速耗盡了最豐富的氮，而從智利進口的硝酸鹽雖然持續增加（智利乾旱的北部地區擁有大量的硝酸鈉），仍無法滿足全球未來的需求。[14]

目前的挑戰是要確保人類能獲得足夠的氮，以維持不斷增加的人口。一八九八年，化學家兼物理學家威廉·克魯克斯（William Crookes）向英國科學促進協會（British Association for the Advancement of Science）針對小麥問題發表的演說內容，恰好最能清楚說明這個需求。他警告說：「所有文明國家都面臨吃不飽的致命危險。」但他看到了解決之道：科學前來救援，利用大氣中幾乎無限量的氮（以非活性的氮分子存在），轉換成植物可吸收的化合物。他得出一個正確的結論，這個挑戰「與其他化學發現在本質上有所不同，其他的化學發現可說是未定數，仍未成熟，而固氮作用對人類文明的進步至關重要。其他發現有助於增加我們理智上的舒適度、奢華感或便利性，使生活更輕鬆，快速獲得財富，節省時間、促進健康或減少煩惱，而固氮作用在不久的將來會是一大議題。」[15]

克魯克斯的願景在那場演講後才過十年就實現了，許多優秀的化學家（包括威廉·奧斯特瓦爾德〔Wilhelm Ostwald〕，一九〇九年諾貝爾化學獎得主）相繼投入，致力研究以氮和氫兩種元素合成氨，而在一九〇八年，由哈伯和他的英國助理羅伯特·盧西諾

（Robert Le Rossignol）兩人齊心協力拔得頭籌。哈伯當時任教於卡爾斯魯厄理工學院（Technische Hochschule in Karlsruhe）的理化與電化學系，他們的研究得到了德國首屈一指（而且領先全球）的巴斯夫（BASF）化學公司大力支持。[16]他的解決方案是使用鐵催化劑（這種化合物能加快化學反應速率，但不會改變自身的成分），然後運用前所未見的反應壓力。

要將哈伯的實驗擴大到企業規模是個不小的挑戰。化學和冶金工程專家卡爾・博施（Carl Bosch）於一八九九年加入巴斯夫，在他的領導下，短短四年即大獲成功。位於奧堡（Oppau）的世界第一座合成氨工廠，在一九一三年九月啟用，「哈伯－博施法」一詞依然流傳至今。[17]

不到一年，奧堡工廠的氨就轉用於製造硝酸鹽，以供應德軍生產炸藥所需。一九一七年，在洛伊納（Leuna）蓋了一座更大更新的氨工廠，但仍改變不了德國失敗的命運。儘管一九三〇年代出現經濟危機，合成氨在戰後繼續擴張，而且二戰期間不曾停歇，但是到了一九五〇年，合成氨的普及度仍遠不如動物糞便。[18]

在接下來的二十年，氨的產量增加八倍，每年達到三千多萬噸，而合成肥料的使用促成了綠色革命（始於一九六〇年代）——採用新的優質小麥和水稻品種，只要提供充足的氮，就可得到史無前例的產量，這種現象背後的關鍵創新，是用天然氣作為氫氣的來源，再加上引進高效率的離心式壓縮機（centrifugal compressors）和更好的催化劑。[19]

接著，就像現代工業發展的許多例子一樣，後毛澤東時代的中國獨占鰲頭。對於歷史上最致命的饑荒（一九五八—一九六一年），毛澤東難辭其咎，他在一九四九年宣布中國人民共和國成立，但他於一九七六年去世時，中國人均食物供應量並沒有比一九四九年更高。[20]一九七二年尼克森（Nixon）總統訪問北京後，中國的第一筆重大商業交易，就是向德州的凱洛格公司（MW Kellogg）訂購十三座全球最先進的氨—尿素工廠。[21]中國在一九八四年取消都市糧食配給，到二〇〇〇年，每日人均食物供應量比日本還高。中國之所以能實現這個目標，唯一的方法就是突破了氮障礙，將每年的穀物收成量提高到六·五億噸以上。[22]

有一篇談論「近年來，氮流入中國農業」的最佳報導指出，中國作物裡的可用養分中，約六〇%來自合成氨：五分之三的中國人口得依賴這種化合物的合成才得以溫飽，[23]全球的平均值約五〇%。這種依賴度很容易證明以哈伯—博施法合成氨，可能是歷史上最重要

的技術進步。克魯克斯當初的判斷很正確，有些發明為我們提供舒適、便利、奢侈品、財富或生產力，也有些發明使我們的生命遠離過早死亡和慢性病，但是如果沒有氨的合成，就無法確保今天和未來大部分的人口是否能生存。[24]

我要趕快補充一下，說五〇%的人口依賴氨，這個數字並非一成不變的近似值。那是因為考量到普遍的飲食習慣和耕作方式，所以才說合成氮養活了一半的人——或者說，要是其他條件相同，可是少了合成氮肥，那麼世界上一半的人口就無法存活。但是，如果富裕人口改成像印度人一樣不太吃肉，依賴氨的人口比例會更低，而如果全世界的人飲食都像今天的中國人一樣，這個比例會更高，要是普遍都改成美式飲食，就更不用說了。[25]我們還可以透過減少食物浪費（正如前面看到的）和更有效使用肥料，以降低對氮肥的依賴。

全球產出的氨約八〇%用於作物施肥，其餘用於製造硝酸、炸藥、火箭推進劑、染料、纖維、窗戶和地板清潔劑。[26]如果採取適當的預防措施和特殊設備，氨可以直接用於農田；[27]但是化合物主要是作為生產固態和液態氮肥不可缺少的原料。目前占大宗的尿素是含氮量最高的固態肥料（四六%）。[28]近年來，在全球農田裡使用的所有氮當中，尿素的比重約五五%，而且在亞洲大量普及，多半用於中國和印度（全球人口最多的兩個國家）

的水稻與小麥種植，也讓其他五個超過一億人口的亞洲國家能有相當高的產量。[29]

不太重要的氮肥包括硝酸銨、硫酸銨、硝酸銨鈣，以及各種液態溶液。一旦將氮肥用於農田，則幾乎不可能控制由於揮發作用（來自氨化合物）、淋溶作用（硝酸鹽易溶於水）和脫硝作用（細菌將硝酸鹽還原成空氣中的氮分子）而造成的自然損失。[30]

若要解決農田的氮損失，現在只有兩種直接且有效的方法：一個是使用昂貴的緩釋化合物（**slow-release compound**），另一個更實際的作法是轉向精準農業，依據土壤分析，需要時再施肥。[31]如前所述，提高食物價格、減少肉類消費等間接措施可能有效，但不太受歡迎，因此，不管是以哪種具體可行的方式，將這些解決方案組合在一起，都不可能澈底改變全球氮肥的消費量。現在每年合成的氨約一・五億噸，其中約八〇%用作肥料，將近六〇%的肥料是用於亞洲，約四分之一是在歐美，而不到五%是在非洲。[32]大多數富裕國家可以且應該減少這麼高的使用率（他們人均食物供應量已經過高），而中國和印度這兩大用戶有很多減少過度施肥的機會。

但是人口成長最快的非洲大陸仍缺乏營養，主要是依賴糧食進口，要是想達到糧食自給自足，就得將希望放在增加氮的使用：畢竟，非洲大陸最近的氨使用量，還不到歐洲平

均值的三分之一。[33]增加氮供應的最佳（也是長期以來尋求的）解決方案，是讓那些非豆科植物也具有固氮能力，但這個承諾，目前的基因工程尚未兌現。還有一個沒那麼極端的選項是，為種子注入具有固氮能力的細菌，這是最近的一項創新，最終應用在商業上的程度仍有待觀察。

塑膠：種類眾多、用途廣泛、麻煩不少

塑膠泛指一大類合成（或半合成）的有機材料，共同特色是容易成型。塑膠的合成從單體（monomer）開始，簡單的分子以長鏈狀或支鏈狀鏈結在一起，生成聚合物。乙烯和丙烯這兩種關鍵單體，是經由將碳氫化合物蒸汽裂解（steam cracking，加熱至攝氏七五〇—九五〇度）後而產生，碳氫化合物還可為後續的合成提供能源。[34]塑膠的延展性高，有利於鑄造、壓縮或擠製成型，可以製造出各種形狀的產品：從薄膜到重型管道，從輕如羽毛的瓶子到堅固的大垃圾桶。

全球產量多半是以熱塑性塑膠（thermoplastics）為主，因為這個聚合物加熱時容易

軟化，冷卻時又會變硬。低密度和高密度聚乙烯（polyethylene, PE）目前占全球塑膠聚合物的二〇％以上，聚丙烯（polypropylene, PP）約占一五％，聚氯乙烯（polyvinyl chloride, PVC）占一〇％以上。[35] 相較之下，熱固性塑膠（thermoset plastics，包含聚氨酯〔polyurethanes〕、聚醯亞胺〔polyimides〕、三聚氰胺〔melamine〕和尿素甲醛樹脂〔urea-formaldehyde〕），在加熱時抗軟化。

一些熱塑性塑膠結合了低比重（重量輕）和相當高硬度（耐用性）兩種特點，耐用的鋁重量只有碳鋼的三分之一，但聚氯乙烯的密度比鋼小二〇％，而聚丙烯的密度比鋼小一二％；雖然結構鋼（structural steel）的最大抗拉強度（tensile strength）為四億帕（pascal），但聚苯乙烯（polystyrene, PS）的最大抗拉強度可達一億帕，是木材或玻璃的兩倍，僅比鋁少一〇％。[36]

就是這種低重量和高強度的結合，讓熱塑性塑膠成為重型管道、凸緣（flange）、防滑表面和化學槽等應用產品的首選。熱塑性聚合物已廣泛用於汽車內外（聚丙烯保險桿、聚氯乙烯儀表板和汽車零件、聚碳酸酯〔polycarbonate〕大燈殼）。現代飛機的內部多半是用輕型的高溫或阻燃熱塑性塑膠（聚碳酸酯、聚氯乙烯／丙烯酸類〔acrylic〕混合物），

機身是用碳纖維強化塑膠（複合材料）。[37]

第一種塑膠是在十九世紀最後三十年裡少量生產，最著名的是由硝酸纖維素（cellulose nitrate）和樟腦（camphor）製成的賽璐珞（celluloid），後來用於電影膠卷。但其易燃性高，到一九五〇年代才被取代。不過，第一種熱固性材料（可在攝氏一五〇—一六〇度成型）是由在紐約工作的比利時化學家利奧・貝克蘭（Leo Hendrik Baekeland）於一九〇七年所發明。[38]他的通用膠木公司（General Bakelite Company）於一九一〇年成立，是第一家塑膠製造商，該公司塑膠所製成的產品品項眾多，包含電絕緣體、黑色轉盤式電話，以及二戰期間用於製造輕型武器的零件。在此同時，雅克・布蘭登貝格爾（Jacques Brandenberger）於一九〇八年發明了賽璐芬（cellophane，俗稱玻璃紙）。

聚氯乙烯早在一八三八年發明，但從未在實驗室外使用，在兩次世界大戰期間，聚氯乙烯首度大規模合成，美國的杜邦、英國的帝國化學工業（Imperial Chemical Industries, ICI）和德國的法本公司（IG Farben）紛紛提供資金（成果顯著），致力於研發新的塑膠材料。[39]在二戰之前，製造出可應用在商業上的醋酸纖維素（cellulose acetate，現在用於吸水布和抹布）、聚氯丁二烯（neoprene，合成橡膠）、聚酯纖維（polyester，用於紡織品和室內裝潢）、聚甲基丙烯酸甲酯（polymethyl methacrylate，又稱塑膠玻璃〔plexiglass〕，現在的使用量更多，因為新冠肺炎導致隔板和防護罩的需求大增）。尼龍自一九三八年開始生產（牙刷刷毛和絲襪是第一個商業化產品，現在用於漁網、降落傘等產品），如前所述，鐵氟龍也是（一種隨處可見的不粘塗層）。苯乙烯（styrene）也是在一九三〇年代開始平價生產，這個材料目前主要用於聚苯乙烯，可生產包裝材料、免洗杯、免洗餐盤。

法本公司於一九三七年推出聚氨酯（家具泡棉、絕緣材料），帝國化學工業使用非常高壓來合成聚乙烯（用於包裝和絕緣材料），並於一九三三年開始生產甲基丙烯酸甲酯（用於接著劑、塗料和油漆）。聚對苯二甲酸乙二酯（Polyethylene terephthalate, PET）於一九四一年取得專利，一九五〇年代初期開始量產，自一九七〇年代以來，廢棄的飲料瓶已成為地球的一種禍害（寶特瓶於一九七三年取得專利）。[40]二戰後加入的材料中，最廣為人知的是聚碳酸酯（用於光學鏡片、窗戶、硬蓋板）、聚醯亞胺（用於醫療管材）、液晶聚合物（liquid crystal polymer，主要是用於電子產品），以及知名的杜邦商標，例如 Tyvek®（泰維克，一九五五年，譯注：以高密度聚乙烯為原料的特殊材質）、Lycra®

（萊卡，一九五九年，譯注：彈力纖維）和Kevlar®（克維拉，一九七一年，譯注：芳香聚醯胺類合成纖維）。[41]到了二十世紀末，全球市場上有五十種不同的塑膠，由於這種新的多樣性，再加上最常使用的化合物（聚乙烯、聚丙烯、聚氯乙烯、聚對苯二甲酸乙二酯）需求日益增加，導致我們對塑膠的需求呈指數成長。

一九二五年，全球產量只有約兩萬噸，一九五〇年增加到兩百萬噸，二〇〇〇年增加到一・五億噸，到了二〇一九年增加到約三・七億噸。[42]若想了解日常生活中塑膠材料真的是無所不在，最佳方法是觀察自己一天當中用手摸了幾次，腳踩了幾次，眼睛看到幾次，身體靠在上面多久：你可能會對這樣的頻率感到很驚訝！在我打出這些文字的同時：我的戴爾（Dell）筆電上面的按鍵和右手握的無線滑鼠，都是由丙烯腈－丁二烯－苯乙烯樹脂（acrylonitrile butadiene styrene）所製，我坐的旋轉椅包著一層聚酯纖維製成的軟墊，椅子的尼龍輪子下面是聚碳酸酯地毯保護墊，才不會破壞保護墊下面的聚酯地毯……。

這個產業本來只是提供小型工業零件（一九一六年勞斯萊斯〔Rolls-Royce〕排檔桿上的按鈕是第一個應用產品）和各種居家用品，後來大幅擴展了原本這兩個小市場（最顯著的是消費電子領域，每年增加了數十億個必須依賴塑膠的新產品），而且也增加大規模的應用，從車身、整個飛機內部，一直到大直徑管道。

但是，塑膠在一般的醫療保健，特別是傳染病的住院治療中，扮演了最不可或缺的角色。現代人的生命從開始（在產科病房）到結束（在加護病房）都被塑膠物品包圍，[43] 而之前不了解塑膠在現代醫療保健中扮演什麼角色的人，從新冠肺炎中學到了教訓。疾病大流行經常是用激烈的方式來告訴我們這一點，像是歐美醫護人員的個人防護裝備（personal protective equipment, PPE，例如免洗手套、口罩、面罩、帽子、防護衣和靴子）全部用完，於是各國政府紛紛喊價，想搶購從中國空運而來，但數量有限（而且價格偏高）的物資，這是因為西方國家個人防護裝備廠商之前亟於削減成本，把大部分的生產線移到中國，才會造成這次原本可避免的供應短缺危機。[44]

醫院中的塑膠物品主要是由不同種類的聚氯乙烯製成：軟管（用於給病人餵食、輸送氧氣和監測血壓）、導管、靜脈注射容器、血袋、無菌包裝、各種托盤、盥洗盆、便盆、病床護欄、保溫毯，以及無數的實驗室器具等。現在所有醫療保健產品中，有四分之一以上的產品主要成分是聚氯乙烯，在現代家庭中，也會出現在牆壁、屋頂防水層、窗框、百葉窗、水管、電纜絕緣材料、電子零件中，另一個日益壯大的陣容是辦公用品和玩具——

連用來購買上述所有物品的信用卡也不例外。[45]

近年來，越來越多人擔心陸地上的塑膠汙染行為，甚至延伸到了海洋、沿海水域和海灘。我會在環境那一章再討論這一點，但提到這種不負責任的亂倒塑膠行為，並不是為了要反對這個合成材料，畢竟塑膠用途廣泛，可妥善利用，而且通常真的是不可或缺。此外，許多人認為超細纖維（microfiber）之所以會出現在海水中，多半是合成紡織品磨損後的產物，這種認知是錯的。這些聚合物現在占全球纖維產量的三分之二，但有一項海水樣本的研究顯示，海洋纖維主要（大於九〇％）是天然形成的。[46]

鋼：無處不在，可以回收

各種鋼（加上「各種」更精確，因為至少有三千五百種）是以鐵（化學符號為Fe）為主的合金。[47]生鐵（pig iron）或鑄鐵（cast iron）是經由高爐煉製而成的鐵水（hot metal），通常含有九五—九七％的鐵、一・八—四％的碳、〇・五—三％的矽，其他元素則微乎其微。[48]碳含量高會比較脆，延展性低（伸縮的能力），抗拉強度（在壓力下的斷裂抗力）不如青銅或黃銅。在工業化以前的時代，亞洲和歐洲是以各式各樣的手工方式製造鋼，既費力又昂貴，因此從未廣泛使用。[49]

現代的鋼是由鑄鐵製成，將原本的高碳含量降成重量百分比〇・〇八—二・一%，鋼的物理性質很輕易就擊敗了最硬的石頭，以及其他兩種最常見的金屬。花崗岩具有一樣的抗壓強度（compressive strength，抵抗荷重的能力），但是抗拉強度低了一個數量級：花崗岩柱的承載力跟鋼一樣，但是鋼梁的承載力則高了十五到三十倍。[50]鋼的一般抗拉強度約為鋁的七倍，為銅的將近四倍，硬度則分別高出四倍和八倍，而且很耐熱——鋁在攝氏六六〇度熔化，銅是一〇八五度，鋼則是一四二五度。

鋼分成四大類。[51]碳鋼（市場上所有的鋼材中，九〇%含有〇・三—〇・九五%的碳）無處不在，從橋梁到冰箱，從齒輪到剪刀。合金鋼含有一種或多種不同比例的元素（最常見的是錳、鎳、矽和鉻，但也有鋁、鉬、鈦和釩），添加這些元素是為了改善物理性質（硬度、強度、延展性）。不鏽鋼（含有一〇—二〇%的鉻）從一九一二年才首次用於廚具，現在普遍用於手術器械、引擎、機器零件和建築。[52]工具鋼的抗拉強度比最好的結構鋼還高了兩到四倍，可用於切割鋼和其他金屬，以製作模具（用於其他金屬或塑膠的沖壓或擠壓），也用於手動切割和錘擊。所有的鋼（除了幾種不鏽鋼）都具有磁性，因此適用於製造電子機械設備。

鋼決定了現代文明的面貌，讓最基本的功能得以順利運作，這是最廣為使用的金屬，在當今世界中，有形或無形之處，都扮演了關鍵的角色。此外，我們所使用的所有其他金屬和非金屬產品，幾乎都是用鋼製的工具和機器提取、加工、成型、完工和配送，如果沒有鋼，現在的大眾運輸就無法運轉。我們房屋的內外，裸鋼無所不在，無論是小物品（餐具、刀具、鍋具、廚房用具、園藝工具），還是大物品（家電、割草機、腳踏車、汽車）。

在都市大樓完工前，你可以看到大型的鋼製打樁機，將鋼筋或鋼筋混凝土打入地下做地基，接下來幾個月，工地就會被這些巨大的吊車占據。一九五四年，紐約的美孚大樓（Socony-Mobil Building）是第一座完全用不鏽鋼板覆蓋的摩天大樓，而最近在杜拜，高達八二八公尺的哈里發塔（Burj Khalifa）使用了有條紋的不鏽鋼窗間板（spandrel panel）和垂直的管狀鋼釘。[53]對許多優雅的懸臂橋和吊橋來說，鋼就是關鍵的結構要件和設計特色：[54]像舊金山金門大橋（Golden Gate Bridge）就是個好例子，此橋已一再重新粉刷成橘色；[55]日本的明石海峽大橋（Akashi Kaikyō Bridge）是世界上跨距最大的吊橋，大約兩公里，鋼塔支撐著直徑達一・一二公尺交織的鋼纜。[56]

都市街道兩旁間隔一致的路燈燈桿，是由熱浸鍍鋅（hot-dip galvanized）和粉末塗層鋼（powder-coated steel）製成，可防止生鏽；路邊的交通號誌和架空標誌（overhead signage）的結構都是由軋鋼（rolled steel）製造，防撞護欄則是波形鋼。鋼塔支撐著相當粗的鋼絲，才能運送數百萬人次的滑雪者，還能用纜車將遊客帶到高聳的山峰；無線電和電視塔（牽索桅〔guyed mast〕，譯注：一種又高又細的垂直結構，穩定性取決於牽索）的高度，打破了許多人造結構的記錄。現代景觀中似乎包含著數不盡的高壓輸電塔，最近新增兩個突出的成員：一個是高得讓人頭暈目眩的帶拉線塔（guyed tower，用於傳輸行動電話訊號），另一個是陸上和離岸大型風力渦輪機塔架。海洋中最大的鋼製設備是巨大的石油和天然氣生產平台。[57]

按重量計算，鋼鐵幾乎是占運輸設備的最大一部分，噴射客機是明顯的例外（以鋁合金和複合纖維〔composite fiber〕為主），鋼材約占飛機重量的十%，用於引擎和起落架。[58]每輛汽車平均含有約九百公斤的鋼材，[59]每年生產的車將近一億輛，大約等於九千萬噸金屬——其中約六〇%是高強度鋼，讓車子可以比傳統的鋼輕了二六—四〇%。[60]儘管現代高速列車（鋁製車身，內部是塑膠）只有約一五%的鋼（車輪、輪軸、軸承和馬達），但必須在比普通鋼軌更重的專用軌道上才能行駛。[61]

不管是裝載石油和液化氣體的油輪，還是運送礦石、穀物或水泥的散裝貨船，船身都是由高強度鋼板彎曲成所需要的形狀後，焊接在一起而製成。但戰後運輸業最大的革新是使用貨櫃船（更多詳節請見第四章），用標準尺寸的鋼箱運輸貨物，[62]這些鋼箱的高度和寬度約二．五公尺（長度不等），堆放在船身內部和甲板上方。你身上穿戴的所有東西，可能都是先從亞洲的工廠開啟旅程，接著裝在鋼箱裡，再運送到最後的銷售點。

這些工具和機器是怎麼製造的呢？絕大多數是依賴其他主要由鋼製成的機器和零組件，才能鑄造、鍛造、滾軋、減法製造（車削、銑削、鏤空和鑽孔）、彎曲、焊接、削尖和切割而成，就是因為有出色的工具鋼，讓切割碳鋼就像刀子穿過軟軟的奶油一樣容易。製造出這些機器的機器，大多是由電力驅動，而如果沒有鋼，也不可能發電（整個電子、電腦和電信領域也無法存在）：在高大的鍋爐塞滿鋼管，裡面裝滿加壓水；核子反應爐內部有粗的壓力容器；大型渦輪機依靠蒸汽的膨脹力推動渦輪旋轉，它的長軸是由粗大的鋼製鍛造品加工而成。

地底下看不見的鋼，包括很深的礦坑中，固定和可移動的支撐物，以及原油和天然氣井中數百萬公里的勘探、套管和生產管道。石油和天然氣產業也依賴埋在靠近地面（一到二公尺深）的鋼材，作為收集、運輸和配送管道，主要幹線會使用直徑超過一公尺的管道，而配送氣體管道的直徑可能只有五公分。[63]原油精煉廠本質上是鋼鐵森林，有高大的蒸餾塔、催化裂化器、大量的管道和儲存容器。最後，我必須提到鋼如何在醫院救人（從離心機〔centrifuge〕和診斷病情的機器，到不鏽鋼手術刀、手術刀鉤和牽開器），以及如何殺人：坐擁大批武器的軍隊和艦隊，只不過是把鋼大量儲存起來專門用於毀滅一途。[64]

我們能否確保所需的大量鋼材供應無虞，以及這種金屬後續在全球的生產狀況如何？我們是否有足夠的鐵礦，以供後代繼續煉鋼？我們能否生產足夠的鋼鐵來建造現代基礎設施，且提高低收入國家的生活水準？這些國家目前的人均鋼鐵消費量，甚至還不如一個世紀前的富裕經濟體。煉鋼對環境是好事嗎？還是會具有特別的破壞性呢？如果不使用任何化石燃料，我們可以生產金屬嗎？

第二個問題的答案絕對是肯定的，鐵是地球的主要元素，因為它很重（幾乎是水的八倍），而且構成了地核，[65]但在地殼中也很豐富：只有三種元素（氧、矽和鋁）比鐵更常見；鐵以大約六%的比例位居第四。[66]鐵礦的年產量目前約為二十五億噸，主要產地是澳洲、巴西和中國；全球的資源量共超過八千億噸，其中含有將近二十五億噸的金屬，這個資源量／產量比（resource／production〔R／P〕ratio）超過三百年，遠超出任何可想像的規畫範圍（原油的比例只有五十年）。[67]

此外，只要把鋼放在電弧爐（electric arc furnace, EAF）裡熔化，很容易就能回收利用，電弧爐是一種由重型鋼板（以鎂磚為內襯）製成的大圓柱型耐熱容器，具有可拆卸的圓頂狀水冷爐蓋，三支巨大的碳素電極棒插在爐蓋中。先裝入廢鋼，再將電極棒往下放入其中，電流通過形成電弧，電弧的高溫（攝氏一千八百度）很容易讓帶電的金屬熔化。[68]然而，這種電力需求非常大：即使是高效率的現代電弧爐，每天的耗電量相當於一個大約十五萬人口的美國都市。[69]

回收車輛之前，需要先排乾所有液體、除掉內部物品，接著拆除電池、伺服馬達、輪胎、收音機、引擎，以及塑膠、橡膠、玻璃和鋁等零件，最後汽車壓碎機會將已拆解的車體先壓平再壓碎。目前為止，最具挑戰的回收作業是拆解大型的遠洋漁船，主要是在巴基斯坦（喀拉蚩〔Karachi〕西北部的加達尼〔Gadani〕）、印度（古吉拉特邦〔Gujarat〕

的阿朗〔Alang〕）、孟加拉（吉大港〔Chittagong〕附近）的海灘上處理。船身是由重型鋼板製成，將物品清除後必須用氣體和電漿炬切割，這種危險且會造成汙染的工作，經常是由身上沒有適當防護裝備的工人完成。[70]

富裕經濟體現在幾乎回收了所有的汽車廢料，結構鋼梁和鋼板的再利用率也一樣很高（大於九〇%），家用電器的回收率略低，美國最近回收了超過六五%的鋼筋混凝土，這個比率與飲料和食品鋼罐的回收率差不多。[71]廢鋼已成為一種全球最有價值的出口商品，因為那些鋼鐵生產歷史悠久和擁有大量廢鋼的國家，將這種材料出售給不斷擴大經營的生產商，歐盟的出口量最多，其次是日本、俄羅斯和加拿大；而中國、印度和土耳其是最大的買家。[72]再生鋼材占金屬年總產量的將近三〇%，各國再生鋼材的比重不同，有些小型鋼鐵生產商可達一〇〇%，美國約七〇%，歐盟約四〇%，中國不到一二%。[73]

這代表初級煉鋼仍占主導地位，每年生產的鐵水是回收鐵水的兩倍多——二〇一九年接近十三億噸。這個過程從高爐開始（高大的鋼鐵結構，以耐熱材料為內襯），透過熔煉鐵礦石、焦炭和石灰石來生產鐵水（鑄鐵或生鐵）。[74]第二步是發生在鹼性氧氣爐（basic oxygen furnace, BOF，這裡的鹼性為形容詞，是指產生的爐渣所具有的化學性質），目的是降低鑄鐵的高碳含量，然後生產鋼。這個過程於一九四〇年代發明，在一九五〇年代中期之後快速商業化。[75]現今的鹼性氧氣爐是大型的梨子狀容器，頂部敞開，可加入高達三百噸的熱鐵，然後從頂部和底部噴入氧氣，讓熱鐵燃燒沸騰，這個反應在大約三十分鐘內可降低金屬的碳含量（降至〇・〇四%）。高爐和鹼性氧氣爐的組合成為現代煉鋼整合的基礎，最後的步驟包括將熱鋼轉移到連鑄機，以生產扁鋼胚（slab）、小鋼胚（billet，方形或矩形）和鋼帶，再轉換成最終的鋼製產品。

煉鐵的能源密集度相當高，高爐占總需求的七五%左右。目前最佳作法是每噸成品的綜合需求僅為一七〇—二〇〇億焦耳；效率較低的作法需要二五〇—三〇〇億焦耳。[76]電弧爐製造的再生鋼（secondary steel），能源成本遠低於綜合生產的成本：現今的最佳成果是每噸略高於二十億焦耳。此外，還必須加上軋鋼的能源成本（大多是每噸十五—二十億焦耳），因此，具代表性的全球整體能源成本是：綜合煉鋼每噸約為二五〇億焦耳，再生鋼為五十億焦耳。[77]二〇一九年全球鋼鐵生產的總能源需求約為三十四艾焦耳（exajoules，譯注：一艾焦耳等於10^{18}焦耳），約占全球初級能源供給的六%。

由於鋼鐵業依靠焦煤和天然氣，因此煉鋼也是人為產生溫室氣體的主要來源。世界鋼鐵協會（World Steel Association）指出，全球平均排放率為每噸鋼排放五百公斤的碳，最近的初級煉鋼每年排放約九億噸的碳，占全球化石燃料燃燒直接排放的七—九%。[78]但造成大量二氧化碳排放的主要材料不是只有鋼：水泥的能源密集度雖然低很多，但由於全球產量幾乎是鋼的三倍，因此生產水泥所排放的碳比例跟鋼差不多（約八%）。

混凝土：由水泥創造的世界

水泥是混凝土不可或缺的一分子，製造方式是將石灰石粉（鈣的來源）、黏土、頁岩或廢料（矽、鋁和鐵的來源），放在大型窯爐中（傾斜的金屬圓柱體，長度為一〇〇到二二〇公尺）加熱（至少高於攝氏一四五〇度）。[79]這種高溫燒結（sintering）會產生水泥熟料（clinker，已熔融的石灰石和鋁矽酸鹽〔aluminosilicates〕），然後磨成細粉狀水泥。

混凝土主要是由粒料（aggregate，六五—八五%）和水（一五—二〇%）組成。[80]像沙子這種比較細的粒料，有助於提高混凝土的強度，但需要加比較多的水，如果是用大小不同的礫石這種比較粗的粒料，就可以加少一點水。混合物由水泥（水泥通常占混凝土最

後質量的一〇—一五%）固定在一起，水泥與水反應後，先使混合物凝固，然後再硬化。

結果就生產出現代文明最廣泛使用的材料，堅硬而厚重，即使經過數十年歲月的摧殘，仍屹立不搖，特別是加了鋼之後更堅固。素混凝土（plain concrete）的抗壓強度相當好（現代最好的素混凝土比兩個世代以前強五倍），但抗拉強度較弱。[81]結構鋼的抗拉強度高出一百倍，在混凝土中加入不同類型的加強材料（鋼網〔steel mesh〕、鋼條、玻璃或鋼纖維、聚丙烯）可縮小這個巨大的差距。

自二〇〇七年以來，大多數人之所以能生活在都市中，都要歸功於混凝土。都市建築當然還會利用其他材料：摩天大樓的鋼骨架是由玻璃或金屬覆蓋；北美郊區的獨棟式別墅是由木頭（立柱〔stud〕、夾板〔plywood〕、塑合板〔particle board〕）和石膏板（通常以磚或石頭覆蓋）製成；工程木材現在用來建造好幾層樓高的公寓。[82]但摩天大樓和公寓大樓的底下是混凝土樁，混凝土不僅進入地基和地下室，而且還進入許多牆壁和天花板，都市的基礎設施全少不了它——從地下的工程網路（大型管道、電纜管道、下水道、地鐵、隧道），到地上的交通基礎設施（人行道、馬路、橋梁、碼頭、機場跑道）。從聖保羅和香港（擁有許多樓層的公寓大樓），到洛杉磯和北京（擁有範圍廣大的高速公路網），這些現代都市都是混凝土的體現。

羅馬的水泥是石膏、生石灰和火山砂的混合物，事實證明這種材料既出色又耐用，可用來建造大型建築物，包括巨大的穹頂。萬神殿（Pantheon）在將近兩千年後，依然完好無缺（於西元一二六年完工），在所有無筋混凝土的建築中，萬神殿穹頂至今仍穩居直徑最大的冠軍寶座。[83]但現代水泥初次登場是在一八二四年，由英國泥水匠約瑟夫・阿斯普丁（Joseph Aspdin）取得專利，他以高溫將石灰石和黏土燒製成水硬性水泥灰漿：這些材料當中的石灰、二氧化矽（silica）和氧化鋁（alumina）轉化為玻璃狀物質，磨細後生產出波特蘭水泥（Portland cement）。[84]阿斯普丁之所以取這個名字（今天仍廣為使用），是因為玻璃狀水泥熟料一旦硬化，跟水反應之後，顏色就像英吉利海峽波特蘭島的石灰石。

如前所述，這種新材料具有抗壓性高的特色，當今最好的混凝土可以承受至少一億帕的壓力，大約相當於一頭非洲公象站在一枚硬幣上。[85]而拉力則是不同的狀況：只需兩百萬到五百萬帕的拉力（比撕開人體皮膚所需的力還小），就可以讓混凝土裂開。正因如此，必須等到鋼筋技術逐漸進步後，才適合讓結構的各部分承受較大的拉力，此時業界終於能將混凝土大規模用於建築上。

在一八六〇和一八七〇年代，法國的弗朗索瓦．柯涅（**François Coignet**）和約瑟夫．莫尼爾（**Joseph Monier**）申請了第一項強化混凝土的專利（莫尼爾是一位園丁，開始使用鐵網讓花盆更堅固），但真正的突破是一八八四年歐內斯特．蘭塞姆（**Ernest Ransome**）的鋼筋。[86]現代水泥旋窯（**cement rotary kiln**）最早的設計是出現在一八九〇年代，礦物在旋窯裡，以高達攝氏一千五百的溫度下玻璃化，如此一來，在大型建築計畫中，可以使用價格負擔得起的混凝土。位於辛辛那提的英格爾大樓（**Ingalls Building**）共十六層，於一九〇三年完工，成為世界上第一座鋼筋混凝土摩天大樓。[87]才過了三年，愛迪生深信應該以混凝土取代木材，成為美國獨棟式別墅的建築材料，他在紐澤西州開始設計以混凝土鑄造的房屋，但沒有成功。一九一一年，他還試著提供廉價的混凝土家具（包括整套寢具）想以此反敗為勝，甚至用混凝土製作他最喜歡的一項發明——留聲機。[88]

在此同時，與愛迪生的失敗形成鮮明對比的是，瑞士工程師羅伯特．馬亞爾（**Robert Maillart**）開創出一種仍沿用至今的混凝土建築趨勢：鋼筋混凝土橋梁，一九〇一年先從比較短的佐茲橋（**Zuoz**）開始，一九〇六年是塔瓦納薩橋（**Tavanasa**）。他最著名的是阿爾卑斯山谷上方的薩爾基納拱橋（Salginatobel arch），設計相當大膽，於一九三〇年完成，現在列為國際土木工程歷史地標（International Historic Civil Engineering Landmark）。[89]早期的混凝土設計也受到幾位建築師的青睞，包括法國的奧古斯特・佩雷（Auguste Perret）（優雅的公寓和香榭麗舍劇院〔Théâtre des Champs-Élysées〕）和美國的法蘭克・洛伊・萊特（Frank Lloyd Wright）。萊特最著名的混凝土設計，包括在兩次世界大戰期間的東京帝國飯店（Imperial Hotel），剛完工就碰上一九二三年的地震，將整個城市夷為平地，新結構遭到破壞，另一個是位於賓州的落水山莊（Fallingwater），一九三九年完工。紐約的古根漢博物館（Guggenheim Museum）是他最後一個知名的混凝土設計，一九五九年完工。[90]

藉由將混凝土澆置於模具內，可以進一步改善鋼筋的抗拉強度，作法有兩種：一種是在澆置混凝土之前，先使模具裡的鋼線或鋼筋承受拉力（預力〔pre-stressing〕混凝土先拉法，以兩端錨栓作為臨時固定，張拉鋼筋，待混凝土與金屬結合後，放鬆鋼筋），另一種是澆置混凝土之後（後拉法，將鋼鍵〔steel tendon〕鎖定在保護套管內的適當位置）。第一個重要的預力設計是位於法國布雷斯特城（Brest）附近的普盧加斯泰大橋（Plougastel

Bridge），出自於尤金・弗雷西內（Eugène Freyssinet）之手，於一九三〇年完工。[91]全球名氣最響亮的預力混凝土結構，非雪梨歌劇院（建於一九五九年至一九七三年）莫屬，約恩・烏松（Jørn Utzon）採用白色帆船造型，設計風格相當大膽。[92]預力混凝土結構現在很普遍，最長的鋼筋混凝土橋梁並不是穿越河流或山谷，而是高速列車行駛的高架鐵路。打破紀錄的是中國丹崑特大橋（於二〇一〇年完工），這座從丹陽到崑山的特大鐵路橋是京滬高速鐵路的其中一部分。[93]

現在，不管是港口碼頭，還是現代隧道鑽掘機安裝的隧道環片（segmental ring，在英法海底隧道和阿爾卑斯山下），在每座大型現代建築和每項交通基礎設施裡，都看得到鋼筋混凝土的蹤影。美國州際公路系統的標準規格，是在兩層厚的天然粒料（石頭、礫石、沙子）上，加一層約二十八公分的無筋混凝土——整個州際公路系統包含約五千萬噸水泥、十五億公噸粒料，鋼材只有約六百萬噸（用於支撐結構和涵洞管道）。[94]機場跑道（長達三・五公里）的地基是鋼筋混凝土，最深（達一・五公尺）的地方是著陸區，才能應付重達約三百八十噸的飛機（空中巴士A380客機）每年幾十萬次降落時的撞擊。例如加拿大最長的跑道（四・二七公里，位於卡加利〔Calgary〕）至少需要八萬五千立方公尺的混凝土和一萬六千噸鋼筋。[95]

而到目前為止，由鋼筋混凝土所建造的最龐大結構，是全球最大型的水壩。這些巨型建築的時代於一九三〇年代揭開序幕，在科羅拉多河上建造了胡佛水壩，在哥倫比亞河上建造了大古力水壩（Grand Coulee Dam）。讓人目眩神迷的胡佛水壩位於拉斯維加斯東南部的峽谷中，需要約三百四十萬立方公尺的混凝土和兩萬噸鋼筋、兩倍的鋼板和鋼管，以及八千噸的結構鋼。[96] 有幾百個這類大型水壩結構於二十世紀下半葉興建，全球最大的水壩是中國長江的三峽大壩，自二〇一一年起開始發電，用了將近兩千八百萬立方公尺的混凝土，再加上二五萬六千五百噸鋼筋。[97]

從一九〇〇年到一九二八年，美國的水泥年消費量增加為十倍，達到三千萬噸，而戰後的建築熱潮，包括建造州際公路系統和擴建國家機場，使得水泥消費量到二十世紀末增加為三倍。二〇〇五年達到最高峰，約一．二八億噸，最近每年約一億噸，[98] 跟全球第一大水泥消費國中國的年需求量相比，這個數字現在只是小巫見大巫。一九八〇年是中國現代化建設的初期，水泥產量不到八千萬噸，在一九八五年超過了美國，成為世界第一大生產國，二〇一九年產量約為二十二億噸，占全球總量的一半再多一點。[99]

這個成長率最令人震驚的結果，也許是在短短兩年內（二〇一八年和二〇一九年），中國生產的水泥（約四十四億噸）幾乎跟美國整個二十世紀加起來（四十五・六億噸）一樣多。因此，中國現在擁有全世界最多的高速公路、快速列車、機場、巨型水力發電廠，以及數百萬人口的新興都市，就一點也不奇怪了。另一個讓人震驚的統計數據是，目前全球在一年內消耗的水泥，比整個二十世紀上半葉加起來更多，而且，既幸運卻又不幸的是，這些巨大的現代混凝土建築不會像萬神殿的穹頂一樣持久。

普通建築混凝土不是一種高度耐用的材料，會受到許多環境的影響。[100]暴露在外的表面會受到的影響包括濕氣、冷凍、細菌和藻類生長（特別是在熱帶地區）、酸性沉降（acid deposition）和震動，至於埋在地下的混凝土結構承受著引起裂縫的壓力，而從上面滲下來的反應性化合物也會造成損壞。混凝土的鹼度高（新澆置的材料酸鹼值約為一二・五），可以有效防止鋼筋腐蝕，但裂縫和剝落會使金屬遭受腐蝕性分解。氯化物會侵蝕海水中的混凝土，在冬天，美國馬路上為了除冰所使用的鹽也會破壞混凝土。

從一九九〇年到二〇二〇年，現代世界大規模使用混凝土，這個堅硬而不易破碎的材料數量已經將近七千億噸。混凝土結構的耐久性差異很大：雖然不可能提供一個平均壽命數字，但許多結構在短短二、三十年後就會嚴重毀損，而其他結構則可以維持六十到一百年。這代表在二十一世紀，我們所面臨的混凝土老化、更新和拆除的負擔（中國的問題特別嚴重），將是前所未見，因為到時候結構必須拆除（為了更新或摧毀）或遭到遺棄。混凝土結構可以慢慢拆除，鋼筋可以分離，兩種材料都可以回收：雖然不便宜，但完全可行。粒料先以破碎方式處理，然後再分選，就可以加入新的混凝土中，鋼筋也可以回收利用。[101] 即使是現在，到處都需要置換混凝土（replacement concrete）和新混凝土。

富裕國家人口成長趨緩，主要的需求是修復老舊的基礎設施。一項美國最新的報告指出，以混凝土為主的所有公共建設，都只拿到差或極差的成績，水壩、道路和航空拿到D，整體平均只有D+，[102] 這項評比暗示了中國在二〇五〇年之前會面臨的情況（不管是質量還是金錢方面）。相較之下，在非洲和亞洲許多家庭最基本的需求，是以混凝土地板取代泥土地板，如此一來可以改善整體衛生，減少將近八〇%的寄生蟲疾病。[103]

隨著人口高齡化、人民移居都市、經濟全球化和很多地方的區域性衰退，全球會有更多的混凝土棄而不用。底特律汽車廠的混凝土廢墟、歐洲老舊工業區裡空蕩蕩的企業，以及當時由蘇聯中央計畫局，在俄羅斯平原和西伯利亞建造的工廠和紀念碑，現都已荒廢，這些都只是廢棄潮的開端。[104] 其他常見且顯眼的混凝土遺跡是具有厚實牆壁的防禦碉堡，例如諾曼第（Normandy）和馬其諾防線（Maginot Line），還有美國大平原上巨大的混凝土飛彈發射井，以前用來安裝核彈，現在已閒置不用。

材料展望：投入舊材料和新材料

在二十一世紀上半葉，全球人口成長趨緩，許多富裕國家的人口數量停滯不前，甚至減少——各經濟體應該可以滿足對鋼鐵、水泥、氨和塑膠的需求，特別是在加強回收的情況下更是如此。但到二〇五〇年，這些產業都不太可能消除對化石燃料的依賴，而且也不可能停止在全球大量排放二氧化碳，對於當今的低收入現代化國家來說，根本做不到，因為大型的基礎設施和消費者需求，都需要靠大規模增加所有的基本材料才能達成。

如果這些國家複製一九九〇年代以後中國的經驗，那麼鋼鐵產量將增加為十五倍，水泥產量將增加為十倍以上，合成氨產量將增加為兩倍以上，合成塑膠產量將增加為三十倍以上。[105] 顯而易見的是，即使其他現代化國家使用的材料只是中國近年來的一半，甚至四分之一，但這些國家的用量跟目前相比，仍是呈倍數增加。我們依賴鋼鐵、水泥、氨和塑膠帶來的眾多好處，但從以前到現在（而且未來幾十年也會如此）付出的代價是對化石碳的需求。隨著我們繼續擴大再生能源轉換，將需要更多的舊材料，而之前需求量不高的材料，在未來使用量增加的速度將會是前所未見。[106]

兩個顯著的例子可說明這種即將揭開序幕的材料依賴性。最能顯現出「綠色」發電的象徵，就是大型風力渦輪機——但這些巨大的鋼鐵、水泥和塑膠組合物，也是化石燃料的化身。[107]地基是鋼筋混凝土，塔架、機艙（nacelle）和轉子（rotor）是鋼（每一百萬瓦的發電裝置容量大約需要兩百噸鋼），巨大的葉片是塑膠樹脂做的（中型渦輪機約十五噸），能源密集度很高，難以回收利用。這些巨大的零件都必須由超大卡車運到安裝現場，再由大型鋼製吊車架設，而渦輪齒輪箱必須反覆上油才能潤滑。為了消除來自化石燃料的發電，就需要數百萬台渦輪機，也就是說，上述這些要求還必須再乘以數百萬，由此可知，那些提倡接下來以綠色經濟去材料化的論點，其實是一種嚴重的誤導。

若要說明對材料不但產生新的依賴，而且依賴度大增，那麼電動汽車可能是最佳的例子。典型的電動汽車鋰電池重約四百五十公斤，包含約十一公斤的鋰、將近十四公斤的鈷、

二十七公斤的鎳、四十多公斤的銅和五十公斤的石墨，以及大約一八一公斤的鋼、鋁和塑膠。為一輛汽車供應這些材料，需要加工處理大約四十噸的礦石，由於礦石中許多元素的濃度很低，因此需要提取和加工的原料大約是二百二十五噸。[108]我們一樣必須把這些數字乘以一億，因為這是目前內燃機汽車的全球年產量，接下來必須由電力驅動的汽車所取代。

未來電動汽車的使用率仍有相當大的變數，但是有一項針對材料需求的詳細評估基於兩項前提（假設二〇五〇年全球所有汽車的二五%或是五〇%會是電動汽車），發現以下這一點：從二〇二〇年到二〇五〇年，鋰的需求將增加十八—二十倍，鈷增加十七—十九倍，鎳增加二十八—三十一倍，從二〇二〇年開始，大多數材料的需求將增加十五—二十倍。[109]全球不僅需要在短期內大量供給鋰、鈷（現在有很大一部分是來自剛果危險的深井，當地人徒手挖掘，而且大量使用童工），再加上鎳的開採和加工，還要廣泛搜尋新資源，而如果沒有大量額外的化石燃料和電力轉換，這些一樣不可能發生。預測未來電動汽車的使用量會穩定上升是一回事，但是在大規模的全球範圍內，要創造這些新的材料供應則是另一回事。

現代經濟總是離不開大量的材料流動，例如合成氨，這種肥料用於養活持續增加的全球人口；新工具、機器、結構和基礎設施所需的塑膠、鋼鐵和水泥；或生產太陽能電池、風力渦輪機、電動汽車和蓄電池所需投入的新材料。必須等到這些材料的提取和加工全都來自再生能源的轉換，屆時現代文明才能從根本上擺脫對化石燃料的依賴，如果目前不使用化石燃料，就無法生產這些不可或缺的材料，這一點，連人工智慧、應用程式和電子訊息都改變不了。

參考資料和注釋

1 第一個使用電晶體的商業化產品是一九五四年索尼（Sony）的收音機；第一個微處理器是一九七一年的英特爾 4004；第一台普及的個人電腦是一九七七年推出的第二代蘋果電腦（Apple II），隨後是一九八一年 IBM 個人電腦，IBM 於一九九二年推出第一台智慧型手機。

2 P. Van Zant, *Microchip Fabrication: A Practical Guide to Semiconductor Processing* (New York: McGraw-Hill Education, 2014). 關於能源成本，請參考：M. Schmidt et al., "Life cycle assessment of silicon wafer processing for microelectronic chips and solar cells," *International Journal of Life Cycle Assessment* 17 (2012), pp. 126–144.

3 Semiconductor and Materials International, "Silicon shipment statistics" (2020), https://www.semi.org/en/products-services/market-data/materials/si-shipment-statistics.

4 V. Smil, *Making the Modern World: Materials and Dematerialization* (Chichester: John Wiley, 2014); Smil, "What we need to know about the pace of decarbonization." 關於材料的能源成本更多相關資訊，請參考：T. G. Gutowski et al., "The energy required to produce materials: constraints on energy-intensity improvements, parameters of demand," *Philosophical Transactions of the Royal Society A* 371 (2013), 20120003.

5 針對所有具重要商業價值的金屬和非金屬礦物，美國地質調查局（US Geological Survey）每年會定期更新各國和全球的總產量，最新版本為：US Geological Survey, *Mineral Commodity Summaries 2020*, https://pubs.usgs.gov/periodicals/mcs2020/mcs2020.pdf.

6 J. P. Morgan, *Mountains and Molehills: Achievements and Distractions on the Road to Decarbonization* (New York: J. P. Morgan Private Bank, 2019).

7 這些是我根據四種材料年產量所做的估算，分別為十八億噸的鋼、四十五億噸的水泥、一・五億噸的氨，以及三・七億噸的塑膠。

8 Smil, "What we need to know about the pace of decarbonization." 關於難減排產業（hard-to-abate sector）的脫碳可能性，有個樂觀的看法，請參考：Energy Transitions Commission, *Mission Possible*.

9 M. Appl, *Ammonia: Principles & Industrial Practice* (Weinheim: Wiley-VCH, 1999); Smil, *Enriching the Earth*.

10 Science History Institute, "Roy J. Plunkett," https://www.sciencehistory.org/historical-profile/roy-j-plunkett.

11 細節請參考：V. Smil, *Grand Transitions: How the Modern World Was Made* (New York: Oxford University Press, 2021).

12 關於全球土地利用變化的歷史，請參考：HYDE, *History Database of the Global Environment* (2010), http://themasites.pbl.nl/en/themasites/hyde/index.html.

13 佛羅里達州和北卡羅來納州目前仍生產超過七五 % 的美國磷酸鹽岩，目前約占全球產量的一〇 %：USGS, "Phosphate rock" (2020), https://pubs.usgs.gov/periodicals/mcs2020/mcs2020-phosphate.pdf.

14 Smil, *Enriching the Earth*, pp. 39–48.

15 W. Crookes, *The Wheat Problem* (London: John Murray, 1899), pp. 45–46.

16 關於在哈伯之前的科學家所做的研究，以及哈伯在實驗室裡的實驗細節，請參考：Smil, *Enriching the Earth*, pp. 61–80.

17 關於博施的生平和工作，請參考：K. Holdermann, *Im Banne der Chemie: Carl Bosch Leben und Werk* (Düsseldorf: Econ-Verlag, 1954).

18 當時，無機氮肥在中國農業供應量的比重不超過二 %：Smil, *Enriching the Earth*, p. 250.

19 V. Pattabathula and J. Richardson, "Introduction to ammonia production," *CEP*

(September 2016), pp. 69–75; T. Brown, “Ammonia technology portfolio: optimize for energy efficiency and carbon efficiency,” Ammonia Industry (2018); V. S. Marakatti and E. M. Giagneaux, “Recent advances in heterogeneous catalysis for ammonia synthesis,” *ChemCatChem* (2020).

20 V. Smil, *China's Past, China's Future: Energy, Food, Environment* (London: RoutledgeCurzon, 2004), pp. 72–86.

21 關於凱洛格公司的氨製造過程，細節請參考：Smil, *Enriching the Earth*, pp. 122–130.

22 FAO, http://www.fao.org/faostat/en/#search/Food%20supply%20kcal%2Fcapita%2Fday.

23 L. Ma et al., “Modeling nutrient flows in the food chain of China,” *Journal of Environmental Quality* 39/4 (2010), pp. 1279–1289. 印度使用的比例也很高：H. Pathak et al., “Nitrogen, phosphorus, and potassium in Indian agriculture,” *Nutrient Cycling in Agroecosystems* 86 (2010), pp. 287–299.

24 每當我看到其他清單列出現代最重要的（或最偉大的）發明時，都覺得很有趣，這些發明包括電腦、核子反應爐、電晶體或汽車⋯⋯卻總是漏掉了合成氨！

25 每年人均肉類消費量（屠體重量）是這些差異很好的指標：美國最近的平均約一百二十公斤，中國六十公斤，印度只有四公斤： http://www.fao.org/faostat/en/#data/FBS.

26 氨的抗汙力使其成為最受歡迎的成分，穩潔（Windex）是北美最常見的窗戶清潔劑，含有五 % 的氨。

27 J. Sawyer, “Understanding anhydrous ammonia application in soil” (2019), https://crops.extension.iastate.edu/cropnews/2019/03/understanding-anhydrous-ammonia-application-soil.

28 *Yara Fertilizer Industry Handbook*.

29 東亞和南亞（分別以中國和印度為主）現在消耗的尿素占總量的六〇 % 以上：Nutrien, *Fact Book 2019*, https://www.nutrien.com/sites/default/files/uploads/2019-05/Nutrien%20Fact%20Book%202019.pdf.

30 從一九六一年到一九八〇年，全球作物對於氮肥的平均吸收率（肥料使用效率）下降，從六八 % 降至四五 %，此後維持在四七 % 左右：L. Lassaletta et al., “50 year trends in nitrogen use efficiency of world cropping systems: the relationship between yield and nitrogen input to cropland,” *Environmental Research Letters* 9 (2014), 105011.

31 J. E. Addicott, *The Precision Farming Revolution: Global Drivers of Local Agricultural Methods* (London: Palgrave Macmillan, 2020).

32 數字計算參考來源：http://www.fao.org/faostat/en/#data/ RFN.

33 歐洲現在每公頃農田施氮量為非洲的三 · 五倍，以歐盟施肥最密集的土地與撒哈拉以南非洲地區最貧瘠的農田相比，至少相差十倍：http://www.fao.org/faostat/en/#data/RFN.

34 有些常見的聚合反應（將較簡單的〔單體〕分子，轉化為更長的長鏈網狀立體結構的過程）一開始只需投入稍微大一點的質量：製造一單位的低密度聚乙烯（最常見的用途是塑膠袋），需要一 · 〇三單位的乙烯，同樣的比例也適用於將氯乙烯轉化為聚氯乙烯（常見於醫療保健產品）。P. Sharpe, “Making plastics: from monomer to polymer,” *CEP* (September 2015).

35 M. W. Ryberg et al., *Mapping of Global Plastics Value Chain and Plastics Losses to the Environment* (Paris: UNEP, 2018).

36 The Engineering Toolbox, “Young's Modulus—Tensile and Yield Strength for Common Materials” (2020), https://www.engineer-ing toolbox.com/young-modulus-d_417.html.

37 波音 787 是第一架主要由複合材料製成的客機：占飛機體積的八九 %，重量的五〇 %，其中二〇 % 為鋁，一五 % 為鈦，一〇 % 為鋼：J. Hale, “Boeing 787 from the ground up,” *Boeing AERO* 24 (2006), pp. 16–23.

38 W. E. Bijker, *Of Bicycles, Bakelites, and Bulbs: Toward a Theory of Sociotechnical Change* (Cambridge, MA: The MIT Press, 1995).

39 S. Mossman, ed., *Early Plastics: Perspectives, 1850–1950* (London: Science Museum, 1997); S. Fenichell, *Plastic: The Making of a Synthetic Century* (New York: HarperBusiness, 1996); R. Marchelli, *The Civilization of Plastics: Evolution of an Industry Which has Changed the World* (Pont Canavese: Sandretto Museum, 1996).

40 N. A. Barber, *Polyethylene Terephthalate: Uses, Properties and Degradation* (Haupaugge, NY: Nova Science Publishers, 2017).

41 P. A. Ndiaye, *Nylon and Bombs: DuPont and the March of Modern America* (Baltimore, MD: Johns Hopkins University Press, 2006).

42 R. Geyer et al., "Production, use, and fate of all plastic ever made," *Science Advances* 3 (2017), e1700782.

43 不只是各種小型塑膠製品：連地板、房間隔板、天花板、門、窗框，都可能是塑膠。

44 以下是美國個人防護裝備短缺的全面回顧資料：S. Gondi et al., "Personal protective equipment needs in the USA during the COVID-19 pandemic," *The Lancet 390* (2020), e90–e91. 這只是眾多媒體報導的其中一則：Z. Schlanger, "Begging for Thermometers, Body Bags, and Gowns: U.S. Health Care Workers Are Dangerously Ill-Equipped to Fight COVID19," *Time* (April 20, 2020). 若是從全球的觀點，請參考：World Health Organization, "Shortage of personal protective equipment endangering health workers worldwide" (3 March 2020).

45 C. E. Wilkes and M. T. Berard, *PVC Handbook* (Cincinnati, OH: Hanser, 2005).

46 M. Eriksen et al., "Plastic pollution in the world's oceans: More than 5 trillion plastic pieces weighing over 250,000 tons afloat at sea," *PLoS ONE* 9/12 (2014) e111913. 以下說明為什麼其中多半不是塑膠：G. Suaria et al., "Microfibers in oceanic surface waters: A global characterization," *Science Advances* 6/23 (2020).

47 鋼和鑄鐵的基本分類圖表概要，請參考：https://www.mah.se/upload/_upload/ steel%20 and%20cast%20iron.pdf.

48 關於生鐵的悠久歷史，請參考：V. Smil, *Still the Iron Age: Iron and Steel in the Modern World* (Amsterdam: Elsevier, 2016), pp. 19–31.

49 關於日本、中國、印度和歐洲的前現代煉鋼方式，細節請參考：Smil, *Still the Iron Age*, pp. 12–17.

50 花崗岩和鋼的抗壓強度都高達二．五億帕，但若是比抗拉強度，花崗岩低於兩千五百萬帕，而結構鋼為三．五億到七．五億帕：Cambridge University Engineering Department, *Materials Data Book* (2003), http://www- mdp.eng.cam.ac.uk/web/library/ enginfo/cueddatabooks/materials.pdf.

51 最詳細的分類法，請參考：J. E. Bringas, ed., *Handbook of Comparative World Steel Standards* (West Conshohocken, PA: ASTM International, 2004).

52 M. Cobb, *The History of Stainless Steel* (Materials Park, OH: ASM International, 2010).

53 Council on Tall Buildings and Human Habitat, "Burj Khalifa" (2020), http://www. skyscrapercenter.com/building/burj-khalifa/3.

54 The Forth Bridges, "Three bridges spanning three centuries" (2020), https://www. theforthbridges.org/.

55 D. MacDonald and I. Nadel, *Golden Gate Bridge: History and Design of an Icon* (San Francisco: Chronicle Books, 2008).

56 "Introduction of Akashi-Kaiky Bridge," Bridge World (2005), https://www.jb-honshi. co.jp/english/bridgeworld/bridge.html.

57 J. G. Speight, *Handbook of Oshore Oil and Gas Operations* (Amsterdam: Elsevier, 2011).
58 Smil, *Making the Modern World*, p. 61.
59 World Steel Association, “Steel in Automotive” (2020), https:// www.worldsteel.org/steel-by-topic/steel-markets/automotive.html.
60 International Association of Motor Vehicle Manufacturers, “Production Statistics” (2020), http://www.oica.net/production-statistics/.
61 Nippon Steel Corporation, “Rails” (2019), https://www.nippon-steel.com/product/catalog_download/pdf/K003en.pdf.
62 關於貨櫃船的歷史，請參考：V. Smil, *Prime Movers of Globalization* (Cambridge, MA: MIT Press, 2010), pp. 180–194.
63 U.S. Bureau of Transportation Statistics, “U.S. oil and gas pipe-linemileage” (2020), https://www.bts.gov/content/us-oil-and-gas-pipeline-mileage.
64 現代軍隊大規模部署的鋼製武器裡，最重的是主力戰車（main battle tank）：其中最大的是美國 M1 艾布蘭坦克（M1 Abrams tank，幾乎全部是鋼），重達六六 · 八噸。
65 D. Alfè et al., “Temperature and composition of the Earth’s core,” *Contemporary Physics* 48/2 (2007), pp. 63–68.
66 Sandatlas, “Composition of the crust” (2020), https://www.sandatlas.org/composition-of-the-earths-crust/.
67 US Geological Survey, “Iron ore” (2020), https://pubs.usgs.gov/periodicals/mcs2020/mcs2020-iron-ore.pdf.
68 A. T. Jones, *Electric Arc Furnace Steelmaking* (Washington, DC: American Iron and Steel Institute, 2008).
69 一個電弧爐熔化一公噸的鋼，要消耗三十四萬瓦時的熱能，功率為一 · 二五到一 · 三億瓦，每日的運作（四十座電弧爐，容量各為一百二十公噸）將需要十六 · 三億瓦時的電力。以美國家庭每年平均耗電量來計算，每戶每天消耗約兩萬九千瓦時，平均每戶人數為二 · 五二人，這相當於約五萬六千戶或是十四萬一千人。
70 “Alang, Gujarat: The World’s Biggest Ship Breaking Yard & A Dangerous Environmental Time Bomb,” Marine Insight (March 2019), https://www.marineinsight.com/environment/alang-gujarat-the-world’s-biggest-ship-breaking-yard-a-dangerous-environmental-time-bomb/. 二〇二〇年三月 Google 衛星地圖顯示，從南邊的佩拉傑詩拆船公司（P. Rajesh Shipbreakers）開始，一直到距西北邊約十公里的拉金德拉拆船公司（Rajendra Shipbreakers），這中間的阿朗海灘上，有七十多艘船隻和鑽油設備分別已拆除到不同的階段。
71 Concrete Reinforcing Steel Institute, “Recycled materials” (2020), https://www.crsi.org/index.cfm/architecture/recycling.
72 Bureau of International Recycling, *World Steel Recycling in Figures 2014–2018* (Brussels: Bureau of International Recycling, 2019).
73 World Steel Association, *Steel in Figures 2019* (Brussels: World Steel Association, 2019).
74 關於高爐的悠久歷史，請參考：Smil, *Still the Iron Age*. 關於現代高爐的建造和運作，請參考：M. Geerdes et al., *Modern Blast Furnace Ironmaking* (Amsterdam: IOS Press, 2009); I. Cameron et al., *Blast Furnace Ironmaking* (Amsterdam: Elsevier, 2019).
75 關於鹼性氧氣爐的發明和推廣，請參考：W. Adams and J. B. Dirlam, “Big steel, invention, and innovation,” *Quarterly Journal of Economics* 80 (1966), pp. 167–189; T. W. Miller et al., “Oxygen steelmaking processes,” in D. A. Wakelin, ed., *The Making, Shaping and Treating of Steel: Ironmaking Volume* (Pittsburgh, PA: The AISE Foundation, 1998), pp.

475–524; J. Stubbles, “EAF steelmaking—past, present and future,” *Direct from MIDREX* 3 (2000), pp. 3–4.

76 World Steel Association, “Energy use in the steel industry” (2019), https://www.worldsteel.org/en/dam/jcr:f07b864c-908e-4229-9f92- 669f1c3abf4c/fact_energy_2019.pdf.

77 關於歷史趨勢，請參考：Smil, *Still the Iron Age*；US Energy Information Administration, “Changes in steel production reduce energy intensity” (2016), https://www.eia.gov/todayinenergy/detail.php?id=27292.

78 World Steel Association, *Steel's Contribution to a Low Carbon Future and Climate Resilient Societies* (Brussels: World Steel Association, 2020); H. He et al., “Assessment on the energy flow and carbon emissions of integrated steelmaking plants,” *Energy Reports* 3 (2017), pp. 29–36.

79 J. P. Saxena, *The Rotary Cement Kiln: Total Productive Maintenance, Techniques and Management* (Boca Raton, FL: CRC Press, 2009).

80 V. Smil, “Concrete facts,” *Spectrum IEEE* (March 2020), pp. 20–21; National Concrete Ready Mix Associations, *Concrete CO2 Fact Sheet* (2008).

81 F.-J. Ulm, “Innovationspotenzial Beton: Von Atomen zur Grünen Infrastruktur,” *Beton-und Stahlbetonbauer* 107 (2012), pp. 504–509.

82 現代的木造建築越來越高，但不是用普通木材，而是強度更高的直交集成板（cross-laminated timber, CLT），這是一種由好幾層（三、五、七或九層）爐乾木材預製而成的專用工程材料，平放後黏在一起：https://cwc.ca/how-to-build-with-wood/wood- products/mass-timber/cross-laminated-timber-clt/. 二〇二〇年，全球最高（八五 · 四公尺）的直交集成板建築，是位於挪威布魯蒙德爾（Brumunddal）的米約薩塔（Mjøstårnet），由福爾建築公司（Voll Arkitekter）所設計，這個多功能（公寓、旅館、辦公室、餐廳、游泳池）結構於二〇一九年完工：https://www.dezeen.com/2019/03/19/mjostarne-worlds-tallest-timber-tower-voll- arkitekter-norway/.

83 F. Lucchini, *Pantheon—Monumenti dell' Architettura* (Roma: Nuova Italia Scientifica, 1966).

84 A. J. Francis, *The Cement Industry, 1796–1914: A History* (Newton Abbot: David and Charles, 1978).

85 Smil, “Concrete facts.”

86 J.-L. Bosc, *Joseph Monier et la naissance du ciment armé* (Paris: Editions du Linteau, 2001); F. Newby, ed., *Early Reinforced Concrete* (Burlington, VT: Ashgate, 2001).

87 American Society of Civil Engineers, “Ingalls building” (2020), https://www.asce.org/project/ingalls-building/; M. M. Ali, “Evolution of Concrete Skyscrapers: from Ingalls to Jin Mao,” *Electronic Journal of Structural Engineering* 1 (2001), pp. 2–14.

88 M. Peterson, “Thomas Edison's Concrete Houses,” *Invention & Technology* 11/3 (1996), pp. 50–56.

89 D. P. Billington, *Robert Maillart and the Art of Reinforced Concrete* (Cambridge, MA: MIT Press, 1990).

90 B. B. Pfei-er and D. Larkin, *Frank Lloyd Wright: The Masterworks* (New York: Rizzoli, 1993).

91 E. Freyssinet, *Un amour sans limite* (Paris: Editions du Linteau, 1993).

92 *Sydney Opera House: Utzon Design Principles* (Sydney: Sydney Opera House, 2002).

93 History of Bridges, “The World's Longest Bridge—Danyang–Kunshan Grand Bridge” (2020), http://www.historyofridges.com/famous-bridges/longest-bridge-in-the-world/.

94 US Geological Survey, "Materials in Use in U.S. Interstate Highways" (2006), https://pubs.usgs.gov/fs/2006/3127/2006-3127.pdf.
95 Associated Engineering, "New runway and tunnel open skies and roads at Calgary International Airport" (June 2015).
96 關於胡佛水壩的書籍多不勝數，以下這本書包含目擊者的敘述，最與眾不同：A. J. Dunar and D. McBride, *Building Hoover Dam: An Oral History of the Great Depression* (Las Vegas: University of Nevada Press, 2016).
97 Power Technology, "Three Gorges Dam Hydro Electric Power Plant, China" (2020), https://www.power-technology.com/projects/gorges/.
98 美國水泥的生產、貿易和消費數據，請參考美國地質調查局公布的年度摘要，二〇二〇年版：US Geological Survey, *Mineral Commodity Summaries 2020*, https://pubs.usgs.gov/periodicals/mcs2020/mcs2020.pdf.
99 印度二〇一九年的產量為三 · 二億噸，位居世界第二，僅占中國總量的一五 %：USGS, "Cement" (2020), https://pubs.usgs.gov/periodicals/mcs2020/mcs2020-cement.pdf.
100 N. Delatte, ed., *Failure, Distress and Repair of Concrete Structures* (Cambridge: Woodhead Publishing, 2009).
101 D. R. Wilburn and T. Goonan, *Aggregates from Natural and Recycled Sources* (Washington, DC: USGS, 2013).
102 American Society of Civil Engineers, 2017 *Infrastructure Report Card*, https://www.infrastructurereportcard.org/.
103 C. Kenny, "Paving Paradise," *Foreign Policy* (Jan/Feb 2012), pp. 31–32.
104 世界各地廢棄的混凝土結構，現在幾乎包括各種類型的建築，從核潛艦基地到核子反應爐（這些全都可以在烏克蘭找到），從火車站和大型體育館到電影院和紀念碑。
105 這些數據是由中國官方每年發布的《中國統計年鑑》（*China Statistical Yearbook*）計算。最新版本請參考：http://www.stats.gov.cn/tjsj/ndsj/2019/indexeh.htm.
106 M. P. Mills, *Mines, Minerals, and "Green" Energy: A Reality Check* (New York: Manhattan Institute, 2020).
107 V. Smil, "What I see when I see a wind turbine," *IEEE Spectrum* (March 2016), p. 27.
108 H. Berg and M. Zackrisson, "Perspectives on environmental and cost assessment of lithium metal negative electrodes in electric vehicle traction batteries," *Journal of Power Sources* 415 (2019), pp. 83–90; M. Azevedo et al., *Lithium and Cobalt: A Tale of Two Commodities* (New York: McKinsey & Company, 2018).
109 C. Xu et al., "Future material demand for automotive lithium-based batteries," *Communications Materials* 1 (2020), p. 99.

第四章 了解全球化

引擎、微晶片和運輸

全球化以無數的方式表現在日常生活中，船隻載著數以千計鎖在一起的鋼製貨櫃，將亞洲的電子和廚房用具、襪子和褲子、園藝工具和運動器材，運送到歐美的購物中心，以及非洲和拉丁美洲出售廉價服飾和廚具的小攤販。巨型油輪將原油從沙烏地阿拉伯運往印度和日本的煉油廠，將液化天然氣從德州運往法國和南韓的儲槽，裝滿鐵礦的大型散裝貨船從巴西前往中國，然後空船返回母港（油輪也是如此）。由美國設計的蘋果（Apple）**iPhone** 手機在中國廣東深圳的一家台資工廠（鴻海精密，交易名稱為富士康）組裝，零件來自十多個國家，最後以精心安排的整合式工程和行銷方式，在全球銷售手機。[1]

來自印度旁遮普邦（Punjab）或黎巴嫩的國際移民家庭，搭乘定期航班抵達多倫多和雪梨；試圖到達義大利蘭佩杜薩島（Lampedusa）或馬爾他（Malta）的移民，冒著生命危險乘坐橡皮艇；想在國外接受高等教育的年輕人前往巴黎、倫敦、或愛荷華州和堪薩斯州的小型學院。[2] 休閒旅遊已過於盛行，很多時候就連這次大流行前的「過度旅遊」（overtourism）一詞，都不足以說明發生在羅馬聖彼得大教堂的真實情況——一大群參加歐洲短期套裝行程的遊客，手拿自拍棒，將教堂擠得水洩不通，或是海灘的旅遊品質變得太差，只好禁止遊客進入。[3] 新冠肺炎大流行爆發，導致新的、嚴重的過度旅遊危機，因為在二〇二〇年初的春天，幾百位老人被關在日本或馬達加斯加海岸的遊輪上——然而在二〇二〇年底之前，即使全球又出現新一波快速感染潮，各大公司仍持續宣傳二〇二一年新的巨型遊輪行程（真是個躁動的時代）！

關於貨幣流通的統計數據，大大低估了實際（包括大量非法）的流通量。全球商品貿易現在每年接近二十兆美元，全球貿易商業服務業的價值每年接近六兆美元，[4]全球外國直接投資在二〇〇〇年到二〇一九年增加為兩倍，現在每年接近一・五兆美元，而到二〇二〇年，全球貨幣交易總額每天接近七兆美元。[5]用來敘述全球資訊流通的數字，比起這些資金移轉還要高出許多個數量級——不只是兆位元組（terabyte）或拍位元組（petabyte），而是艾（exa, 10^{18}）位元組和佑（yotta, 10^{24}）位元組的資料。[6]

顯然，若要了解現代世界真正的運作方式，就要意識到以下這個多面向的過程帶來的演變、程度和結果，這個過程涉及了（我認為可能是最簡明扼要的定義）「商品、服務和技術的跨境貿易，以及投資、人員和資訊的流通，會促使全球的經濟體、文化和人口相互依存度增加。」[7]這個過程並不是新鮮事，這一點與一般人的想法恰好相反；把工作移到勞動成本低的國家（勞動套利〔labor arbitrage〕）本來就是一個必要的驅動因素，但未來的擴張和集中卻不見得勢在必行。對全球化最大的誤解，或許是以為經濟和社會發展注定得走上這條路，事實並非如此——正如一位美國前總統所說，全球化不是「經濟上的一股自然力量，像風或水那樣」，而只是另一種人類建構出來的現象，現在越來越多人已取得共識，認為全球化在某些方面走過頭了，需要重新調整。[8]

本章，我將說明全球化過程的歷史相當久遠（只是在過去，日益增加的商品、投資和人員流通，並未納入全球化的標籤底下），最近這個現象之所以特別受到關注，是因為範圍擴大，而不是因為新穎。Google 的 Ngram Viewer 圖表，最能說明所有顯著發展的長期關注趨勢，從圖表來看，一九八〇年代中期以前，「全球化」一詞是一條接近零的平坦直線，在之後的二十年，大家對這個詞的興趣急劇上升，在一九八七年到二〇〇六年達到高峰，搜尋頻率增加為四十倍，到了二〇一八年下降了三三%。

如果勞動成本低是在國外設立新工廠的唯一原因（這似乎是許多人的誤解），那麼撒哈拉以南的非洲地區將會是首選，而印度應該會比中國更受青睞。但是在二十一世紀的第二個十年，中國每年的外國直接投資平均約為兩千三百億美元，印度則不到五百億美元，撒哈拉以南的非洲地區（不包括南非），加起來僅約四百億美元。[9]中國提供了具有吸引力的條件組合——最重要的是中央集權的一黨制政府，可以確保政治穩定和可接受的投資條件；人口眾多，人民的同質化程度高，而且識字比例高，再加上龐大的國內市場，這些條件使中國得以勝出。不管是奈及利亞、孟加拉、甚至印度都難以望其項背，導致全球最大的共產主義國家與全球幾乎所有一流的資本主義企業，明目張膽地勾結在一起。[10]

伴隨著全球化而來的優勢、利益、創造性破壞、現代化和進步，讓各國受惠，這一點確實值得讚許。中國是目前為止最大的受益者，從一九八〇年到二〇一五年，由於中國重新加入全球經濟體系，讓生活在極端貧困中的人口得以減少了九四%。[11]但是儘管得到了這些好處和讚美，同時卻存在著不同程度的反對聲浪，甚至完全拒絕這個過程，這種不滿和憤怒來自於以下三個原因：高薪工作流失，轉移到海外（二〇〇〇年以後，美國經濟有幾個產業特別明顯）；勞動套利導致薪資越來越低，各國為了吸引外資，爭相降低勞動條件；不平等和新型貧困的現象日益加劇。[12]

對於這些反應和分析，贊成與不贊成的意見都很多，但是本章將不再重複一般經常提及的論述，畢竟在過去兩個世代中，這些論點在經濟期刊裡早已屢見不鮮，而且也不會去爭論這種現象是否值得嚮往。我的目標是解釋技術因素如何促成了一波又一波的全球化浪

潮，其中最重要的是新的發動機（引擎、渦輪機、馬達）、新的通訊和資訊工具（儲存、傳輸和檢索），然後指出這些技術進步如何與當前的政治和社會條件息息相關。因此，這個過程是否要持續且進一步加強，並非是不可避免的事。一九一三年之後的數十年，全球化走上回頭路，這件事意義重大，此外，由於最近對現有供應鏈的安全擔憂，已經開始有不同的作法，這些都可視為對這個現實的一記當頭棒喝。

全球化的古老起源

從最基本的實質角度來看，全球化目前（以後也會如此）只是原料、食物、成品和人員等物質的移動，以及各大洲之內和洲際之間資訊（警告、指南、新聞、數據、想法）與投資的轉移，多虧了技術的進步，才使這種轉移能以大規模的方式進行，而且價格讓人負擔得起又可靠。這些傳輸免不了需要能量轉換，雖然移動大批物資和傳輸訊息可以藉由人力和畜力完成（背負重物、派信差騎馬去傳送訊息），但這些有生命的發動機，在力氣、耐力和活動範圍上都非常有限——當然也無法橫渡海洋。

第一個能讓人橫渡海洋的無生命能量轉換器，是五千多年前埃及的帆，但是只有等到蒸汽機出現，再搭配更好的定位工具，才促成了大規模、低成本和可靠的航行——到了一九〇〇年以後，內燃機（陸、海、空）普及，以及一九五五年以後採用固態（半導體）電子設備，這個過程才達到前所未見的等級。這些創新只是加強了全球化，而非啟動。全球化的過程（與一九八五年以後興盛的情況不同）不是一個新現象，本章，我將追蹤全球化的時間和過去這些潮流延伸的範圍，以及最後這些影響在範圍和程度上的極限。

這個過程在很久以前就已揭開序幕，但第一輪本質上有其限制。最近有些人聲稱，六千多年前，沿著舊大陸部分地區史前時代的路線來進行黑曜石交易，就是一個全球化的例子，但其實並非如此[13]。但在歐洲「發現」美洲之前，真正洲際之間的往來已經相當頻繁，船隻不但定期從羅馬行省埃及的紅海港口貝勒尼基（Berenike）航行到印度，也從巴斯拉（Basra）出發：羅馬史學家卡西烏斯．狄奧（Cassius Dio）在西元一一六年寫道，圖拉真（Trajan）皇帝在暫時占領美索不達米亞期間，曾站在波斯灣岸邊看著一艘開往印度的船，希望自己能像亞歷山大大帝（Alexander）一樣年輕，因為當年亞歷山大大帝曾帶領軍隊前往那個遙遠的國家。[14]中國絲綢穿越安息帝國（Parthian Empire）一路運往羅馬

——此外，從埃及定期運送穀物和特別重的古代方尖碑（obelisk），還有來自羅馬行省廷吉塔納茅利塔尼亞（Mauretania Tingitana，摩洛哥北部）的野生動物，也都走同樣的路線。[15]

但是歐洲、亞洲和非洲小部分地區之間的交流，與真正的全球化相去甚遠。只有納入新大陸（New World，始於一四九二年）和首次環繞世界（一五一九年）之後，才開始滿足這個定義。僅僅一個世紀後，商業上的交流將歐洲國家與亞洲內陸、印度、亞洲東部、非洲沿海地區、南北美洲串連起來——只剩澳洲尚未加入，這些早期的交流有些不僅持續到後來，而且帶來極大的變革。東印度公司（East India Company）的總部位於倫敦，於一六〇〇年到一八七四年營運，交易的商品種類眾多，從紡織品和金屬到香料和鴉片，主要往返於印度次大陸（Indian subcontinent）。荷蘭聯合東印度公司（Vereenigde Oost-Indische Compagnie〔Dutch East India Company〕）主要從東南亞進口香料、紡織品、寶石和咖啡，對日本維持了兩個世紀（一六四一年至一八五八年）不間斷的貿易壟斷，荷蘭對東印度群島的統治於一九四五年結束。[16]

在此同時，技術能力確實限制了這些早期交流的頻率和強度，在這裡，我將使用關鍵指標來追溯全球化的四個不同時期，這些指標為：個人運輸方式的最大功率和速度，以及長距離通訊是否能更快、更可靠。

初期的全球化最後是由遍布在多處的帆船將世界連接起來，但交流仍不頻繁。蒸汽機使這些往來更普遍、更密集、更可預測，而電報提供了第一個真正的全球（近乎是即時）通訊工具，第一批柴油引擎、飛行和無線電的結合，提升且加速了這些全球化的推動因素。大型柴油機（海上運輸）、渦輪機（空中飛行）、貨櫃（複合運輸）和微晶片（多虧了資訊處理的數量和速度，才能得到前所未有的控制）將全球化推上了最高舞台。

風力驅動的全球化

打從一開始，全球化的限制在於只能依賴生命體的力量，這一點很容易說明。人力和畜力是陸地上唯一的發動機，搬運工（最多可搬四十—五十公斤）或動物大篷車馬或駱駝，每隻動物可載一〇〇—一五〇公斤）可以攜帶的貨物重量受限。[17]絲路上的大篷車（從黑海的塔納伊斯（Tanais）經過薩拉伊（Sarai），再到北京，需要花一年的時間，代表每天平均速度約為二十五公里。能遠距離航行的木帆船數量不多，容量小，航行速度緩慢，缺乏精準的定位工具，經常無法完成航程。

從當年荷蘭運送貨物到亞洲的詳細記錄中，可以看到這些限制。[18]在十七世紀，航行到巴達維亞（Batavia，今天的雅加達）的平均時間為二三八天（八個月），從巴達維亞到出島（Dejima，位於日本長崎港內的荷蘭前哨基地）還要再一個月。十八世紀的平均速度稍慢，航程要花二四五天。由於阿姆斯特丹和巴達維亞之間的距離為一萬五千浬（二七七八〇公里），代表平均時速為四．七公里，等於以很慢的速度在散步！這個糟糕的平均值是來自不同情況下的結果，有時順風（風直接來自船的後方）航行速度加快，有時船隻碰上赤道無風帶停駛，而有時則是長時間強勁的盛行風，需要費力調整——或者乾脆放棄，等待風向轉變。

在十七和十八世紀，荷蘭為亞洲貿易建造了一四五〇艘新船（平均每年七艘），容量僅七百到一千噸，若是運送香料、茶葉和瓷器等高價品，要獲利沒問題，但對於大宗商品貿易來說，完全無利可圖（有價值的日本銅礦是一大例外）。前往巴達維亞的航行受限於船隻不足和旅途風險，而前往日本的航行是受到德川幕府的限制，每年不能超過兩到七艘船，在一七九〇年代每年只能航行一次。從荷蘭聯合東印度公司詳細的記錄中，我們也得知這四千七百多次從荷蘭開往東印度群島的船上人數：一五九五年至一七九五年間，將近一百萬人踏上這趟旅程，不過算起來，每年只有五千人，其中約有一五%的人在到達錫蘭或巴達維亞之前死亡。[19]

即使如此，在近代早期（一五〇〇—一八〇〇年）的第二個世紀，這一波依然溫和但持續攀升的全球化浪潮，雖然才剛萌芽，可是許多社會已受到這些遠距離交流帶來的影響。[20]荷蘭共和國黃金時代（一六〇八—一六七二年）都市精英過的生活，就是最好的例子。他們取得了新財富，再加上與其他大陸接觸，享受隨著這波浪潮而來的新利益，這一點也不足為奇。他們的財產與日俱增，體驗的事物範圍越來越廣，再再都證明貿易、物品和文化交流讓他們獲益匪淺，許多知名的畫家也為這個初期的影響留下了迷人的記錄。

不管是迪爾克・哈爾斯（Dirck Hals）、傑拉德・泰爾博赫（Gerard ter Borch）、弗朗斯・范・米里斯（Frans van Mieris）、楊・維梅爾（Jan Ver meer），還是其他名氣沒那麼響亮的畫家，都可以從他們的作品中看到這些新的利潤變成了瓷磚地板、玻璃窗、精良的家具、厚桌布和樂器。[21]有些人認為這一切是子虛烏有，因為這種繪畫類型是描繪一個現實中從未存在的幻想世界。[22]畫作中確實是有誇張和非寫實的成分，但是歷史學家揚．德．弗里斯（Jan de Vries）明確指出，所謂的「新奢侈品」（由都市社會產生）真實存在：不追求華麗和鋪張，而是體現在工藝精湛的產品中，從家具到掛毯，從台夫特藍（Delft）瓷磚到銀器，還包括一六六〇年代，荷蘭家庭擁有的三百萬幅畫作。[23]

另外，有其他更直接的證據顯示這種進與出的交流結果：在阿姆斯特丹的非洲人、地圖的盛行、因編輯和出版地圖集而大發利市的行業、糖和異國的水果、香料的進口（荷蘭於一六〇七年開始對東印度群島實行殖民統治，接管了最大的丁香產地特納提〔Ternate〕，不久後又占領生產肉荳蔻的班達群島〔Banda Islands〕），以及茶和咖啡。[24]

但這些早期交流對經濟的影響有限，因為從這些新探險活動中受益的總是那一小群人，農村依然過著傳統的生活方式。這種全球化剛萌芽，只出現在局部地區，有其限制，並沒有對整個國家產生實質的全面影響，更別說真的在全球各地開花結果了。舉例來說，經濟學家安格斯．麥迪森（Angus Maddison）估算，一六九八年至一七〇〇年間，從東印度群島出口的商品僅占荷蘭國內生產淨額的一．八%，而印尼的出口順差只占荷蘭國內生產毛額的一．一%。將近一個世紀後（一七七八年至一七八〇年），這兩個比例都仍只有一・七%。[25]

蒸汽機和電報

只有在結合了更可靠的定位方式、蒸汽動力（使船隻的容量更大、速度更快）和電報（第一種幾乎是即時的長途通訊工具）之後，全球化的過程才首度邁進一大步。第一個是定位，約翰・哈里森（John Harrison）於一七六五年設計了第四個高度精確的航海鐘，這是一種可以確認精確經度的天文鐘，可是速度和容量上的那一大步，必須要等到以下三件事完成：蒸汽機取代風帆來跨洲運輸貨物、螺旋槳讓蹼輪（paddlewheel）走入歷史、鋼製船體成為主流。[26]

第一次以蒸汽為動力，向西橫渡大西洋，是發生在一八三八年，但帆船在接下來的四十年中仍具有競爭力。帆船是以風為動力，每單位距離運載每單位貨物的成本，與航程長度比較無關；而蒸汽輪船的航程越長，船隻的載重能量就必須裝載更多的煤炭，才能為效率相對較低的發動機提供燃料，於是就減少了擺放貨物的空間。加油站改善了這個缺

點，但問題並沒有完全解決。[27]

德國的轉型見證了這種帆船和蒸汽輪船長期共存的情況：一八七三年，帆船在歐洲內部航線失去競爭力，不過在洲際航線仍占優勢，但一八八〇年以後，採用更高效的發動機，帆船就快速失去優勢。[28]

所有早期橫渡大西洋的蒸汽輪船都是由蹼輪推進，但在一八四〇年代引進了螺旋槳推進器；一八七七年，勞氏驗船協會（Lloyd's Register of Shipping）批准鋼材為可保險的建築材料，因為新的生產方法使金屬的數量變多、價格親民（請見第三章）。鋼製船體、螺旋槳、以及大型蒸汽機使得船速變得穩定可靠，每小時可達三十公里，之後是四十公里，而一八五〇年代，最快的快速帆船平均速度只有二十公里／小時。長途運輸也開拓了新市場，一八七〇年代開始，從美國、澳洲和紐西蘭出口活牛，幾乎完全由客輪運輸的冷鮮肉和奶油。[29]

實用的電報是在一八三〇年代後期和一八四〇年代初期發展，第一條（很快就退役）橫跨大西洋的電纜線於一八五八年鋪設，到了十九世紀末，海底電纜已經將各洲大陸連接起來。[30]這是歷史上第一次在交易時，可以將各地的需求和價格納入考量——新的發動機十分強大，能將這個訊息轉成有利可圖的國際貿易：舉例來說，當愛荷華州的牛肉價格比英國的劣質牛肉便宜，再配合新的冷藏技術成熟，此時美國冷凍肉類的出口隨即迅速成長，光從一八七〇年代後期到一九〇〇年代後期，就增加為四倍多。

在這波由蒸汽驅動的全球化浪潮中，電話（這個設備在個人直接通訊方面遠勝過電報）的作用仍然有限。[31]電話於一八七六年通過專利和首次公開展示，剛開始需透過人工手動轉接服務，所以推廣的速度緩慢。一八八〇年，美國的電話數量不到五萬台，到一九〇〇年增加到一三五萬台（每五十六個美國人裡面有一人擁有）；通話距離逐漸擴大（到了一八九二年才能從紐約打電話到芝加哥）；在一九一五年，第一次從東岸打電話到西岸的舊金山（經過多次轉接）；三分鐘的談話大約需要二十美元，相當於二〇二〇年的五百美元。第一通洲際電話（從美國到英國）到了一九二七年才出現，在接下來的兩個世代，美國只有一家電話公司提供服務，對一般人來說，電話費仍相當昂貴。[32]

但是隨著洲際運輸持續發展，加上一八四〇年代以後鐵路快速建設（歐洲和北美，以及印度、亞洲的其他地區和拉丁美洲），創造了第一波真正大規模的全球化浪潮。從一八七〇年到一九一三年，全球貿易總量增加為四倍；全球經濟商品的交易（出口和進口）比重，在一八五〇年約五%，一八七〇年上升到九%，一九一三年則為一四%；由十三個國家（包括澳洲、加拿大、法國、日本、墨西哥和英國）加起來的最佳估計數字顯示，從一八七〇年的三〇%，上升到第一次世界大戰前的五〇%。[33]

大型蒸汽輪船運送乘客的規模也是前所未見。在航海時代，定期客船（packet ship）運送二五〇－七〇〇名統艙乘客（steerage passenger），到了二十世紀的第一個十年，一艘蒸汽輪船可載超過兩千名乘客。[34]休閒旅遊在以前是一種特權階級專屬的臨時遷移形式，但現在有了蒸汽驅動的火車和輪船，就可以採取許多形式出發。一八四一年，在英國旅行社湯馬斯庫克集團（Thomas Cook）領軍之下，其他旅行社也跟著推出套裝行程，水療和海濱度假蔚為流行，遊客紛紛造訪德國的巴登－巴登（Baden-Baden）、捷克的卡羅維瓦利（Karlsbad）、法國的維希（Vichy），以及前往法國大西洋沿岸的特魯維爾（Trouville）或義大利的卡布里島（Capri）旅遊。

其中一些旅行是橫跨各洲大陸：富裕的俄羅斯家庭，從莫斯科和聖彼得堡搭火車，一路到法國里維耶拉（Riviera），有些遊客尋求身體的挑戰（去登阿爾卑斯山是一種新流行），而有些人則是去朝聖（價格比較負擔得起）。[35]這種新的移動也具有明顯的政治面向，被流放者搭火車和輪船到外國尋求庇護：最著名的是，幾乎所有未來傑出的布爾什維克（Bolshevik，譯注：俄國社會民主工黨中的一個派別）領導人，包括列寧（Lenin）、列昂·托洛斯基（Leon Trotsky）、尼古拉·布哈林（Nikolai Bukharin）、格里戈里·齊諾威耶夫（Grigory Zinoviev），都曾在歐美度過多年的海外時光。[36]

我認為蒸汽帶來的全球化，也有助於創造一種新型感性文學，約瑟夫·康拉德（Józef Korzeniowski）就是其中的佼佼者。在他最偉大的三部小說裡，主角都因為那個時代的大規模貿易和旅行而遠離家鄉（諾斯特羅莫〔Nostromo〕在南美洲、吉姆〔Jim〕在亞洲、馬洛〔Marlow〕在非洲），他們的生活和不幸的命運都與蒸汽輪船有關：諾斯特羅莫是主角的名字，也是這個中篇小說的篇名，義大利文是Capataz de Cargadores，就是搬運貨物的碼頭工頭（Head Longshoreman）；在《吉姆爺》（*Lord Jim*）裡，吉姆為了幫忙把穆斯林朝聖者從亞洲運送到麥加，這時生活發生了悲慘的轉變；在《黑暗之心》（*Heart of Darkness*）裡，如果西方的商品沒有深入剛果盆地，馬洛的轉變就不可能發生。

柴油引擎、飛行和無線電首次登場

發動機的下一個重要發展，是以柴油引擎取代蒸汽引擎，柴油引擎的效率卓越，性能可靠，因此提高了長途運輸能力。[37]同時還有兩項發明推動了進一步的全球化：由往復式汽油發動機（reciprocating gasoline engine）提供動力的飛機和無線電通訊。萊特兄弟的第一次短途飛行發生在一九〇三年底。第一次世界大戰期間，幾百架飛機投入戰場，第一家航空公司是荷蘭皇家航空（Dutch KLM），成立於一九二一年。[38]第一個橫跨大西洋的無線電信號於一九〇一年十二月到達，法國軍隊於一九一六年部署了第一個用於空對地通訊的可攜式發射機；第一個商業廣播電台在一九二〇年代初開始播放。[39]

狄賽爾刻意著手設計一種效率更高的新發動機，到了一八九七年，他的第一台（重型、固定式）引擎效率達到三〇％，比最好的蒸汽機性能多出一倍。[40]但是要等到一九一二年，第一台船用引擎才安裝在名為克里斯蒂安十世（*Christian X*）的丹麥貨輪上。柴油動力船比燃煤輪船攜帶的燃料要少得多，卻可以在不補充燃料的情況下航行得更遠，因為新引擎的效率幾乎是兩倍，且因為柴油每單位質量所含的能量幾乎是兩倍。有位美國工程師在一九一二年親眼目睹第一艘柴油動力船航行至紐約後，下了一個結論說：「柴油引擎的出現，為航海歷史寫下嶄新的一頁。」[41]

一九三〇年代，柴油引擎征服了運輸市場，快速成熟的航空產業開始製造出第一批能長途飛行又能獲利的飛機。一九三六年，道格拉斯DC—3（Douglas DC-3）首次登場，這是一款雙引擎飛機，最多可搭載三十二名乘客，比現代噴射客機的著陸速度稍快。[42]三年後，波音314飛剪號（Boeing 314 Clipper）出現，這是一款長程水上飛機，航程可高達五六三三公里，雖然仍不足以橫渡太平洋，但從舊金山到檀香山已綽綽有餘，後續再飛往中途島、威克島、關島、馬尼拉，再到達亞洲。

飛剪號設備完善，可以提供七十四名乘客舒適的航行，包括客艙、餐廳、更衣室、可轉換成床鋪的座椅，但是無法消除往復式發動機的噪音和振動，而且最高的飛行高度（五·九公里）仍然太低，沒辦法到達最不穩定的大氣層之上。從紐約到洛杉磯要落地三次，共需十五·五小時，而一九三四年，第一條從倫敦到新加坡的路線花了八天，中途停留二十二次，包括雅典、開羅、巴格達、巴斯拉、沙迦、久德浦、加爾各答和仰光。[43]雖然耗費這麼久的時間，但比起從英國南安普敦（Southampton）搭船經過蘇伊士運河的三十天，這已經是一大進展。

無線電對於海上和空中導航至關重要，而且跟電報相比，也是一種更能大規模傳播即時訊息的工具。無線電通訊首先是用在橫渡大西洋的遠洋客輪上：鐵達尼號的求救信號——「CQD Titanic 41.44 N 50.24 W」，於一九一二年四月十五日凌晨十二點十五分發送，正是因為這個訊息讓卡帕西亞號（*Carpathia*）前去搭救了七百名救生艇上的倖存者。[44] 一九三〇年代引入的無線電導航台（range station），讓無線電導航取得了巨大的進步：飛往機場的飛機如果是在正確的軌道上，會聽到連續的聲音，那些偏離軌道的飛機，如果是在路徑左側，會聽到摩斯密碼N（—•），在路徑右側會聽到A（•—）。[45]

無線廣播不需要昂貴的海底電纜，覆蓋的區域很廣，很容易接收（只要有簡單的接收器就可以收聽）。因此，無線電接收器能快速普及，一點也不足為奇：在推出後的十年內，六〇%的美國家庭都有，幾乎跟二戰後購買黑白電視的速度（同樣於一九二〇年代推出）一樣快。在之後的一九六〇年代初期，美國的彩色電視雖然也開始迅速普及，但速度仍略遜一籌。[46]

在兩次世界大戰之間的幾十年裡，船用的柴油引擎和往復式飛機發動機仍是全球化的技術推手，而大規模運用這些裝置對二戰的結果具有決定性的影響。在這場衝突結束時，美國總共製造了將近二十九萬六千台飛機，而德國只有約十一萬兩千台，日本約六萬八千台。[47]一九四五年，美國搖身一變為世界霸主，西歐經濟復甦迅速，而多虧了美國挹注的資金（一九四八年的馬歇爾計畫），這個地區所有國家的工業生產水準在一九四九年都已超過戰前（一九三四－一九三八年），而韓戰期間日本的工業貢獻良多，加速了日本經濟復甦。[48]

因此打造出一個舞台，準備迎接一段史無前例的成長和整合時期，也為廣泛的社會和文化互動奠定基礎。以蘇聯和中國為首的共產主義經濟體顯然是例外：儘管他們公布的經濟成長率令人印象深刻，但是因為高度自給自足，所以對外貿易很少（而且阻止人民出國旅行）。

大型柴油引擎、渦輪機、貨櫃和微晶片

一九五〇年以後的這段全球化時期（因一九七三年至一九七四年，石油輸出國家組織

兩次油價上漲而結束，之後的十五年相對停滯不前），雖然獨特且密集，但還稱不上完全普及，主要是結合以下四項基本的技術發展為基礎：快速採用更強大和效率更高的柴油引擎設計；引進（普及速度甚至更快）新的發動機——燃氣渦輪機，作為噴射客機的推進器；為洲際運輸提供更卓越的設計（裝載液體和固體的大型散裝貨船，以及將其他貨物貨櫃化〔**containerization**〕）；計算和資訊處理能力大幅提升。

這些進展是伴隨著第一批電腦而來，當時的電腦是於二戰期間和二戰結束後，使用既不可靠又笨重的真空管建造。接著在第一批電晶體申請專利（一九四七年—一九四九年）和商業化（始於一九五四年）之後，電腦才獲得革命性的發展，電晶體至今仍是現代固態電子產品的基礎。下一步（一九五〇年代後期到一九六〇年代初期）是在微晶片上放置大量的電晶體以形成積體電路（**integrated circuit**），一九七一年，英特爾發布了世上第一個微處理器**4004**，包含兩千三百個電晶體，形成一個完整通用的中央處理器（**central processing unit**），可重新編寫程式，適合許多產品的用途。

儘管近年來的認知是，帶來重大變革的技術能力始於二十一世紀初（最重要的是人工智慧和合成生物學的進展），但是我們的世界依然要對一九七三年以前的這些重要成就心存感激。此外，由於目前沒有立即可用的替代品，可以同樣應用在這麼大規模的任務上，所以我們在未來幾十年，仍將繼續依賴這些技術，包括巨型船用柴油引擎、貨櫃船、廣體噴射客機和微處理器，因此，這些技術值得進一步仔細研究。

現代文明四大材料支柱的產量不斷增加（相關估計數字請見第三章），以及全球能源需求日益攀升（請見第一章），這兩點正是一九五〇年至一九七三年間，全球經濟規模擴張的最佳例證。[49]鋼鐵產量幾乎增加為四倍（從每年約一．九億噸，增加到六．九八億噸），水泥產量增加為將近六倍（從一．三三億噸增加到七．七億噸），合成氨產量增加為將近八倍（從不到五百萬噸的氮增加到三千七百萬噸），塑膠產量超過二十六倍（從不到二百萬噸到四千五百萬噸）。由於全球越來越依賴中東石油，初級能源的產量幾乎增加為三倍，原油消耗量增加為將近六倍。因此，究竟是哪一種技術為全球經濟的大規模運輸帶來最大的改變，這個答案毫無爭議：如果沒有柴油引擎，不管是穀物還是原油，大宗貨物的洲際貿易運輸量只會剩下目前的一小部分。

二戰後，原油輪（crude oil tanker）是率先增加容量的船隻，因為西歐和日本的經濟快速成長，恰巧中東也同時發現新的巨型油田（沙特阿拉伯的加瓦爾是全球最大的油田，

於一九四八年發現，一九五一年開始投入生產），這種廉價燃料若要出口（一九七一年以前每桶售價不到兩美元），需要容量更大的船隻運送。一九五〇年代以前，典型的油輪容量只有一萬六千載重噸（deadweight ton，主要是船上貨物，再加上燃料、壓載〔ballast，譯注：為避免船搖晃得太厲害，放置於船底的重物〕、食物和船員）。第一艘超過五萬載重噸的油輪於一九五六年出海，到一九六〇年代中期，日本造船廠開始讓容量為十八萬至三十二萬載重噸的超大型原油輪（VLCC）出海。除此之外，還有特大型原油輪（ULCC）和七艘超過五十萬載重噸的船隻在一九七〇年代下水，因為這些船太大，航線比較沒彈性，所以只能停靠在最深的港口。[50]這些大型船隻的數量日益增加，使得中東石油運輸量從一九五〇年的不到五千萬噸，提高到一九七二年的八·五億噸左右。[51]

即使原油出口在一九五〇年代後期和一九六〇年代初期飆升，也無法運送天然氣，這種燃料比煤炭或精煉油更清潔，也非常適合工業和家庭用途，而且發電效率高。由於第一艘液化天然氣（LNG）油輪（放在低溫儲槽內，可於攝氏零下一六二度運輸燃料）引入，使得天然氣可以跨洲運輸，自一九六四年開始，從阿爾及利亞出口到英國，一九六九年開始，從阿拉斯加到日本。[52]但幾十年來，這些船隻的容量很低，市場僅限於與少數買家簽訂的長期合約。

日益增加的洲際貿易需要新的專業運輸模式，散裝貨船的貨艙大，有巨大的水密艙口（watertight hatch，譯注：艙蓋可完全浸沒水中，密封效果較好），這種設計是用來運送煤炭、穀物、礦石、水泥和肥料，而且可以快速裝卸。但最偉大的運輸創新於一九五七年出現，一位北卡羅來納州的卡車司機麥爾坎・麥克連（Malcolm McLean）終於將他在二戰前的想法實現在商業界，那就是用統一尺寸的鋼箱運輸貨物，這些鋼箱很容易由大型港口吊車吊起，然後直接放入等候的卡車或火車上，或是先臨時堆放一旁，之後再配送。

一九五七年十月，貨輪蓋特威城號（Gateway City）上面設置了格槽，可容納二二六個堆疊的貨櫃，成為全球第一艘真正的貨櫃船。麥克連的海陸運輸公司（Sea-Land company）於一九六六年四月開始，定期提供貨櫃服務到歐洲（紐瓦克－鹿特丹），一九六八年開始到日本。[53]還需要新船才能擴大洲際汽車出口，美國市場首先開放福斯汽車（Volkswagen）的金龜車（Beetle，已於一九四九年開始進口，是第一款進口車），然後是日本設計的小型車（自一九五八年開始的豐田寶貝〔Toyopet〕、一九六九年的本田〔Honda〕北美一號〔N600〕、一九七三年的本田喜美〔Civic〕），因此設計新的滾裝船（roll-on／roll-off vessel，大多都有內建的伸縮式裝卸貨坡道）以滿足這些需求。經過多年的緩慢推廣，福斯汽車的銷售量在一九七〇年達到五十七萬輛的高峰，日本設計的車款，接下來幾十年在美國的市占率持續增加。[54]

幸運的是，推進器完全可以滿足這些新型大船隻的需求。跟二戰前相比，一九五〇年代後期，最大的柴油引擎尺寸增加為兩倍多，可達一千萬瓦以上，效率接近五〇%。[55]接著，這些大型多缸引擎的最大功率，在一九六〇年代後期提升到三千五百萬瓦，在一九七三年達到四千萬瓦以上。任何額定功率超過三千萬瓦的柴油引擎，都可以為最大的特大型原油輪提供動力，因此這些船隻的尺寸從未受限於發動機的功率。

為了開發實用的燃氣渦輪機（這種全新發動機運作的原理是，燃料被噴入壓縮空氣中，以產生高溫的燃氣，燃氣快速膨脹，從機器中排出），結果在一九三八年設計出第一台固定式渦輪機（用於發電），而戰前的英國和德國也恰好同時推出第一款實用的噴射發動機（jet engine）設計。[56]兩位工程師：法蘭克・惠特爾（Frank Whittle）和漢斯・馮・奧海恩（Hans von Ohain），率先測試渦輪機的效率和穩定度是否足以為軍機提供動力。一九四四年底，有少部分噴射機投入戰場，不過為時已晚，這無法對既定的戰爭過程產生任何影響，但在戰爭結束後，英國產業充分發揮噴射機的優勢，在一九四九年製造出全球第一架噴射民航客機彗星（Comet），由四台德哈維蘭幽靈（de Havilland Ghost）渦輪噴射發動機（turbojet engine）提供動力。[57]

不幸的是，到了一九五四年，一連串致命的事故（與發動機無關）迫使飛機退出服務。彗星客機經過重新設計，於一九五八年推出，但很快就被波音707迎頭趕上，波音707是噴射客機系列的第一款設計，目前波音的噴射客機版圖仍持續拓展。[58]第二款是三引擎的波音727，在一九六七年推出波音737，這是整個系列中最小的飛機。一九六六年，波音公司董事長威廉·艾倫（William Allen）做出一個大膽的決策，準備開發第一款廣體噴射客機，投資的金額是公司價值的兩倍多，因此，基本上等於是把未來押在這項計畫上。

英國和法國從一九六四年起開發協和式客機（Concorde），原本預計這種超音速噴射機將接管洲際航線，但是超音速飛行仍受限於協和式客機昂貴的價格和吵雜的聲音，而歷史上最具革命性的飛機設計是波音747，[59]這款飛機剛開始的預設為貨機：寬大的機身可並排放置兩個標準的船用貨櫃，駕駛艙放在上層甲板，機鼻的貨艙門可以打開，從前面裝卸貨物。在泛美航空（Pan Am）訂購二十五架747後，不到三年的時間原型機就起飛，

一九七〇年一月二十一日，第一架商用客機從紐約飛往倫敦。之所以能打造出這種尺寸的飛機（最大起飛重量為三三三噸），就是利用四台普惠公司（Pratt & Whitney）的渦輪風扇發動機。[60]渦輪噴射發動機的原理是所有的空氣經過壓縮後進入燃燒室，但渦輪風扇發動機不同，在渦輪風扇裡面的空氣較多，壓縮程度較低，因此移動速度較慢的空氣不經過燃燒室，有助於起飛時產生更高的推力（而且噪音更小）。707上面發動機的旁通比（bypass ratio，譯注：不經過燃燒室的空氣，與經過燃燒室的空氣兩者的比例）為1：1，747為4．8：1，不經過渦輪的空氣量幾乎是五倍。

在半個世紀的生產過程中，747的總交貨量已達一五四八架，波音公司估計，在這五十年中，這些飛機運送了五十九億人次，相當於全球人口的七五%。[61]這款飛機的革命性設計改變了洲際旅遊，廣體噴射客機已將數億人載到越來越多目的地，同時成本逐步下降，安全性也不斷提高。

全球經濟的整合與廣體噴射客機的引入密切相關，包括波音747及其後來的競爭對手空中巴士（A340和A380）。他們的服務對亞洲出口商尤其重要，這些出口商利用空運，在短時間內能將許多搶手或季節性商品（最新的手機品牌、聖誕禮物）運送到歐美市場。

廣體飛機將大規模的觀光客載往之前乏人問津的目的地（峇里島〔Bali〕、西班牙的特內里費島〔Tenerife〕、肯亞的奈洛比〔Nairobi〕以及大溪地〔Tahiti〕的跑道夠長，足以容納747飛機），也將移民和國際學生送到各大洲。

當然，由於強大的發動機容量不斷增加，性能變得更好，進一步推升了全球化的過程，不過計算、資訊處理和通訊所需的零件小型化設計也功不可沒。無線電的發展，以及後來的電視和第一批電腦的發展，都有賴各種真空管的使用，從二十世紀頭十年的二極真空管（diode）和三極真空管（triode）開始，四十年後，我們對這些大型熱玻璃零件的依賴，成為電子運算發展的限制因素。

伊尼亞克（ENIAC）是第一台電子通用數位計算機，有一七六四八個真空管，體積約八十立方公尺（占地面積約兩個羽球場），加上電源供給和冷卻系統，重量約三十噸，管子一再故障，需要不斷維修和更換，所以運算時經常中斷。[62]第一個實用的電晶體（與玻璃設備具有相同功能的固態元件）在一九五〇年代初期上市，在這十年間，羅伯特・諾伊斯（Robert Noyce）、傑克・基爾比（Jack Kilby）、金・赫爾尼（Jean Hoerni）、庫特・萊霍維茲（Kurt Lehovec）和默罕穆德・阿特拉（Mohamed Atalla），這幾位美國發明家的構想促成了第一批積體電路的生產，在薄薄的矽層（一種半導體材料）上，內建互連的主動（電晶體）和被動（電容、電阻）元件。這些電路可以執行任何指定的計算功能，第一個實際用途是火箭和太空探索。[63]

英特爾在一九六九年跨出了關鍵的下一步，開始設計全球第一個微處理器，將兩千多個電晶體安裝在一個矽晶圓上，以執行一套完整的指令：首開先驅的英特爾 **4004** 是用在小型的日本電子計算機上。[64] **4004** 奠定了英特爾在微晶片設計上長達數十年的領先地位，促成了第一批個人電腦（一九七〇年代後期和一九八〇年代初期的桌上型電腦，相對昂貴、緩慢且笨重）以及可攜式電子產品的發展，包括行動電話（一九八〇年代後期第一批價格昂貴的設計）、筆電、平板和智慧型手機。

從一九五〇年到一九七三年，世界各地的經濟幾乎都迅速成長：全球的年平均成長率和每人平均所得，是上次一八五〇年到一九一三年全球化浪潮的將近二．五倍。一九四五年，出口貨物價值占全球經濟商品中的比重，只略高於四%，一九五〇年上升到九．六%，一九七四年更上升約一四%，這個比重跟一九一三年一樣，但是貿易量幾乎是當年的十倍。[65] 經濟成長舉世皆然（中國一九五八年到一九六一年的三年大饑荒是最重要的例外），但是這個經濟擴張的黃金時代所帶來的好處（戰後反彈，高成長率有助於減少經濟不平等）卻不成比例，此影響多半集中在西方：一九七三年，北美和西歐國家占全球出口的六〇％以上。[66]由於主要的西歐經濟體（德國、英國、法國）和日本，成為那個時代最活躍的貿易國，因此美國在世界貿易中的比重，自然逐漸受到侵蝕而下滑。

雖然貿易不斷擴大，西方國家的消費者能享受到更多種類的進口商品，但是國際間的旅行，無論是商務還是休閒，仍然相對有限，移民、留學或短期出國工作的人數也是如此。德國人不會搭飛機去泰國或夏威夷，而是驅車前往義大利海灘。在第一次世界大戰前，美國移民人口達到高峰，占人口比例將近一五％，在一九七〇年代創新低，還不到五％。[67]此時中國因毛澤東引發的動亂與世界隔絕，那種認為中國將大批學生送到美國大學的想法，只會被視為一種不可能的幻想。

接著（基於第一章解釋過的原因，我在那一章追溯了現代文明對原油的依賴），戰後這段有限但密集的全球化時期結束了。石油輸出國家組織推動的油價上漲，導致全球化步履蹣跚、力道減弱，甚至往後退，但這次退步並未影響所有經濟產業——短短幾年內，一系列有效的調整為新一輪全球化奠定基礎，而由於新的政治聯盟成立，這次全球化比之前

的任何一波，都取得了更大的進展。

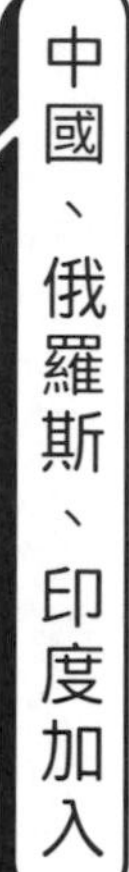

中國、俄羅斯、印度加入

在一九六〇年代後期，技術能力已準備好迎接前所未有的全球整合：能源供給充足，投資資金充沛，所需要的只是將全球化過程擴展到尚未參與戰後第一回合的國家。由於中國、俄羅斯和印度成為全球貿易、金融、旅遊和人才流通的主要參與者，加上技術和金融工具因政治上的轉變而更上一層樓，全球化終於開始了。

中國的逐步開放，始於尼克森總統於一九七二年訪問北京，在一九七八年年底（毛澤東逝世兩年後），隨著鄧小平的崛起，啟動了早該施行的經濟改革，於是發生關鍵的轉變（確實將農業私有化、工業現代化、部分回歸民營企業），接著中國於二〇〇一年加入世界貿易組織（WTO）後，開放的速度加快。一九七二年，中國與美國沒有貿易往來，一九八四年是美國對北京貿易順差的最後一年，二〇〇九年，中國成為全球第一大商品出口國，到了二〇一八年，出口占全球總銷售額的一二%以上，對美國的貿易順差達到近四千兩百億美元，隨後由於兩大超級經濟強國之間的緊張局勢加劇，二〇一九年下降了約一八%。[68]但現在若要預測貿易關係會長期衰退或恢復到更緊密的經濟整合，一切都言之過早。

經過幾十年的冷戰，蘇聯在一九八〇年代後期開始解體，旗下的衛星國一一脫離（柏林圍牆於一九八九年十一月九日倒塌），[69]蘇聯於一九九一年十二月二十六日正式停止存在。這是每個主要經濟體史上第一次對外國投資開放（還是有個別差異，但幾乎每個國家開放的程度都是前所未見），加強國際貿易，而以前被禁止出國自由旅行的人民，加入了大規模旅遊，利用新的機會移民，以及到國外短期工作和留學。貿易擴張則是在世界貿易組織提供的架構內進行，這個架構是由全球一致同意。[70]

印度因為混亂的選舉和多種民族的政治生態，所以無法複製中國在一九九〇年以後，由一黨獨裁統治所推動的崛起過程。但是從二十一世紀的前二十年，印度人均國內生產毛額的成長紀錄，顯示出與過去幾十年差強人意的表現截然不同。一九七〇年到一九九〇年，印度人均國內生產毛額（排除貨幣價值變動的因素）其實分別有六年下降，有四年是在四%以下，二〇〇〇年到二〇一九年，年成長率超過四%的有十八年。[71]此外，自

二〇〇八年以來，印度商品出口的年成長率為五・三%，只略低於中國的五・七%，而印度軟體工程師對矽谷的貢獻（他們一直是這個行業中唯一一個最重要的技術移民團隊）遠高於中國。[72]

印度於一九四七年獨立，在那之前國大黨（Congress party）統治了數十年，印度崛起正好與國大黨被邊緣化的時間點同步，而俄羅斯和中國仍保留了許多由中央控制經濟和社會的特質。共產黨在中國依舊牢牢掌控大局，這一點與俄羅斯新的民族主義取向不同，但兩國都允許旅行自由，因此帶來新一波的觀光浪潮（俄羅斯人最喜歡的目的地是地中海國家；中國人則是泰國、日本和歐洲），而且中國、印度和南韓的留學生大量湧入西方，特別是美國，總人數前所未見。

國際貿易占全球經濟商品中的比重，在一九七三年約三〇%，二〇〇八年上升到約六一%，而貿易總量（排除貨幣價值變動的因素）幾乎成長為六倍，其中大部分是從一九九九年開始。[73]二〇〇八年到二〇〇九年的金融危機過後，貿易總量減少了十分之一，二〇〇九年貿易占經濟產出的比重下降了約一五%，但到二〇一八年，整體貿易比二〇〇八年的高峰多出三五%，貿易占全球經濟商品的比重又回到五九%以上——

二〇一九年的數字變化不大。外國直接投資（以每年淨流出量計算）是全球化的另一項明顯指標，一九七三年，全球總額不到三百億美元（約占全球經濟商品的〇．七％）；二十年後，上升到二五六〇億美元；但在二〇〇七年飆升至三．一二兆美元（占全球商品約五．五％），短短十四年間增加為十二倍，其中亞洲（尤其是中國）是資金的主要目的地。[74]

有個俄羅斯團隊結合了所有關鍵指標，衡量在二〇〇〇年以後全球化的進展——藉由分析貨物交易、服務交易、雙邊外國直接投資存量累計（對中國尤其重要），以及移民人數（這個數字中國不存在，但對美國經濟很重要）的變化，[75]結果顯示增加最多的是以前孤立的俄羅斯、其他前歐洲共產主義經濟體、中國、印度、一些非洲國家和巴西，一點也不意外。此外，由於這些轉變，到了二〇一七年，中國與全球連結程度指數已經跟日本一樣高，俄羅斯跟瑞典差不多，印度則可以跟新加坡相提並論。如果你對於這三組國家的全球連結程度指數感到懷疑，請從這個角度思考：中國是最大的消費品製造商、俄羅斯出口非常大量的能源和礦產，以及（上面提過）矽谷的印度軟體工程師團隊。

從倍數看全球化

若要了解促成這次全球化背後的技術進展，最佳方式也許是以容量、等級、效率或性能的倍數來表示。如前所述，這一輪令人眼花撩亂的全球化，是在一九七三年之前就奠定了技術基礎，但從那時起，全球化的範圍和強度憑藉的是投入鉅額資金在發動機（運輸設備的內燃機和電動馬達）和重要的基礎設施上（港口、機場、貨櫃運輸）。如此一來，我們不僅擁有更多的設備，而且平均容量（功率、體積、流通量）都變得更大，同時，一般的效率和穩定度也變得更好。所以讓我們看看自一九七〇年代初期以來，在運輸、飛行、導航、計算和通訊方面取得的進步。

一九七三年以後的全球化，使海運貿易量增加為三倍多，而且在組成結構上帶來了重大的轉變。[76]在一九七三年，油輪運輸（以原油和精煉過的產品為主）占總運輸量的一半以上，但是到二〇一八年，貨物的運輸量約增加到七〇%，這個轉變不僅反映出亞洲（特別是中國）日漸成為全球主要消費品的來源地，且反映出各國的整合和相互依存度都提高：德國汽車製造商在阿拉巴馬州組裝汽車、德州製的化學品（利用大量的天然氣開採）

為歐盟工業提供原料、智利水果出口到四大洲、索馬利亞的駱駝運往沙烏地阿拉伯。

一九七三年到二〇一九年，運輸重量增加為三倍（以載重噸計算），所需的全球商船隊容量增加為將近四倍。油輪載重噸位增加為三倍多一點，貨櫃船噸位約增加為四．五倍，全球貨櫃船隊的規模在四十五年內約增加為十倍，於二〇一九年達到五一五二艘。這種數量級的增加是伴隨著貨櫃活動大規模轉移到中國：一九七五年，中國沒有貨櫃運輸，美國和日本港口占全球活動的將近一半；二〇一八年，中國（包括香港）的比重為三二%，而美國和日本合計不到一〇%。

說到船隻的最大尺寸，麥克連在一九七二年和一九七三年推出最大的貨櫃船，每艘容量為一九六八個標準鋼製貨櫃（跟他在一九五七年改裝的第一艘船相比，幾乎是五倍大）。一九九六年，麥司克女王號（*Regina Maersk*）可以裝載六千個標準貨櫃；二〇〇八年，最多為一三八〇〇個；二〇一九年，地中海航運公司（**Mediterranean Shipping Company**）投入六艘巨型船隻提供服務，每艘可裝載二三七五六個標準貨櫃，因此，在一九七三年到二〇一九年之間，船隻最大容量增加為十二倍。[77]像這種大規模轉換到貨櫃運輸，也必然要轉換到貨運火車和卡車運輸，這些複合運輸鏈現在可以將貨物從中國內地的一個城

市，運送到密蘇里州沃爾瑪（Walmart）的裝卸碼頭。

如果要運送的是昂貴的食物或鮮花（剛從加拿大大西洋省分〔Atlantic Canada〕捕獲的鮪魚要送到東京；肯亞的四季豆要送到倫敦；厄瓜多的玫瑰要送到紐約），或是需要快速送達的高價值電子產品，空運便是首選。每架客機的機腹可載送貨物，越來越多貨機也加入這個行列：因此，一九七三年到二〇一八年，全球空運量（以延噸公里〔ton-kilometer〕表示）約增加為十二倍，而定期客運量則從約〇・五兆增加到超過八・三兆延人公里（passenger-kilometer），約增加為十七倍。[78]最新總數中將近三分之二（五・三兆延人公里）是國際航班——相當於每年約五十億人從紐約飛到倫敦，然後再返回。

在這些航班當中，國際旅客占的比重越來越高。一九七〇年代初期，每年國際旅客的全球總數（以美國人和西歐人為主）還不到兩億；在二〇一八年創下新紀錄，達到十四億。[79]歐洲仍然是主要的觀光景點，占入境總人數的一半，法國、西班牙和義大利是歐洲大陸裡遊客最多的國家。幾個世代以來，在整體的旅遊支出中，美國都位居全球領先地位，但中國在二〇一二年超越美國，五年後，中國遊客的支出是美國的兩倍。由於入境人數暴增，而且分布的比例不均，特別只集中在幾個主要都市（巴黎、威尼斯、巴塞隆納），引發這些都市的永久居民抱怨連連，率先採取限制每日或每年遊客人數的措施。[80]

無遠弗屆的摩爾定律

由於材料、產品和人員的流通日益頻繁，再加上新興產業在沒有大量庫存的情況下，必須及時交付材料或零組件，這時多虧了導航、追蹤、計算和通訊方面的進步才辦得到（而且能更可靠），還需要大幅擴增的處理能力，以容納如洪流般新湧入的國際資料。這些進步都有一個根本的技術基礎：我們在積體電路上安裝更多元件的能力，這個進步的速度（大約每隔兩年會增加一倍）至今仍符合高登・摩爾（Gordon Moore）一九六五年的預測，他當時擔任快捷半導體（Fairchild Semiconductor）的研發主管。[81]

一九六九年，摩爾共同創辦了英特爾，如前所述，公司於一九七一年發布第一個微處理器（微晶片），上面有兩千三百個元件。微處理器的製造最後從大型積體電路（多達十萬個元件）一路發展到超大型積體電路（very large-scale integration, VLSI，多達一千萬個元件），以及特大型積體電路（ultra large- scale integration, ULSI，多達十億個元件）。[82]在一九八二年達到10^5的里程碑（十萬個電晶體），一九九六年時，為了慶祝機器誕生五十週年，一群賓州大學（University of Pennsylvania）的學生把一七四五六九個電晶體放在七．四公釐×五．三公釐的矽微晶片上，重新打造出當年的伊尼亞克：原本的機器重量是新晶片的五百萬倍以上，需要耗費大約四萬倍的電力，而新晶片的速度則快了五百倍。[83]

技術仍持續進步：二〇〇三年跨越10^8大關，二〇一〇年超過10^9，到二〇一九年底，超微半導體公司（AMD）發布的霄龍（Epyc）處理器上面有三九五億個電晶體。[84]這代表在一九七一年到二〇一九年間，微處理器功率增加七個數量級，準確地說，是一七一〇萬倍。這些進步足以滿足對大量數據傳輸（來自地球觀測、衛星監測和通訊，以及金融中心之間的資料儲存）、即時電子郵件、語音通話、高度精確導航的新需求。

導航受惠於雷達探測的進步，以及全球定位系統（GPS）的建立和隨後的擴展與改進：第一個（美國）系統於一九九三年全面啟用，其他三個系統（俄羅斯的格洛納斯〔GLONASS〕、歐盟的伽利略〔Galileo〕、中國的北斗）緊跟在後。[85]因此，現在每個有電腦或手機的人，都可以即時查看全球運輸和航空活動，只需點擊海上交通（MarineTraffic）網站，就可看到貨船（綠色標示）聚集在上海和香港，排隊等著通過峇里島和龍目島（Lombok）中間，或是往上到英吉利海峽；也可以看到從波斯灣出發的油輪（紅色標示）、拖船和特殊船隻（藍綠色標示）為北海的石油和天然氣生產鑽井平台提供服務，以及在太平洋中部航行的漁船（淺棕色標示），這一帶和其他地區仍有很多船隻，但是沒有顯示在螢幕上，因為非法捕魚時會關閉詢答機（transponder）。[86]

同樣令人著迷的是，只要點擊一下，就可監控所有客機的位置。[87]在歐洲的清晨，可以看到螢幕上一架一架飛機連成一條長弧線，緩慢接近歐洲大陸，那些飛機是在晚上從北美和南美出發，飛越大西洋而來；北美的傍晚可以看到一長串噴射客機，沿著最佳航線飛往歐洲；橫跨太平洋飛抵日本的航班，於東京時間的傍晚聚集在成田和羽田機場。此外，由於飛行路徑必須考量經常改變位置的高速氣流而隨之調整，因此即時航班追蹤系統可以查詢到調整後的路徑，[88]另外，大型氣旋的發展或火山噴發產生的灰雲，偶爾也會影響飛行路徑。[89]

全球化倒退

全球化的歷史顯示出我們將走向更大的國際經濟整合，這已是不可否認的長期趨勢，

像日益提升的技術能力，就大幅增加了能源、材料、人員、構想和資訊的流通。這個過程不是新鮮事，都是歸功於那些一八五〇年以後的許多創新，終於達到最近的強度和範圍。但是從過去的一些挫折可以看出，這些技術進步並不代表全球化必然會持續下去：最值得注意的是，二十世紀上半葉，經濟上的全球化以及隨之而來的國際人口移動都大幅倒退。這次倒退的原因顯而易見，因為幾十年來，發生一連串史無前例的大規模悲劇和各國財富重新分配。

以下僅列出關鍵事件，包括中國最後一個皇朝（一九一二年）清代結束；第一次世界大戰（一九一四年到一九一八年）；俄國沙皇終結，布爾什維克黨掌權，接著是多年內戰，最後建立了蘇聯（一九一七年到一九二一年）；鄂圖曼帝國瓦解（最後於一九二三年解散）；戰後的一九二〇年代，歐洲政治不穩定；一九二九年十月下旬股市崩盤；一九三〇年代的大部分時間，都受到崩盤後的全球經濟危機所影響；日本入侵滿洲（一九三一年），又開啟了另一場真正的大戰；納粹接管德國（一九三三年）；西班牙內戰（一九三六年到一九三九年）；第二次世界大戰（一九三九年到一九四五年）；中國再度爆發內戰（一九四五年到一九四九年）；冷戰開始（一九四七年）；毛澤東宣布中華人民共和國成立（一九四九年）。全球化在經濟上的倒退影響深遠，貿易占全球國內生產毛額的比重，從一九一三年的約一四％下降到一九三九年的約六％，一九四五年只有四％。[90]

一九九〇年以後，全球化的腳步加速，不只是取決於卓越的技術工具，因為如果沒有同時出現重大的政治和社會變革，尤其是一九八〇年以後中國重返國際貿易，以及隨後（一九八九年到一九九一年）蘇聯帝國的解體，這一切都不可能發生。這代表二十一世紀前二十年所達到的高度全球化並非勢在必行，未來的發展也可能會降低全球化的成果，至於影響到什麼程度（局部地區或是大範圍），和速度多快（大國之間對抗，速度就會快；發生在一個世代的事，速度就比較慢），目前無法預測。

很多事情似乎已成定局，大幅成長的全球化，尤其是過去兩代人帶來的許多改變，將會繼續存在。現在有太多的國家依賴食物進口，即使是最大的國家在原料上也無法自給自足，因為各國所擁有的礦產量，都不足以應付國內所有經濟活動所需。英國和日本進口的食物比生產的多，中國沒有高爐所需的所有鐵礦，美國購買許多稀土金屬（從鑭〔lanthanum〕到釔〔yttrium〕），而印度長期缺乏原油。[91]大規模製造有其先天的優勢，使公司無法在每個銷售手機的都市分別就地組裝，而全球幾百萬人在有生之年仍會想造訪知名景點。[92]此外，立刻停止這些事情根本不切實際，快速中斷只會伴隨著昂貴的成本，舉例來說，如果深圳突然不再是世界最重要的可攜式設備製造中心，那麼全球消費電子產品的供應將受到巨大影響。

但是歷史提醒我們，最近的狀況不太可能再持續幾個世代。在一九七〇年代初期，英國和美國的工業領先全球，但是現在伯明罕的金屬加工廠或巴爾的摩的煉鋼爐在哪裡？曼徹斯特或南卡羅來納州的大型棉織廠在哪裡？一九六五年，底特律的三大車廠在美國仍有九〇%的市占率，現在根本不到四五%。深圳在一九八〇年以前還是個小漁村，後來搖身一變為中國第一個經濟特區，現在是人口超過一千兩百萬的巨型都市：到了二〇五〇年又會扮演什麼角色呢？當前的情況不太可能大規模的快速倒退，但是這段時間以來，支持全球化的聲浪持續減弱。

北美、歐洲和日本加速的去工業化（deindustrialization），將整體製造業轉移到亞洲，特別是中國，正是這次重新評估全球化的主要原因。[93]這種製造業轉變所帶來的變化，有的是鬧劇，有的是悲劇。可笑的交易像是加拿大，人均森林資源比其他富裕國家更豐富，卻從中國進口牙籤和衛生紙，而中國的木材庫存只占加拿大北方大森林的一小部分。[94]

但這種轉變也造成了悲劇，例如美國未受大學教育的中年白人男性死亡率上升。美國在二〇〇〇年以後，失去了大約七百萬個（以前薪資優渥）製造業工作機會，這一點毫無疑問，而其中大部分得歸因於全球化，因為工廠大多移到中國，失去工作機會的絕望是這些人致死的主因，導致他們自殺、吸毒過量、飲酒過度而得到肝病。[95]

我們現在可以從可靠的數字證實，全球化在二〇〇〇年代中期達到轉折點，二〇〇八年的大衰退很快就讓全球化發展的腳步趨緩，麥肯錫公司（McKinsey）做了一項分析，研究一九九五年到二〇一七年間，跨越四十三國的二十三個產業價值鏈（提供最終產品的相關活動，包括從設計到零售），結果發現商品生產價值鏈（以絕對值來看，依然緩慢成長）的貿易密集度明顯降低，出口占總產出的比重從二〇〇七年的二八·一%，下降到二〇一七年的二二·五%。[96]我認為這項研究還有個與普遍認知相反的第二重大發現：現在全球商品貿易中，只有大約一八%是來自較低的勞動力成本（勞動力套利），在許多價值鏈中，這個比重在二〇一〇年代一直下降，而全球價值鏈變得越來越知識密集，日益依賴高技能的勞動力。同樣地，經濟合作暨發展組織（OECD）的一項研究指出，全球價值鏈於二〇一一年停止擴張，從此之後略微下降：中間財和服務的貿易減少。[97]

此外，許多人恐懼（有的有道理，但有的誇大，有的深思熟慮，但有的煽風點火）全球化會影響國家主權、文化和語言，害怕商業上的普遍性會稀釋寶貴的獨特性（各式各樣的擔憂，從無處不在的美式連鎖速食店，一路到本質上不受限制的社群媒體），還擔心全球化造成經濟和社會的不平等，這一點與全球化承諾提供的好處正好相反。甚至有一項冷靜客觀的評估報告，在檢視這些真實和感受到的負面影響後，證實全球化的確有不少缺點，足以質疑未來這個過程是否仍要繼續下去，而二〇二〇年的新冠肺炎正好強化了這種情緒。

為了獲得更大的彈性以及減少因意外造成的中斷，美國提出讓許多種製造業回流的觀點並不是新鮮事。自一九九〇年代以來，全球化的進展和跨國公司的行為一直飽受質疑和批評，就在最近，一些國家的選民也以選票表達這些不滿的情緒，特別是英國和美國。[98] 但新冠肺炎大流行爆發後，有不少機構開始發布分析報告，呼籲全球供應鏈重組，經濟合作暨發展組織檢視了一些政策，要建立更具彈性的生產網路，以減少依賴來自遙遠地區的進口商品，而且更能應付全球貿易中斷的突發狀況。聯合國貿易和發展會議（United Nations Conference on Trade and Development）考慮將製造業從亞洲移回歐美，改採更短、更分散的價值鏈，從設計、製造到配銷，都在單一國家或單一經濟單位內，讓附加價值更集中；瑞士再保險公司（Swiss Re）發布一份關於全球供應鏈的去風險化（de-risking）報告（重新平衡以增強彈性）；布魯金斯研究院（Brookings Institution）將先進製造業的回流視為創造良好就業機會的最佳方式。[99]

對全球化的質疑和批評已超越狹隘的意識形態論點，新冠肺炎大流行又額外提供了有力的論據，那就是國家在保護公民生命方面所扮演的主要角色，這種擔憂確實無可否認。當全球七〇％的橡膠手套是在同一家工廠生產，而且有七〇％或更高比例的其他個人防護裝備、主要藥物成分和常用藥物（抗生素、降血壓藥物），都是來自中國和印度極少數的供應商，此時各國政府的角色很難發揮。[100]這種依賴可能會讓經濟學家實現以最低單位成本製造出最多產品的夢想，但是這樣的管理就算稱不上刑事犯罪，也是非常不負責任，因為醫護人員必須在個人防護裝備短缺的情況下面對疫情，而那些依賴外國產品的國家，也不得不加入沮喪的競價行列，爭取有限的補給品。此外，世界各地的患者因亞洲工廠的作業延宕或關閉，而無法拿到處方藥物。

過度全球化造成的安全問題遠超出醫療保健產業。美國對中國大型變壓器進口增加，引發了對備用零件供應，以及未來電網不穩定的擔憂，而關於一些西方國家禁止華為參與5G網路的建設，這件事已議論紛紛，我就不必贅述。[101]製造業回流可能是歐美下一波浪潮，一點也不令人意外：二〇二〇年的一項調查顯示，六四%的美國製造商表示大流行過後可能會回流。[102]

這種情緒會持續下去嗎？正如我一直強調的，我不預測，因此，關於疫情前整體的全球化，或特別是製造業的回流程度，究竟是會持續還是倒退，我不提供任何具體數字，只是嘗試評估最有可能出現的結果會落在什麼範圍。儘管近年來，越來越多跡象顯示全球化在許多方面似乎不會再創新高，但到了二〇二〇年，這個想法變得非常普遍：我們可能已經看到了全球化浪潮的高峰，退潮的時間可能不只持續數年，甚至是數十年。

參考資料和注釋

1 關於 iPhone 的零件來源，請參考：“Here’s where all the components of your iPhone come from,” Business Insider, https://i.insider.com/570d5092dd089568298b4978; 真正的零件介紹請參考：“iPhone 11 Pro Max Teardown,” iFixit (September 2019), https://www.ifixit.com/Teardown/iPhone+11+Pro+Max+Teardown/126000.

2 二〇一八／二〇一九學年，有將近一百一十萬外國學生在美國大學和學院就讀，占學生總數的五．五％，為美國經濟貢獻了四四七億美元：Open Doors 2019 Data Release, https://opendoors-data.org/annual-release/.

3 只要看到主要的旅遊景點擠滿大批遊客的圖片，就可以理解新冠肺炎之前過度旅遊的慘況：請到搜尋引擎輸入「過度旅遊」，然後點「圖片」。

4 World Trade Organization, *Highlights of World Trade* (2019), https://www.wto.org/english/res_e/statis_e/wts2019_e/wts2019 chapter02_e.pdf.

5 World Bank, “Foreign direct investment, net inflows” (accessed 2020), https://data.worldbank.org/indicator/BX.KLT.DINV.CD.WD; A. Debnath and S. Barton, “Global currency trading surges to $6.6 trillion-a-day market,” GARP (September 2019), https://www.garp.org/#!/risk-intelligence/all/all/a1Z1W000003mKKPUA2.

6 V. Smil, “Data world: Racing toward yotta,” *IEEE Spectrum* (July 2019), p. 20. 關於這些數字表達的詳細資訊，請參考附錄。

7 Peterson Institute for International Economics, “What is globalization?” (accessed 2020), https://www.piie.com/microsites/globalization/what-is-globalization.

8 W. J. Clinton, *Public Papers of the Presidents of the United States: William J. Clinton, 2000–2001* (Best Books, 2000).

9 World Bank, “Foreign direct investment, net inflows.”

10 缺乏個人自由或嚴重貪污顯然並非大量外資投入的障礙。以滿分為一百來看，中國的自由度得分為十分，印度為七十一分（加拿大為九十八分），中國與印度的貪污感知指數（corruption perception index）一樣高達八十分，芬蘭為三分：Freedom House, “Countries and territories” (accessed 2020), https://freedomhouse.org/countries/freedom-world/scores; Transparency International, “Corruption perception index” (accessed 2020), https://www.transparency.org/en/cpi/2020/index/nzl.

11 G. Wu,“Ending poverty in China: What explains great poverty reduction and a simultaneous increase in inequality in rural areas?” World Bank Blogs (October 2016), https://blogs.worldbank.org/eastasiapacific/ending-poverty-in-china-what-explains-great-poverty-reduction-and-a-simultaneous-increase-in-inequality-in-rural-areas.

12 以下僅列出其中一小部分值得注意的參考文獻：J. E. Stieglitz, *Globalization and Its Discontents* (New York: W.W. Norton, 2003); G. Buckman, *Globalization: Tame It or Scrap It?: Mapping the Alternatives of the Anti-Globalization Movement* (London: Zed Books, 2004); M. Wolf, *Why Globalization Works* (New Haven, CT: Yale University Press, 2005); P. Marber, “Globalization and its contents,” *World Policy Journal* 21 (2004), pp. 29–37; J. Bhagvati, *In Defense of Globalization* (Oxford: Oxford University Press, 2007); J. Mi kiewicz and M. Ausloos, “Has the world economy reached its globalization limit?” *Physica A: Statistical Mechanics and its Applications* 389 (2009), pp. 797–806; L. J. Brahm, *The Anti-Globalization Breakfast Club: Manifesto for a Peaceful Revolution* (Chichester: John Wiley, 2009); D. Rodrik, *The Globalization Paradox: Democracy and the Future of the World Economy* (New York: W.W. Norton, 2011); R. Baldwin, *The Great Convergence: Information Technology and the New Globalization* (Cambridge, MA: Belknap Press, 2016).

13 J. Yellin et al., “New evidence on prehistoric trade routes: The obsidian evidence from Gilat, Israel,” *Journal of Field Archaeology* 23 (2013), pp. 361–368.

14 狄奧在《羅馬史》（*Romaika*）第六十八本第二十九章寫道：「然後他來到了海邊，了解到海洋的性質，看到一艘駛向印度的船，此時他說：『如果我還年輕，當然也應該跨海到印度。』因為他開始想到印度人，並對他們的事情感到好奇，他認為亞歷山大是個幸運的人。」

15 V. Smil, *Why America is Not a New Rome* (Cambridge, MA: MIT Press, 2008).

16 J. Keay, *The Honourable Company: A History of the English East India Company* (London: Macmillan, 1994); F. S. Gaastra, *The Dutch East India Company* (Zutpen: Walburg Press, 2007).

17 在山區搬運重物（五十一七十公斤）的搬運工，每天最多只能走九到十一公里；如果貨物重量較輕（三十五一四十公斤），每天最多可走二十四公里，跟由馬匹拉的大篷車距離相同：N. Kim, *Mountain Rivers, Mountain Roads: Transport in Southwest China, 1700–1850* (Leiden: Brill, 2020), p. 559.

18 J. R. Bruijn et al., *Dutch-Asiatic Shipping in the 17th and 18th Centuries* (The Hague: Martinus Nijho, 1987).

19 J. Lucassen, "A multinational and its labor force: The Dutch East India Company, 1595–1795," *International Labor and Working-Class History 66* (2004), pp. 12–39.

20 C. Mukerji, *From Graven Images: Patterns of Modern Materialism* (New York: Columbia University Press, 1983).

21 W. Franits, *Dutch Seventeenth-Century Genre Painting* (New Haven, CT: Yale University Press, 2004); D. Shawe-Taylor and Q. Buvelot, *Masters of the Everyday: Dutch Artists in the Age of Vermeer* (London: Royal Collection Trust, 2015).

22 W. Fock, "Semblance or Reality? The Domestic Interior in Seventeenth-Century Dutch Genre Painting," in M. Westermann, ed., *Art & Home: Dutch Interiors in the Age of Rembrandt* (Zwolle: Waanders, 2001), pp. 83–101.

23 J. de Vries, "Luxury in the Dutch Golden Age in theory and practice," in M. Berg and E. Eger, eds., *Luxury in the Eighteenth Century* (London: Palgrave Macmillan, 2003), pp. 41–56.

24 D. Hondius, "Black Africans in seventeenth century Amsterdam," *Renaissance and Reformation* 31 (2008), pp. 87–105; T. Moritake, "Netherlands and tea," World Green Tea Association (2020), http://www.o-cha.net/english/teacha/history/netherlands.html.

25 A. Maddison, "Dutch income in and from Indonesia 1700–1938," *Modern Asia Studies* 23 (1989), pp. 645–670.

26 R. T. Gould, *Marine Chronometer: Its History and Developments* (New York: ACC Art Books, 2013).

27 C. K. Harley, "British shipbuilding and merchant shipping: 1850–1890," *Journal of Economic History* 30/1 (1970), pp. 262–266.

28 R. Knauerhase, "The compound steam engine and productivity: Changes in the German merchant marine fleet, 1871–1887," *Journal of Economic History* 28/3 (1958), pp. 390–403.

29 C. L. Harley, "Steers afloat: The North Atlantic meat trade, liner predominance, and freight rates, 1870–1913," *Journal of Economic History* 68/4 (2008), pp. 1028–1058.

30 關於電報的歷史，請參考：F. B. Jewett, *100 Years of Electrical Communication in the United States* (New York: American Telephone and Telegraph, 1944); D. Hochfelder, *The Telegraph in America, 1832–1920* (Baltimore, MD: Johns Hopkins University Press, 2013); R. Wenzlhuemer, *Connecting the Nineteenth-Century World. The Telegraph and Globalization* (Cambridge: Cambridge University Press, 2012).

31 關於電話的早期歷史，請參考：H. N. Casson, *The History of the Telephone* (Chicago: A. C. McClurg & Company, 1910); E. Garcke, "Telephone," in *Encyclopaedia Britannica*, 11th edn, vol. 26 (Cambridge: Cambridge University Press, 1911), pp. 547–557.
32 Smil, *Creating the Twentieth Century*.
33 G. Federico and A. Tena-Junguito, "World trade, 1800–1938: a new synthesis," *Revista de Historia Económica / Journal of Iberian and Latin America Economic History* 37/1 (2019); CEPII, "Databases," http://www.cepii.fr/CEPII/en/bdd_modele/bdd.asp; M. J. Klasing and P. Milionis, "Quantifying the evolution of world trade, 1870–1949," *Journal of International Economics* 92/1 (2014), pp. 185–197. 關於「蒸汽全球化」的歷史，請參考： J. Darwin, *Unlocking the World: Port Cities and Globalization in the Age of Steam, 1830–1930* (London: Allen Lane, 2020).
34 US Department of Homeland Security, "Total immigrants by decade," http://teacher.scholastic.com/activities/immigration/ pdfs/by_decade/decade_line_chart.pdf.
35 關於十九世紀旅遊業的興起，請參考：P. Smith, *The History of Tourism: Thomas Cook and the Origins of Leisure Travel* (London: Psychology Press, 1998); E. Zuelow, *A History of Modern Tourism* (London: Red Globe Press, 2015).
36 列寧於一九〇〇年七月到一九〇五年十一月，以及一九〇七年十二月到一九一七年四月，在西歐（法國、瑞士、英國、德國和比利時）和當時的加利西亞（Austrian Poland）生活和旅行：R. Service, *Lenin: A Biography* (Cambridge, MA: Belknap Press, 2002).
37 Smil, *Prime Movers of Globalization*.
38 F. Oppel, ed., *Early Flight* (Secaucus, NJ: Castle, 1987); B. Gunston, *Aviation: The First 100 Years* (Hauppauge, NY: Barron's, 2002).
39 M. Raboy, *Marconi: The Man Who Networked the World* (Oxford: Oxford University Press, 2018); H. G. J. Aitkin, *The Continuous Wave: Technology and the American Radio, 1900–1932* (Princeton, NJ: Princeton University Press, 1985).
40 Smil, *Prime Movers of Globalization*.
41 J. J. Bogert, "The new oil engines," *The New York Times* (September 26, 1912), p. 4.
42 E. Davies et al., *Douglas DC-3: 60 Years and Counting* (Elk Grove, CA: Aero Vintage Books, 1995); M. D. Klaás, *Last of the Flying Clippers* (Atglen, PA: Schiffer Publishing, 1998); "Pan Am across the Pacific," Pan Am Clipper Flying Boats (2009), https://www.clipperflyingboats.com/transpacific-airline-service.
43 M. Novak, "What international air travel was like in the 1930s," Gizmodo (2013), https://paleofuture.gizmodo.com/what-international-air-travel-was-like-in-the-1930s-1471258414.
44 J. Newman, "Titanic: Wireless distress messages sent and received April 14–15, 1912," Great Ships (2012), https://greatships.net/distress.
45 A. K. Johnston et al., *Time and Navigation* (Washington, DC: Smithsonian Books, 2015).
46 關於新設備普及率圖表，請參考：D. Thompson, "The 100-year march of technology in 1 graph," *The Atlantic* (April 2012), https://www.theatlantic.com/technology/archive/2012/04/the-100-year-march-of-technology-in-1-graph/255573/.
47 V. Smil, *Made in the USA: The Rise and Retreat of American Manufacturing* (Cambridge, MA: MIT Press, 2013).
48 S. Okita, "Japan's Economy and the Korean War," *Far Eastern Survey* 20 (1951), pp. 141–144.
49 鋼鐵、水泥和氨（氮）產量的歷史統計資料（各國和全球），請參考：US Geological

Survey, "Commodity statistics and information," https://www.usgs.gov/centers/nmic/commodity-statistics-and-information. 塑膠產量請參考：R. Geyer et al., "Production, use, and fate of all plastics ever made," *Science Advances* 3/7 (2017), e1700782.

50 R. Solly, *Tanker: The History and Development of Crude Oil Tankers* (Barnsley: Chatham Publishing, 2007).

51 United Nations, *World Energy Supplies in Selected Years 1929–1950* (New York: UN, 1952); British Petroleum, *Statistical Review of World Energy*.

52 P. G. Noble, "A short history of LNG shipping, 1959–2009," SNAME (2009).

53 M. Levinson, *The Box* (Princeton, NJ: Princeton University Press, 2006); Smil, *Prime Movers of Globalization*.

54 關於美國汽車市場的進口車市占率增加，底特律汽車的市占率下滑，請參考：Smil, *Made in the USA*.

55 德國的曼集團（MAN，全名為奥格斯堡—紐倫堡機械工廠股份公司〔Maschinenfabrik-Augsburg-Nürnberg〕）帶動二戰後柴油引擎的技術進步，但目前最大的機器是由芬蘭瓦錫蘭（Wärtsilä）動力系統公司設計，在亞洲（日本、南韓、中國）製造：https://www.wartsila.com/marine/build/engines-and-generating- sets/diesel-engines (accessed 2020).

56 Smil, *Prime Movers of Globalization*, pp. 79–108.

57 G. M. Simons, *Comet! The World's First Jet Airliner* (Philadelphia: Casemate, 2019).

58 E. E. Bauer, *Boeing: The First Century* (Enumclaw, WA: TABA Publishers, 2000); A. Pelletier, *Boeing: The Complete Story* (Sparkford: Haynes Publishing, 2010).

59 歷史上出版 747 的書籍比其他民航客機更多。J. Sutter and J. Spenser, *747: Creating the World's First Jumbo Jet and Other Adventures from a Life in Aviation* (Washington, DC: Smithsonian, 2006). 如果想深入了解，請參考：C. Wood, *Boeing 747 Owners' Workshop Manual* (London: Zenith Press, 2012).

60 "JT9D Engine," Pratt & Whitney (accessed 2020), https:// prattwhitney.com/products-and-services/products/commercial-engines/jt9d. 關於渦輪風扇的細節，請參考：N. Cumpsty, *Jet Propulsion* (Cambridge: Cambridge University Press, 2003); A. Linke-Diesinger, *Systems of Commercial Turbofan Engines* (Berlin: Springer, 2008).

61 E. Lacitis, "50 years ago, the first 747 took off and changed aviation," *The Seattle Times* (February 2019).

62 S. McCartney, *ENIAC* (New York: Walker & Company, 1999).

63 T. R. Reid, *The Chip* (New York: Random House, 2001); C. Lécuyer and D. C. Brock, *Makers of the Microchip* (Cambridge: MIT Press, 2010).

64 "The story of the Intel 4044," Intel (accessed 2020), https://www. intel.com/content/www/us/en/history/museum-story-of-intel-4004.html.

65 World Bank, "Export of goods and services (percentage of GDP)" (accessed 2020), https://data.worldbank.org/indicator/ne.exp.gnfs.zs.

66 United Nations, *World Economic Survey, 1975* (New York: UN, 1976).

67 S. A. Camarota, *Immigrants in the United States, 2000* (Center for Immigration Studies, 2001), https://cis.org/Report/Immigrants-United-States-2000.

68 P. Nolan, *China and the Global Business Revolution* (London: Palgrave, 2001); L. Brandt et al., eds., *China's Great Transformation* (Cambridge: Cambridge University Press, 2008).

69 S. Kotkin, *Armageddon Averted: The Soviet Collapse*, 1970–2000 (Oxford: Oxford University Press, 2008).

70 C. VanGrasstek, *The History and Future of the World Trade Organization* (Geneva: WTO, 2013).

71 World Bank, “GDP per capita growth (annual percent)—India” (accessed 2020), https://data.worldbank.org/indicator/NY.GDP. PCAP.KD.ZG?locations=IN.

72 World Trade Organization, *World Trade Statistical Review 2019* (Geneva: WTO, 2019), https://www.wto.org/english/res_e/ statis_e/wts2019_e/wts2019_e.pdf.

73 World Bank, “Trade share (percent of GDP)” (accessed 2020), https://data.worldbank.org/indicator/ne.trd.gnfs.zs.

74 World Bank, “Foreign direct investment, net outflows (percent of GDP)” (accessed 2020), https://data.worldbank.org/indicator/BM.KLT.DINV.WD.GD.ZS.

75 S. Shulgin et al., “Measuring globalization: Network approach to countries’ global connectivity rates and their evolution in time,” *Social Evolution & History* 18/1 (2019), pp. 127–138.

76 United Nations Conference on Trade and Development, *Review of Maritime Transport, 1975* (New York: UNCTAD, 1977); *Review of Maritime Transport, 2019* (New York: UNCTAD, 2020); *50 Years of Review of Maritime Transport, 1968–2018* (New York: UNCTAD, 2018).

77 Maersk, “About our group,” https://web.archive.org/web/200710 12231026/http://about.maersk.com/en; Mediterranean Shipping Company, “Gülsün Class Ships” (accessed 2020), https://www.msc.com/tha/about-us/new-ships.

78 International Air Transport Association, *World Air Transport Statistics* (Montreal: IATA, 2019)，以及這份刊物過去幾年的出版品。

79 World Tourism Organization, “Tourism statistics” (accessed 2020), https://www.e-unwto.org/toc/unwtotfb/current.

80 K. Koens et al., *Overtourism? Understanding and Managing Urban Tourism Growth beyond Perceptions* (Madrid: World Tourism Organization, 2018).

81 G. E. Moore, “Cramming more components onto integrated circuits,” *Electronics 38/8* (1965), pp. 114–117; “Progress in digital integrated electronics,” *Technical Digest, IEEE International Electron Devices Meeting* (1975), pp. 11–13; “No exponential is forever: but ‘Forever’ can be delayed!”, paper presented at Solid-State Circuits Conference, San Francisco (2003); Intel, “Moore’s law and Intel innovation” (accessed 2020), http://www.intel.com/content/www/us/en/history/museum-gordon-moore-law.html.

82 C. Tung et al., *ULSI Semiconductor Technology Atlas* (Hoboken, NJ: Wiley-Interscience, 2003).

83 J. V. der Spiegel, “ENIAC-on-a-chip,” Moore School of Electrical Engineering (1995), https://www.seas.upenn.edu/~jan/eniacproj.html.

84 H. Mujtaba, “AMD 2nd gen EPYC Rome processors feature a gargantuan 39.54 billion transistors, IO die pictured in detail,” WCCF Tech (October 2019), https://wccftech.com/amd-2nd-gen-epyc-rome-iod-ccd-chipshots-39-billion- transistors/.

85 P. E. Ceruzzi, *GPS* (Cambridge, MA: MIT Press, 2018); A. K. Johnston et al., *Time and Navigation* (Washington, DC: Smithsonian Books, 2015).

86 MarineTraffic, https://www.marinetraffic.com.

87 Flightradar24, https://www.flightradar24.com; Flight Aware, https://flightaware.com/live/.

88 例如，從法蘭克福（法蘭克福國際機場〔FRA〕）到芝加哥（歐海爾國際機場〔ORD〕）的正常飛行路徑（沿大圓航線），會經過格陵蘭島最南端以南（請參考：Great Circle Mapper, http:// www.gcmap.com/mapui?P=FRA-ORD），但是當一股強烈的高速氣流進入，飛行軌跡會向北移動，飛過島上的冰川。

89 最近最著名的航班取消，是由於冰島的埃亞菲亞德拉冰蓋（Eyjaallajökull）火山在二〇一〇年的四月和五月噴發：BGS Research, “Eyjaallajökull eruption, Iceland,” British Geological Survey (accessed 2020), https://www.bgs.ac.uk/research/volcanoes/icelandic_ash.html.

90 M. J. Klasing and P. Milionis, “Quantifying the evolution of world trade, 1870–1949,” *Journal of International Economics* 92 (2014), pp. 185–197.

91 關於糧食自給率地圖的資訊，請參考：Food and Agriculture Organization, “Food self-sufficiency and international trade: a false dichotomy?” in *The State of Agricultural Markets IN DEPTH 2015–16* (Rome: FAO, 2016), http://www.fao.org/3/a- i5222e.pdf.

92 網路非常方便，推薦了一生必訪的十個、十三個、二十個、二十三個、五十個、一百個景點清單，只需搜尋「一生必訪景點清單」（Bucket list places to visit）即可。

93 美國和歐盟在全球製造業的比重下降資料，請參考：M. Levinson, *U.S. Manufacturing in International Perspective* (Congressional Research Service, 2018), https://fas.org/sgp/crs/misc/R42135.pdf; and R. Marschinski and D. Martínez- Turégano, “The EU’s shrinking share in global manufacturing: a value chain decomposition analysis,” *National Institute Economic Review* 252 (2020), R19–R32.

94 儘管加拿大與中國長期存在著巨額的貿易逆差，但二〇一九年還是向中國進口了價值將近五億美元的紙張、紙板和紙漿——而加拿大的人均天然再生林面積約為中國的九十倍：FAO, *Global Forest Resources Assessment 2020*, http://www.fao.org/3/ca9825en/CA9825EN.pdf.

95 A. Case and A. Deaton, *Deaths of Despair and the Future of Capitalism* (Princeton, NJ: Princeton University Press, 2020).

96 S. Lund et al., *Globalization in Transition: The Future of Trade and Value Chains* (Washington, DC: McKinsey Global Institute, 2019).

97 OECD, *Trade Policy Implications of Global Value Chains* (Paris: OECD, 2020).

98 A. Ashby, “From global to local: reshoring for sustainability,” *Operations Management Research* 9/3–4 (2016), pp. 75–88; O. Butzbach et al., “Manufacturing discontent: National institutions, multinational firm strategies, and anti-globalization backlash in advanced economies,” *Global Strategy Journal* 10 (2019), pp. 67–93.

99 OECD, “COVID-19 and global value chains: Policy options to build more resilient production networks” (June 2020); UNCTAD, *World Investment Report 2020* (New York: UNCTAD, 2020); Swiss Re Institute, “De-risking global supply chains: Rebalancing to strengthen resilience,” *Sigma 6* (2020); A. Fish and H. Spillane, “Reshoring advanced manufacturing supply chains to generate good jobs,” Brookings (July 2020), https:// www.brookings.edu/research/reshoring-advanced-manufacturing-supply-chains-to- generate-good-jobs/.

100 V. Smil, “History and risk,” *Inference* 5/1 (April 2020). 新冠肺炎爆發六個月後，美國醫院裡的個人防護裝備仍嚴重不足：D. Cohen, “Why a PPE shortage still plagues America and what we need to do about it,” CNBC (August 2020), https://www.cnbc.com/2020/08/22/coronavirus-why-a-ppe-shortage-still-plagues-the- us.html.

101 P. Haddad, “Growing Chinese transformer exports cause concern in U.S.,” Power Transformer News (May 2019), https://www. powertransformernews.com/2019/05/02/growing-chinese-transformer-exports-cause- concern-in-u-s/.

102 N. Stonnington, “Why reshoring U.S. manufacturing could be the wave of the future,” *Forbes* (September 9, 2020); M. Leonard, “64 percent of manufacturers say reshoring is likely following pandemic: survey,” Supply Chain Dive (May 2020), https://www.supplychaindive.com/news/manufacturing-reshoring- pandemic-thomas/577971/.

第五章　了解風險

從病毒、飲食到意外

有一種全面而簡單的方法，可以描述現代文明的進步，那就是將降低風險發生的機率視為一連串的任務，看看我們這些複雜脆弱的有機體，是否能在充滿危險的世界中生存。前面的章節記錄了我們豐碩的成果，例如作物產量增加，改善了食物供給、降低種植成本、減少營養不良和發育遲緩的風險，以及因營養不足引起的兒童疾病。最值得注意的是，擴大食物生產、廣泛的食物貿易，再加上緊急食物援助，消除了長期以來反覆發生的饑荒。[1]

更好的住宅（更多空間、自來水和熱水、中央暖氣系統）、更好的衛生（最重要的改善措施是更常使用肥皂洗手）、更好的公衛措施（從大規模疫苗接種到食品安全監督），使得家庭舒適度提高，降低因為汙水傳播感染的風險，減少經食物傳染的病原體發生的頻率，而且大幅消除柴爐燃燒時造成一氧化碳中毒的危險。[2]各種工程進步和公共安全措施減少工業和交通事故，而且多虧改良後的汽車設計和保護功能（防擦撞保險桿可防車身側面碰撞，安全帶、安全氣囊、適合駕駛人視線角度的煞車燈，以及越來越多的自動煞車和車道偏離警示系統），才能降低碰撞和嚴重傷害的風險，否則因車禍致命的人數會更多（現在每年死亡人數超過一百二十萬）。[3]

國際條約制定了清楚透明的規則，提高可靠性和安全性（例如降低進口汙染貨物的風險），而且令人遺憾的事件能夠訴諸法律行動（例如追捕將孩子綁架到另一個國家的家長）。[4]儘管媒體的大肆報導讓人印象深刻，其實數十年來，全球暴力衝突的頻率和傷亡人數持續下降。[5]但由於我們身體的複雜度高，大自然的力量強大又不可預測，而且在設計和操作複雜的機器時，不可能完全根除所有的人為疏失，因此，在現代世界中依然存在著大量的風險，這就不會讓人覺得意外了。

即使是沒有透過各種管道了解相關知識的人，也經常會接觸到媒體報導的天災人禍，以及飲食、疾病和日常活動中的風險。天災人禍的範圍，從可怕的恐怖攻擊到各式各樣的化學恐懼症（從食物中殘留的農藥到玩具或地毯中的致癌物），還有從隱藏在牆壁和嬰兒爽身粉裡的石棉，到人為破壞的全球暖化現象。[6]媒體報導絕不會錯過任何自然災害的消息，包括颶風、龍捲風、洪水、乾旱和蝗蟲，內容還夾雜著一直以來對癌症無法治癒和病毒不可預測的擔憂，而近年來對於冠狀病毒（SARS-CoV-1）和伊波拉（Ebola）病毒的焦慮，充其量只是以溫和的方式，預演了新冠病毒大流行帶來的痛苦。[7]

下方的清單可以很輕易地繼續延伸：狂牛症（牛海綿狀腦病〔bovine spongiform encephalopathy〕）、沙門氏菌或大腸桿菌、接觸醫院裡的微生物（院內感染）、手機的非游離輻射（non-ionizing radiation）、網路安全和資料遭竊、人工智慧設計或基因工程生物失控、核子飛彈意外發射，以及一顆四處遊蕩、未被觀察到的小行星撞擊地球。看了清單後可以輕易得出一個結論，就是我們現在面臨的風險比以往更多——或是正好相反，也許是持續（和誇大）報導這類事件或可能的情況，會讓我們更加意識到風險的存在，對於風險適當的認知，反而會提供一些令人心安的觀點。這就是我在本章中要談的事，的確，世界充滿了常見或偶發的風險，但也充斥著錯誤的認知和不合理的風險評估。造成這些誤解和誤判的原因很多，風險分析人員已經針對風險的來源、流行程度和持久時間，發表了發人深省的研究結果。[8]

但是在進入分析、量化、比較人為和自然風險之前，先讓我們從最基本的開始——我們應該吃什麼來延年益壽？由於現代飲食提出各種正面和反面的建議，這個問題可說是真正的地雷區，因此似乎不可能回答，或至少是非常難回答。從毫無節制的肉食主義一直到純素主義，每種飲食都有優缺點，我將如何權衡孰優孰劣？肉食主義是受到廣為宣傳的舊石器時代飲食，超過三分之一的食物能量來自於肉類蛋白質；純素主義是連一微克（百萬分之一公克）的動物成分也不吃，甚至不穿皮鞋、羊毛針織上衣或絲質襯衫。肉食主義的訴求是回溯我們遙遠的演化根源；純素主義則提供了最可靠的途徑，可以保護長期生存的生物圈，因為植物對環境只會施加最溫和的壓力，這一點與具有破壞力的馴化動物截然不同。[9]

我研究風險最小的飲食型態（那些與預期壽命可達八十歲以上的相關飲食），所用的方法是忽略所有媒體上不可信的飲食建議，而可能更讓人驚訝的是，也會忽略科學期刊上發表的大量文章，特別是那些短期或長期追蹤不同體型和年齡的群體，他們的飲食、疾病與長壽之間的關連，因為這種研究主要是依賴參與者回想自己過去吃的所有食物。我也將忽略這類研究計畫整合分析後的結果，因為光是列出這些一九五〇年以後發表的文章（從檢查冠狀動脈心臟病、飽和脂肪以及膽固醇，一直到吃肉和喝牛奶的風險），內容就足以填滿一本小書，此外，這些調查當中，有一部分是專門憑藉人們不可靠的記憶（我敢打賭你不記得上週吃了什麼，或至少沒辦法精確描述），再加上詳細說明其他方法論或分析的缺點，導致這個領域飽受結論無效的批評。[10]

難怪我們大多數人會覺得應該吃什麼是一大難題。這些研究以及針對這些研究整合分析後的結果，一直都不一致，也不明確，新的研究往往會推翻之前的結論。[11]有沒有更好

的方法能解決這些世代相傳延續至今的飲食難題？其實很簡單，我們可以看看哪一群人的壽命最長，以及他們的飲食是什麼。

仿效京都人或巴塞隆納人的飲食

自一九八〇年代初期以來，在全球兩百多個國家和地區中，日本人的平均壽命最長，當時的男女平均預期壽命超過七十七歲，[12]隨後更進一步增加，到二〇二〇年，日本出生時的預期壽命約為八十四．六歲。在所有社會中，女性的壽命都比較長，日本女性在二〇二〇年的預期壽命約為八十七．七歲，位居第二的是西班牙，八十六．二歲。影響平均壽命長短的因素，包括複雜且相互作用的遺傳基因、生活方式和營養，不太可能光從飲食就看出會影響到什麼程度，但是如果一個國家的飲食有其獨特之處，顯然就值得仔細研究。

日本的食物消費是不是真的有什麼特別之處，足以解釋這種飲食成為國家創下長壽紀錄的幕後功臣呢？日本人吃的主要食物中所含有的傳統成分，跟鄰近亞洲國家大量食用或飲用的成分差異不大，中國人和日本人吃的稻米種類雖然不同，但都是同一種稻米的亞種

（粳稻〔Oryza sativa japonica〕），而且一樣營養。中國人傳統上是用硫酸鈣（石膏）作為豆腐的凝固劑，而日本是用硫酸鎂（鹽滷）讓豆腐呈凝膠狀，但是磨碎後的豆類穀物同樣富含蛋白質。中國綠茶是部分發酵，與未發酵的日本茶不同，不過這些並不是營養上的差別，只是外觀、顏色和味道的問題。

在過去一百五十年裡，日本的飲食經歷了巨大的轉變。在一九〇〇年以前，大多數人的傳統飲食不足以支撐人口的成長潛力，導致男性和女性的身材矮小；原本在二戰前改善的速度緩慢，但一九四五年戰敗後，克服了食物短缺的問題，改善的步伐就加快了。[13]牛奶的消費量開始增加，最初是在學校午餐提供以防止營養不良，還有白米的量也變多，接著日本建立了全球最大的捕魚（和捕鯨）船隊，海鮮供應量迅速增加；肉類成為日本常見的菜餚，在這種傳統的非烘焙文化中，許多烘焙食品成為人們的最愛。更高的收入再加上食物混合更多的口味，也促使血液中的膽固醇、血壓和體重平均增加，然而心臟病沒有跟著增加，壽命也變長了。[14]

最新公布的調查顯示，日本和美國每天消費的食物能量總數，兩國接近的程度令人驚訝。二〇一五年到二〇一六年，美國男性消費的食物能量只比日本男性多一一%，而美國女性在二〇一七年，每天消費的食物能量甚至不超過日本女性的四％。兩國在碳水化合物總量（日本領先不到一〇％）和蛋白質消費量（美國人領先不到一四％）方面稍微不同，這兩國都遠高於所需的蛋白質最低標準。但在平均脂肪攝取量方面有著極大的差距，美國男性的攝取量比日本多四五％，女性則多出三〇％。最大的差異是糖分的攝取量：美國成年人的糖分攝取量高出約七〇％，根據年均差異重新計算，最近美國人每年比日本一般成人多消耗約八公斤的脂肪和十六公斤的糖。[15]

食物的成分內容隨手可得，而且網路上的烹飪說明和食譜很容易取得，代表你也可以將過早死亡的風險降到最低，開始吃日式料理，無論是日本的傳統美食——和食，還是改良式的外國餐點（維也納炸肉排看起來像是預先切片的日式豬排；咖哩和米飯變成了濃稠的咖哩飯），[16]但在你開始早餐喝味噌湯、午餐吃冷冷的日式飯糰（用海苔包著的球狀米飯）、晚餐吃壽喜燒（燉煮的肉和蔬菜）之前，可以先參考第二個意見：最好的歐洲飲食和長壽模式是什麼？

西班牙女性是世界預期壽命紀錄的亞軍，該國遵循傳統所謂的地中海飲食，大量攝取蔬菜、水果和全穀類食物，搭配豆類、堅果、種子和橄欖油。但隨著西班牙人平均收入增加，快速改變了這些習慣，而且幅度驚人。[17]直到一九五〇年代後期，在佛朗哥（Franco）領導下的西班牙一貧如洗，飲食仍非常節儉。典型的食物是以澱粉（每年人均消費的穀物和馬鈴薯加起來約兩百五十公斤）和蔬菜為主；人均肉類供應量（屠體重量）維持在二十公斤以下，實際消費量不到十二公斤（其中綿羊肉和山羊肉占三分之一）；橄欖油是最重要的植物油（每年約十公升）；跟其他食品相比，只有糖的消費量（一九六〇年約為十六公斤）較高。

西班牙於一九八六年加入歐盟後，飲食變化開始加速，到二〇〇〇年已成為歐洲大量吃肉的國家（人均供應量增加為五倍多，每年略高於一百一十公斤）。隨後比例小幅下降，二〇二〇年人均供應量約為一百公斤（屠體重量），但仍然是日本平均值的兩倍！此外，鮮肉中添加了乳製品和乳酪，以及種類眾多的大量火腿（以鹽醃製和長時間風乾的火腿），難怪西班牙的動物脂肪供應量是日本人的四倍。[18]西班牙人現在的植物油消費量幾乎是日本人的兩倍，但是他們橄欖油的消費量比一九六〇年約少了二五%。

更高的收入只增加了原本傳統上對含糖食品的偏愛，最主要的改變是引進碳酸飲料：自一九六〇年以來，人均糖分消費量增加為兩倍，現在比日本多出約四〇%。在此同時，西班牙的葡萄酒飲用量一直不斷下降，一九六〇年，每人平均飲用約四十五公升，到了二〇二〇年只剩十一公升，啤酒已成為該國目前為止消費量最大的酒精飲料。西班牙現在的飲食方式與日本大不相同——可以確定的是（歐洲大陸裡吃最多肉的國家），這種飲食型態與節儉、近乎素食和長壽的地中海飲食傳奇不太相符。

但是，儘管飲食中加入更多的肉類、脂肪和糖分（甚至快速放棄飲用，據說可以保護心臟的葡萄酒），西班牙的心血管死亡率一直下降，預期壽命持續上升。從一九六〇年以來，西班牙心血管疾病死亡率下降的速度比其他富裕經濟體更快，到了二〇一一年，比平均值低了約三分之一；西班牙人的預期壽命自一九六〇年以來增加了至少十三歲，從七十歲提高到二〇二〇年的八十三歲以上，[19]只比日本少一歲：而為了多活這一年（可能會花在身體或心理上的退化，或兩者都有），值得你以豆腐代替一半的肉嗎？

想想你可能會錯過什麼：那些像紙一樣薄的伊比利亞火腿（*jamón ibérico*）；那隻烤豬（即使不像位於馬德里的波丁餐廳〔Sobrino de Botín〕烤出來的那麼美味，這家享負盛名的餐廳距離主廣場〔Plaza Mayor〕以南幾步之遙，已經開了將近三百年）；那道煮熟的加利西亞式章魚料理〔（*polpo gallego*），用馬鈴薯、橄欖油和紅甜椒粉燉煮的章魚〕。

這些確實是為了生存所需而做的決定——但結論相當清楚。如果我們光靠日常飲食（就算飲食再怎麼重要，如果從遺傳基因和周圍環境整體來看，飲食也只不過是其中一個要素）來判斷一個人是否長壽（伴隨著健康和積極的生活），那麼日本人的飲食稍微具有優勢，可是西班牙瓦倫西亞（Valencia）的飲食，結果也只差了一點點。

這是個非常重要但相對簡單的風險評估：這個選擇是以可信的數據為基礎，可以作為未來幾十年飲食的依據。其他的風險評估就比較棘手，使用的指標可能不像壽命那麼簡單，特定活動的風險隨著時間而不同（整體而言，目前在美國開車通常比半個世紀前安全得多，但是你開了五十年之後，駕駛技術可能會退步，這時你對自己和他人會構成較大的風險）。如果想知道搭飛機跨國旅行是否比高山滑雪的風險更大，就必須有一個相當準確的比較標準。此外，要如何比較在不同國家內所經歷的風險——例如在美國開車、在阿爾卑斯山徒步旅行時被閃電擊中、在日本死於地震？事實證明，我們可以對這些風險做一些非常準確的比較評估。

風險認知和容忍度

一九六九年，昌西．史達爾（Chauncey Starr）率先提出風險分析，他當時擔任加州大學洛杉磯分校（University of California in Los Angeles）的工程與應用科學學院院長，強調自願和非自願的風險容忍度有著明顯的差異。[20]如果人們認為自己能控制（這種看法也許是錯的，但這是基於過往的經驗，因此相信自己可以評估可能出現的結果），就會去從事一些像是不用繩索攀登垂直岩壁、跳傘、鬥牛等活動，而若是跟西方大都市發生的恐怖攻擊等可怕的非自願事件相比，這些自願活動導致嚴重受傷或死亡的風險可能高出了一千倍。而且大多數人覺得如果是每天一再從事的活動，風險暫時大幅增加也沒關係：全球每天有數億人開車（許多人顯然喜歡這樣做），更多的吸煙者甚至可以容忍更高的風險[21]——在一些富裕國家，幾十年來的宣導已經減少了吸煙者的人數，但全球吸煙人數至少還有十億人。

在某些情況下，容忍自願風險以及想避開認知錯誤的非自願風險，兩者間的界線變得非常奇怪，像是歐美國家的家長拒絕讓孩子接種疫苗（自願讓孩子暴露在本來可以預防的多種疾病風險中），因為他們認為政府基於保護孩子所定的要求（非自願強加），具有不可接受的風險——這些家長這麼做的原因，是因為一再出現可疑的「證據」（最常聽到的是接種疫苗會引發更多的自閉症），或是傳說中的危險（植入微晶片）。[22]而新冠病毒大流行將這些非理性的恐懼推升到新的層級，人類若要結束大流行，最好是大規模接種疫苗，但早在第一批疫苗獲准分發之前，很多人在接受民意調查時就說不會接種疫苗。[23]

對核能發電的普遍恐懼，也是另一個誤解風險的絕佳例子。許多人會吸煙、開車、暴飲暴食，但對於住在核電廠附近則持保留態度，儘管這種發電方式已經防止了因燃燒化石燃料而產生的大量空汙相關死亡案例（到二〇二〇年，全球將近五分之三的電力來自化石燃料，只有一〇%是來自核分裂），但民調顯示，人們對這種發電方式仍普遍不信任。即使是把兩起重大核災（一九八五年的車諾比和二〇一一年的福島）估算出來的所有潛在死亡人數包含在內，也不會逆轉核能發電和化石燃料發電的整體風險比較結果。[24]

在比較法國和德國時，也許最能看出兩國對核能風險的認知差異有多驚人。自一九八〇年代以來，法國七〇%以上的電力來自核分裂，將近六十個反應爐分散在該國的景觀中，從許多法國河流中獲取冷卻水，包括塞納河、萊茵河、加龍河和盧瓦爾河。[25]然而法國的長壽人口（在歐盟內僅次於西班牙）最能證明這些核電廠顯然不會導致健康不良或過早死亡。但在萊茵河對岸，不只德國綠黨（German Green）認為核能是一項打開地獄之門的發明，必須盡快消除，就連社會大眾多半也都抱持這種想法。[26]

這就是為什麼有許多研究人員認為，沒有所謂的「客觀風險」有待計算，因為我們對風險的認知本質上就很主觀，會取決於我們對特定危險的理解（熟悉的風險與新的風險）以及文化環境。[27]在他們心理測量的研究中表示，特定的危害有著高度相關的獨特模式：非自願風險通常是來自於恐懼新的、無法控制的、未知的危險；自願風險的危害更有可能被視為是可控制的，而且為科學所知。大家普遍認為核能發電不安全，但可以接受X光的風險。

恐懼感在風險感知中扮演著重要的角色，恐怖攻擊的例子也許最能說明這種不同程度的容忍度，因為恐懼占上風，逐退了原本基於明確證據就可輕易做出的理性評估。由於恐怖攻擊的時間、地點和規模不可預測，因此在恐懼的心理測量尺度上排在前面，而新聞頻道裡全天候的播報員以極度誇大不實的分析，大量利用這些恐懼：在過去二十年裡，他們對一切事情都加以揣測，包括手提箱大小的核彈在曼哈頓中區被引爆、在供應大都市飲用水的水庫下毒、噴灑致命的人工改造病毒。

與這類可怕的攻擊相比，開車的風險多半是自願的，高度重複，而且非常熟悉，絕大多數（超過九〇%的事故）的致命碰撞，多是涉及一個人的意外死亡。結果，社會容忍全球每年超過一百二十萬的死亡人數，如果這樣的事故一再出現在工廠，或是大都市裡面或附近的結構（橋梁、建築物）倒塌，他們絕不會接受，其實這類災難每年總死亡人數已少了一個數量級——「減至」幾十萬人死亡。[28]

有一個事實最能說明每個人的風險容忍度天差地遠，許多人（自願且一再）參與的活動，在其他人眼中可能不只是太冒險，而且已歸類為想要尋死。低空的定點（固定地方）跳傘是此類活動的一個好例子，因為稍微晚一點打開降落傘就可能會喪命，自由落體般的身體在幾秒內可達到致命的速度。[29]而有些人抱持著宿命論的信念，為承擔風險這件事辯護說：疾病或事故是命中注定的，無法避免，因此，想透過適當的個人行為來加強自己的健康或預防事故毫無意義。[30]

宿命論的人低估風險的另一個理由是，可以省去分析風險並得出實際結論的麻煩，因為他們覺得完全無法應付風險。[31]有些研究特別深入分析交通宿命論者，認為抱持宿命論的司機因為低估了危險的駕駛情況，所以不太會去練習防衛駕駛（defensive driving，不分心、

保持安全距離、不超速）或約束孩子繫上安全帶，遇上交通事故也不會呈報。令人擔憂的是，一些國家的研究發現，有很多計程車司機抱持著交通宿命論，很多小型巴士的司機也是。[32]

我們幾乎無法將定點跳傘說成是規避風險行為的典範，或是去說服計程車司機說交通事故並非命中注定。不過，無論是日常生活中的風險，還是極其罕見但可能致命的風險，我們都可以利用對風險的最佳了解來量化後果，進而比較風險帶來的影響。然而，這件事並不容易，因為我們要處理各式各樣的事件和過程，此外，也沒有完美的衡量標準，而且有些風險對數十億人來說，每天都可能會發生，但也有些極為罕見的風險，可能百年、千年、甚至一萬年才出現一次，卻會對全球造成災難性的後果，這兩者也沒有通用的準則可用來比較。無論如何，這就是我試著要做的事。

量化日常生活中的風險

對老年人來說，早上還沒睡醒，危險甚至就已經開始：在黑夜過渡到天亮這段時間，心臟病（急性心肌梗塞）發作更常見，也更嚴重。[33]老年人起床時，最常見的受傷方式是跌倒，在美國，每年有數百萬人意外跌倒，造成瘀青或骨折，釀成至少三萬六千人死亡，且多半集中在七十歲以上的老人，而且不是在上下樓梯時發生，是失去平衡或被地毯邊緣絆倒。[34]一旦走到廚房，接著要面臨跟食物相關的風險，像是蛋沒煮熟會有沙門氏菌，或是茶裡面殘留的農藥（雖然是微量，但對於飲用非有機茶的人來說，每天都會接觸）[35]。

早上開車可能是在結冰的馬路上，或是碰上一個吸毒的司機闖紅燈；你的辦公室牆壁可能內藏著老舊的石棉絕緣材料，常出問題的空調可能會傳播退伍軍人菌（*Legionella* bacteria）；同事可能會讓你感染季節性流感（例如發生在二〇二〇－二〇二一、二〇〇九、一九六八和一九五七年的流感）或是一種新的大流行病毒；你在吃宣稱不含堅果的巧克力棒時，可能會吃到不小心加入的堅果而產生嚴重過敏反應；如果碰上德州或俄克拉荷馬州的龍捲風季節，下班回來可能會看到你的家變成一堆瓦礫；如果是住在巴爾的摩，無法不擔心這座城市的凶殺案比率，因為此地比以黑幫聞名的洛杉磯還高出一個數量級；[36]由於幾乎沒有任何學名藥（Generic Drugs）是在美國國內生產（主要來自中國和印度），藥局可能不會給你完整的處方藥，因為有一批受汙染的藥物在配送時遭到撤回。[37]

關於特定年齡和性別的死亡率詳細數據顯示，隨著人們年齡增加，罹患致命疾病的原因（以及由此而生的擔憂）會有所不同。最新統計數據顯示，英格蘭和威爾斯的男性，從五十歲起到將近八十歲，是以心臟病為主，對於三十五、六歲的女性來說，乳癌是最可怕的疾病，而且一直持續到六十五、六歲，在那之後，肺癌是女性的第一大死因。老人痴呆症和阿茲海默症最近已經取代缺血性心臟病，成為八十歲以上男女的主要死因。38

量化常見風險似乎是一項艱鉅的任務。因為得到特別嚴重的季節性流感而死亡，與歐美人週末偶爾去划獨木舟或騎雪地摩托車而造成的致命傷害，這兩種風險該如何比較？而經常搭飛機橫跨太平洋，與習慣性食用可能被大腸桿菌反覆汙染的加州生菜，這兩種風險又該如何比較？我們如何表達致命的風險？是要在受影響的人口中，列出每單位的標準人數（一千；一百萬）嗎？還是每單位的有害物質、每單位的暴露時間、或每單位的環境濃度？

若想找一個統一的指標，適用於死亡、傷害、或經濟損失（不同社會的總數可能存在著數量級的差異）和慢性疼痛（眾所周知，這是無法量化的東西），顯然是個無法實現的目標。但死亡是個定局，提供了一個通用、最終、無可爭議的可量化分子，適用於風險評估的比較。如果要做一些發人深省的比較，最簡單和最明顯的方法是使用標準分母，比較每十萬人年度死因發生的頻率，以美國的統計數據（最新發布的是二〇一七年詳細的分類數據）來看，會得出一些令人驚訝的結果。[39]

凶殺案奪走的生命幾乎跟白血病一樣多（六與七．二），可同時證明兩件事：治療這種惡性疾病的醫學進展迅速，以及美國社會非比尋常的暴力；意外跌倒的死亡人數，幾乎跟診斷後存活時間很短的可怕胰臟癌一樣多（十一．二與十三．五）；交通事故的死亡人數（而且是年輕人）是糖尿病的兩倍（五十二．二與二十五．七）；意外中毒和吸取有毒物質導致的死亡人數高於乳癌（十九．九與十三．一）。但是這些比較是使用相同的分母（十萬人），而沒有考慮暴露於特定死因的持續時間，凶殺事件可以而且確實發生在公共和私人場所，無論白天或晚上，因此一天二十四小時內，一年三百六十五天都會面臨這種風險——但是交通事故（包括那些導致行人死亡的事故）只在開車時才會發生，而大多數美國人每天只花大約一小時開車。

一個更具洞察力的指標，是用人們受到特定風險影響的時間作為公分母，然後比較每人每小時風險暴露的死亡率——也就是個人自願或非自願受到特定風險影響的時間。這種方法是史達爾於一九六九年，在評估社會效益和技術風險時提出，我覺得比另一個通用指標更好用——微亡率（micromort），[40]這些單位解釋了一個微機率，也就是每次從事特定活動有百萬分之一的死亡機會，以每年、每天、每次手術、每次飛行或每次旅行的距離表示，由於這些分母不統一，所以不容易拿來做全面的比較。

全球的總體死亡率（每一千人）數據整理得相當完善，包括總人口和每個性別的特定年齡層資料。[41]總體死亡率主要是取決於人口的平均年齡，二〇一九年全球平均值為七．六，而肯亞的死亡率（儘管營養和醫療保健的標準較低）不到德國死亡率的一半（五．四與十一．三），因為肯亞的年齡中位數僅為二十歲，還不到德國四十七歲的一半。因特定疾病導致的死亡數據很容易取得（心血管疾病占美國總數的四分之一〔二．五〕，癌症占五分之一〔二〕），另外像是因受傷而死亡（包括跌倒占一．四、交通事故占一．一、與動物接觸占〇．七、意外中毒只占〇．〇三）和自然災害的資訊也很常見。[42]

以全年時間（考量到閏年，因此每年調整為八千七百六十六小時）作為總死亡人數、慢性病、或隨時可能發生的地震或火山爆發等天災的分母。但為了計算駕駛或搭飛機等常見活動的風險，我們必須先確定從事這些活動的特定人群總數，然後估計每年的平均暴露時間。同樣的算法也適用於量化死於颶風或龍捲風的風險：這些氣旋並不是每天都會發生，對於大國來說也不會影響整個國家。

要計算出基線（baseline）很容易，也就是平均所有人口或特定性別和年齡風險的總體死亡率。二〇一九年，富裕（已開發）國家的總體死亡率（粗死亡率）集中在一〇左右，實際死亡率從北美的八・七到日本的一〇・七和歐洲的十一・一。每年一〇／一〇〇〇的死亡率（一千人就要將八七六六×一〇〇〇小時）按比例每人每小時風險暴露的機率為〇・〇〇〇〇〇一或1×10^{-6}。心血管疾病是所有富裕國家的主要死因，占死亡總數的將近四分之一（3×10^{-7}），季節性流感的風險要低一個數量級（通常約為2×10^{-8}，最高可達3×10^{-8}），即使是在暴力事件頻傳的美國，凶殺案件的風險最近每小時風險暴露的機率也僅為7×10^{-9}，比跌倒致死的風險少一半（1.4×10^{-8}），但是如前所述，跌倒意外死亡發生的頻率在年齡層的分配非常不平均，八十五歲以上的長者有3×10^{-7}的風險，而二十五—三十四歲的人只有9×10^{-10}。[43]

富裕國家的死亡率與上述全球推導出來的結論不同，富裕國家自然死亡的總體風險，相當於每小時一百萬人當中有一人死亡；每小時大約三百萬人當中，有一人死於心臟病，大約七千萬人當中，有一人死於意外跌倒，這些機率低到任何富裕國家的普通公民都不會

去關注。特定性別和年齡的數字必然不同，雖然加拿大的男女總死亡率為七．七，但對於年輕（二十—二十四歲）男性而言只有〇．八，對於我這個年齡（七十五—七十九歲）的男性而言，則為三五，因此我這組人口的風險是每人每小時 4×10^{-6}，這個比率為平均人口的四倍。[44]

在我開始量化從事自願活動的風險之前，應該先澄清與住院相關的危險，基於許多不同的原因，免不了得去住院（在許多國家，選擇接受整型手術的人也越來越多），而進入醫院的患者越多，就可能發生越多的醫療疏失。一九九九年，第一項關於可預防的醫療疏失研究發現，美國每年發生的次數為四萬四千到九萬八千，[45]這個數字高到令人不安，在二〇一六年的一項新研究指出，二〇一三年更提高到二五一四五四例（可能多達四十萬人死亡），使其成為當年美國第三大死因，僅次於心臟病（六十一萬一千）和癌症（五十八萬五千），排在慢性呼吸道疾病（十四萬九千）之前。[46]這些結果經由媒體大幅報導，從中可看出美國每年在醫院死亡的人當中，有三五—五八%是醫療疏失所造成。

從這種角度看來，那些論點就顯然讓人難以置信：粗心的錯誤肯定會發生，令人遺憾的疏漏確實少不了，但加起來可能占所有醫院死亡人數的至少三分之一到將近五分之三，使得現代醫學讓人覺得即使不是徹頭徹尾的犯罪活動，也是對疾病相當束手無策。幸運的是，這些高死亡率並不是因為粗心，而是數據處理錯誤。[47]最新一項與醫療不良反應（Adverse Effects of Medical Treatment, AEMT）相關死亡率的研究澄清了一件事：發現從一九九〇年到二〇一六年，這類死亡人數為十二萬三千〇六三（主要是由於手術和手術全期〔perioperative，譯注：手術前、術中及術後這段時間的醫療照護〕疏失），每十萬人中，醫療不良反應從二一．四%下降到一．一五%。[48]

男性和女性的死亡率相似，但各州的差異很大，加州每十萬人中，醫療不良反應死亡只有〇．八四%。以絕對數字計算，相當於每年平均約四千七百五十〇人死亡，還不到二〇一六年公布最低估計人數的二%，[49]若換算成風險比較指標，結果是每小時風險暴露約1.2×10^{-6}，代表如果本書的年長男性讀者（一般死亡風險在3×10^{-6}到5×10^{-6}之間）在美國醫院住個幾天，醫療不良反應的死亡風險頂多增加大約二〇—三〇%，我認為這個關於風險的研究發現非常振奮人心！

自願和非自願風險

我們在自願參與各種或多或少有風險的活動時，增加了多少這些基線風險？若是碰上緊急手術或因醫學評估需要短期住院等無法避免的相關事件，又增加了多少風險？而從地震到洪水等自然災害，免不了造成的非自願風險，我們應該擔心多少？

如前所述，這些風險評估的類別相當有用，但是自願和非自願風險暴露之間的區別，不見得很明顯。有的是很明確的自願（從相當危險到非常危險的程度）活動，像是吸煙或參加極限運動；有的是不可避免的非自願風險，不管是在個人層面（包括被隕石擊中這類極少見的危險），還是集體層面，實際上影響的層面涵蓋了全球（地球與小行星相撞是最重要的例子）。

但是許多風險暴露不容易分類，因為在自願風險和非自願風險之間沒有明確的二分法：在郊區建造夢幻房屋的家庭，可能就要選擇開車上班，這對於北美數百萬人來說是無法避免的問題，因為北美的大眾運輸系統不夠完善這件事早已人盡皆知。如果一個年輕人想留在加拿大的紐芬蘭（Newfoundland），那麼除了成為漁夫或是大型石油生產平台上的工人之外，沒有太多選擇，這兩種職業的風險，都比搬到多倫多學習如何寫程式和開發應用程式高，因為在玻璃辦公室工作可以遠離北大西洋岸邊突出的岩石。

請牢記這些複雜度，我會先解釋與駕駛和搭飛機相關的風險，這些活動涉及全球幾億的汽車駕駛和乘客，以及最近每天一千萬多名付費的搭機旅客。對於這兩項活動，我們必須先準確計算死亡人數，然後利用必要的假設，才能定義受影響的人口和他們暴露於特定風險的總時間。

對於駕駛來說，顯然是開車（或當乘客）的時間。以美國為例，我們有全部汽車和客車每年行駛的總距離（最近的總計每年約為五・二兆公里），交通事故死亡人數多年來已下降，但最近稍微上升到每年約四萬人。[50]為了估計駕駛時間，我們必須將駕駛距離除以平均時速，這個數字只是個合理的近似值，而不是準確值。若是往返於不同城市間的公路，則速度變化較小，但是都會區經常出現尖峰時段，這時速度最多往往會下降四〇％。假設平均綜合時速為六十五公里／小時（約四十英里／小時），我們每年在美國的駕駛時間約為八百億小時，如果有四萬人死亡，正好換算為每小時風險暴露的死亡率為5 × 10^{-7}（〇・〇〇〇〇〇〇五）。即使是把被車撞死的行人和旁觀的路人加進交通事故死亡人數中，或是改以其他合理的平均時速（例如五十或七十公里／小時）計算，都不會改變數量級。駕駛的危險比搭飛機多出一個數量級，而且如果與待在家中或照料花園相比（只要不包括爬上高的梯子或使用大電鋸工作），駕駛期間的平均死亡機率增加約五〇％。

對於我這個年齡層的男性來說，駕駛風險只比總體死亡風險增加了一二％。美國的駕駛風險也因性別和種族而有顯著的差異，美國亞裔女性死於汽車事故的終生風險僅為〇・三四％（二九一人中有一人），而美國原住民男性則為一・七五％（五十七人中有一人），而所有個人的風險為〇・九二％（一〇九人中有一人）。[51]當然，在其他國家開車的機會比美國和加拿大少得多，但事故率卻高得多（巴西的事故率大約是兩倍，撒哈拉以南的非洲地區是三倍），風險高出一個數量級。[52]

在上個世紀末，搭定期商業航班已經是風險非常低的活動，而在二十一世紀的前二十年顯然變得更安全。儘管最近出現了一些令人擔憂的空難，上述的結論仍然成立，這些空難包括馬來西亞航空（Malaysia Airlines）370號班機於二〇一四年三月在印度洋上空某處失蹤，至今仍原因不明（可能永遠都無法解釋），隨後是馬來西亞航空17號班機於二〇一四年七月在烏克蘭東部上空墜毀，再加上另外兩起事故，包括印尼獅子航空（Lion

Air）編號 610 的新波音 737MAX 墜毀於爪哇海（二〇一八年十月二十九日），以及衣索比亞航空（Ethiopian Airlines）302 號班機於阿迪斯阿貝巴（Addis Ababa）附近墜毀（二〇一九年三月十日）。[53]

若要比較航空業的死亡人數，最清楚的方法也許是看飛行每千億延人公里的死亡人數，在二〇一〇年為一四・三，在二〇一七年創下〇・六五的歷史新低，但在二〇一九年上升至二・七五。因此，二〇一九年搭飛機比二〇一〇年安全五倍多，比一九五〇年代後期噴射客機剛開始的時代安全兩百多倍。[54] 用每小時風險暴露的死亡率表達相當簡單易懂。二〇一五—二〇一九年平均意外死亡總數為二百九十二人；平均飛行六十八兆延人公里，四十二億乘客代表了乘客平均飛行約一千九百公里，飛行時間約二・五小時；總計約一〇五億延人小時（passenger-hour）的高空飛行，二百九十二人死亡相當於每人每小時飛行的死亡率為 2.8×10^{-8}（〇・〇〇〇〇〇〇〇二八）。搭飛機的死亡風險只是一般風險的三%左右，而對於七十多歲的男性而言，搭飛機的風險只增加一%。任何理性的搭飛機常客（尤其是年長者）更應該擔心的是碰上無預警的延誤、一連串的安全檢查、忍受乏味的長途飛行，以及因應時差引發的不適。

另一種自願風險是那些持續時間短但死亡率高的活動，沒有什麼活動會比從懸崖、高塔、橋梁和建築物上定點跳傘更危險，針對這種「自討苦吃」的瘋狂行為，有一項最可靠的研究花了十一年的時間，觀察從挪威謝拉格地塊（Kjerag Massif）往下跳，每二三一七次跳傘就有一次（總共九次）死亡，[55]平均風險暴露為4×10^{-2}（〇．〇四）。相較之下，一般的跳傘以往大約每十萬次才會發生一次致命事故，不過美國最新的數據顯示，每二十五萬次會造成一人死亡。典型的五分鐘跳傘風險暴露僅為5×10^{-5}左右，雖然這種風險是安靜坐在椅子上五分鐘的五十倍，但卻是定點跳傘相關風險的一％左右。[56]同樣地，只有極少數人真正了解這些確切的數字，但幾乎所有人（除了少數能承受風險的人以外）都表現得好像已經將這些數字內化一樣。

二〇二〇年，美國大約有二．三億人持有駕照（開車的風險暴露為每人每小時5×10^{-7}）；約有一千兩百萬人參與高山滑雪（向下滑時為2×10^{-7}）；美國跳傘協會（United States Parachuting Association）大約有三萬五千名成員（在高空為5×10^{-5}）；美國滑翔翼協會（US Hang Gliding & Paragliding Association）大約有三千名成員，他們所做的事情（取決於飛行時間的長短，從二十分鐘到幾小時不等）會帶來10^{-4}到10^{-3}的死亡風險；儘管定點跳傘越來越受歡迎（特別是在挪威和瑞士），在美國仍只有幾百人參加，而且主要是愛冒險的男性，在向下跳的短暫期間，死亡風險為 4×10^{-2}。[57] 一項活動的風險和整體參與度呈反向關係，這一點顯而易見：許多人願意冒著肩膀脫臼或腳踝扭傷的風險，從高山滑雪道向下滑；但很少有人會從懸崖往下跳。

最後，有幾個關鍵數字是關於現代最可怕的非自願暴露：恐怖主義的風險。從一九九五年到二〇一七年，有三千五百一十六人死於美國本土的恐怖攻擊，其中二〇〇一年九月十一日的死亡人數為二千九百九十六人（占總數的八五%）。[58] 因此，在這二十二年中，美國地區的個人風險暴露平均為 6×10^{-11}，而曼哈頓則高出兩個數量級，使只是活著的風險增加了千分之一，這個數量太小，無法有意義的內化。有些國家卻沒那麼幸運，近年來恐怖攻擊的死亡人數高出許多：二〇一七年，伊拉克（至少四千三百人死亡）的風險上升至 1.3×10^{-8}，而二〇一八年阿富汗（七千三百七十九人死亡）的風險上升至 2.3×10^{-8}，但即使是這個比率，也只比活著的基本風險提高幾個百分點，仍然低於人們因駕駛而自願承擔的風險（特別是在沒有車道和臨時交通規則的地方）。[59]

這些比較數字雖然正確，但也顯示理性量化的內在局限性，大多數開車上班的人只會

在特定時間開車，每天在路上的時間很少超過一小時或一個半小時，沿著熟悉的路線行駛，（除了惡劣的天氣或意外的交通阻塞）感覺一切都在掌控之中。相較之下，在恐怖攻擊的高峰時期，喀布爾或巴格達的爆炸或槍擊事件，發生的時間和間隔無法預測，而且是在許多公共場所，從清真寺到市場，在都市生活似乎找不到可靠的方法來完全避開這種威脅。因此，受到恐怖主義威脅的暴露率雖然較低，卻伴隨著無法量化的恐懼，在性質上與擔心早上通勤時馬路可能會打滑的情況截然不同。

自然災害：風險比在電視上看到的小

一再發生的致命天災、只是活著，以及參加極限運動，這三種風險要如何比較？有些國家反覆（但不是很頻繁）遭受一、兩種災難事件的影響，像英國是洪水和強風，美國每年必定會發生許多龍捲風和洪水氾濫，而且經常發生颶風（自二〇〇〇年以來，每年颶風大約登陸兩次）和大雪，面對太平洋的各州，總是會有大地震和可能發生海嘯的風險。60

每年的龍捲風會造成人員死亡和房屋損壞，詳細的歷史統計數據讓我們可以準確計算出風險暴露值。從一九八四年到二〇一七年，這些破壞性氣旋發生頻率最高的有二十一個州（在北達科他州、德州、喬治亞州和密西根州之間的地區，約有一・二億人口居住），造成一九九四人死亡，其中約八〇%發生在每年三月到八月這半年當中。[61]

這代表每小時風險暴露的死亡率約為3×10^{-9}（〇・〇〇〇〇〇〇〇〇三），比只是活著的風險低三個數量級。美國遭受龍捲風肆虐的各州居民很少意識到這個比率，但他們知道（就像其他地區一再遭受自然災害的人們一樣）死於龍捲風的機率非常低，因此仍然可以接受繼續生活在這些地區的風險。媒體大幅報導強烈的龍捲風所造成的破壞，而看到這些畫面的觀眾，如果是生活在大氣變動沒那麼劇烈的地區，會很好奇為什麼受災戶說要在同一個地點重建家園。但是這樣的決定既非不理性，也非魯莽的冒險，正因如此，數百萬人繼續生活在從德州延伸到南達科他州的龍捲風巷（Tornado Alley）地區。

值得注意的是，在計算全球各地其他常見天災的風險暴露時，也出現一樣的數量級（10^{-9}）或是更低的比率，這些較低的平均暴露死亡率，又再次有助於解釋為什麼這些國家都能接受地震持續存在的風險。從一九四五年到二〇二〇年，日本地震（可能會影響這個島國各地區）造成約三萬三千人死亡，其中一半以上死於二〇一一年三月十一日，東北地

方太平洋近海的地震和海嘯（一五八九九人死亡，二五二九人失蹤）。[62]但是日本人口從一九四五年的七千一百萬人，增加到二〇二〇年的將近一・二七億人，相當於每小時暴露的死亡率為5×10^{-10}（〇・〇〇〇〇〇〇〇〇〇五），比日本總體死亡率低四個數量級：把〇・〇〇〇一加到一裡面，很難成為改變整體生命風險評估的決定因素。

世界大部分地區的洪水和地震帶來的風險暴露，主要介於1×10^{-10}和5×10^{-10}之間，而一九六〇年代以後，美國颶風的風險（可能影響從德州到緬因州的沿海地區約五千萬人，平均每年約五十人死亡）約為8×10^{-11}，[63]這個比率非常低。在大多數人的認知裡，被閃電擊中而死是一種非常低的自然風險，而颶風的風險跟被閃電擊中已經相當類似，甚至可能更低。近年來，在美國每年被閃電擊中的死亡人數不到三十，假設這種危險僅發生在戶外（平均每天四小時），而且是四月到九月這半年期間（大約九〇%的機率發生在這段時間），風險大約等於1×10^{-10}，若將暴露期延長至十個月，則會降低到7×10^{-11}（〇・〇〇〇〇〇〇〇〇〇〇七）。[64]

美國颶風現在造成的死亡風險並沒有比閃電高，這個事實說明死亡人數之所以會減少，都是多虧了衛星，以及提前對大眾發布警告和疏散。同時，也有令人擔憂的理由，就是全球每年天災發生的頻率和付出的經濟成本都在增加，這件事我們敢這樣說，是因為全球最大的再保險公司（盈虧取決於不可預測的地震、颶風、洪水和火災）幾十年來一直仔細監測這些趨勢。

保險這種行之有年的作法，是要為各種風險提供不同程度的補償。由於人壽保險是基於高度可預測的存活率，而為了替不可預測的重大天災提供保險，迫使保險公司必須分攤此類災害的相關風險，以避免自身蒙受損失。因此，全球最大的再保險公司（瑞士再保險公司、德國的慕尼黑再保險公司〔Munich Re〕和漢諾威再保險公司〔Hannover Rueck〕、法國再保險公司〔SCOR〕、美國波克夏海瑟威公司〔Berkshire Hathaway〕、英國勞依茲再保險公司〔Lloyd's〕）都很認真研究自然災害，因為這些公司若要繼續存在，一定得做出適當的決定：為了避免增加保險損失，他們不應該依據過時的數字制定保費，以免低估未來的風險。

慕尼黑再保險公司記錄了所有天災的數量，從資料中顯示每年稍有波動，這一點合乎預期，但整體上升的趨勢相當明確：從一九五〇年到一九八〇年緩慢增加，一九八〇年到二〇〇五年頻率增加為兩倍，而二〇〇五年到二〇一九年增加約六〇%。[65]總體經濟損失（反映重大災害造成的特殊負擔）的年度波動更大，上升趨勢更陡。若以二〇一九年的貨幣價值計算，一九九〇年以前的紀錄約為一千億美元，而二〇一一年創下了略高於三千五百億美元的歷史紀錄，跟二〇一七年的總額差不多。保險多半支付總虧損金額的三〇%至五〇%，二〇一七年，保險公司賠償的金額創下紀錄，達到近一千五百億美元。

直到一九八〇年代，災害死亡人數不斷上升，主要歸因於更大的風險暴露（由於人口和經濟體增加），雖然這種趨勢仍在持續（因為越來越多人生活在天災頻仍的地區，投保的財產也更多），但是最近幾十年天災本身出現變化：更溫暖的大氣中含有更多的水氣（增加極端降雨的機會），一些地區長期乾旱，導致嚴重的火災一再發生，而且持續的時間相當久。許多模型現在都預測這些趨勢會進一步加劇，但我們也知道，採取許多有效的措施（從設立禁區、恢復濕地到制定適當的建築規範）可以減少災害帶來的影響。

為了得到更低的天災或人禍風險暴露值，我們必須尋找真正的特殊事件，例如因墜落隕石或越來越多的軌道衛星碎片而導致的死亡。根據美國國家科學研究委員會（US National Research Council）的一份報告估計，若考量到撞擊地球的太空垃圾數量，每年應該有九十一人死亡，對於全球七十七・五億人口來說，這代表每小時風險暴露死亡率約為1×10^{-12}。實際上，自一九〇〇年以來沒有任何死亡記錄，而且直到最近才在鄂圖曼帝國（Ottoman Empire）國家檔案總局（General Directorate of State Archives）保存的手稿中，首次發現因隕石致死（還造成另一個人癱瘓）的書面證據：這件事發生在一八八八年八月二十二日，地點是現在伊拉克的蘇萊曼尼亞（Sulaymaniyah）。[66]但即使是每年有一人死於隕石，這個比率也僅為10^{-14}，比只是活著小了八個數量級（八個數量級為一／一〇〇〇〇〇〇〇〇），所以顯然沒有理由擔心。[67]至於軌道中的太空垃圾，直到二〇一九年，大約有三萬四千個是大於十公分，一到十公分的垃圾數量則是二十五倍多。所有碎片在重新進入大氣層時都會分解，但即使是小碎片，也會在太空日益擁擠的主軌道中碰撞而造成風險。[68]

終結我們的文明

如果我們思索那些罕見但真正會影響全球的巨大風險，甚至更進一步考慮到可能嚴重破壞，甚至終結現代文明的災難性事件，這時是處於完全不同的心理層面：那些真實的

（儘管非常低的）風險屬於一個非常不同的感知類別。對於相當遙遠的未來可能會發生的每件事，我們過度低估了它們的影響力，而二〇二〇年的大流行再次證明，即使是連每幾十年就會重複出現的風險，我們長期以來都尚未準備好如何應變，更別說是幾百年或幾千年才出現一次的風險了。

真正會影響全球的風險，分成兩種截然不同的類別：一種是相對常見的病毒大流行，可能在幾個月或幾年內造成相當多人死傷；另一種是極其罕見但非常致命的天災，可能會在短短幾天、幾小時或幾秒鐘內發生，但後果也許會持續數百年，甚至數百萬年，遠遠超出任何文明的範疇。如果地球附近有顆超新星（supernova）爆炸，導致地球充滿了來自宇宙射線的大量致命輻射，我們是否有足夠的時間（在光和輻射到達之前）為全球大多數人提供臨時避難所？[69]又或者這件事根本只是杞人憂天？

會破壞地球臭氧層的爆炸，一定是發生在不到五十光年遠的地方，但在我們「附近」所有可能會爆炸的恒星，都比這個距離遠得多，雖然伽馬射線爆（gamma-ray burst）可能每一千五百萬年會發生一次，從一萬光年的距離影響地球，不過這類爆炸目前最接近地球的記錄是十三億光年。[70]這種風險主要是屬於學術領域——若考慮到這類事件出現的頻率，我們其實不是去猜測何時會發生，而是更應該問：有沒有哪一個地球文明在十五萬年或五十萬年之後還會存在呢？儘管地球與小行星碰撞發生的機會可能相對更高一些，但計算地球與小行星未來無可避免的碰撞風險，則是另一種帶有不確定和假設的運算，會因為每次的狀況不同而可能產生巨大的差異。地球與小行星或大型彗星碰撞，這種事以前發生過，未來也會發生——但我們是否要去假設每十萬年或每兩百萬年就會碰上一次呢？[71]

以地質時間尺度來說，這些事情橫跨的時間相對較短，但是如果要以每年來計算可能的風險，時間又會太長而無法帶來明顯的結果（更不用說是每小時風險暴露了）。此外，如果這類物體撞擊的是南極洲附近的太平洋，對全球產生的後果會與撞擊西歐或中國東部大相逕庭。在第一種情況下，大部分的損害會來自大海嘯，但（取決於這顆星體的大小）進入大氣的灰塵可能很少。在第二和第三種情況下，撞擊會立即消滅高度集中的人口和工業活動，而且將大量粉狀岩石拋入大氣，造成明顯的全球冷卻。

美國人不應該擔心超新星或小行星，但如果他們想藉由思考不可避免的自然災難來嚇自己（而且想像會發生在美國境內一個重要的地方），那麼應該考慮的是黃石公園裡的超級火山，下一次何時大規模噴發。[72]地質證據顯示，超級火山在過去一千五百萬年中噴發了九次，最近三次已知的噴發時間為兩百一十萬年前、一百三十萬年前和六十四萬年前。但僅列出三次事件的時間，並不能作為預測任何週期性的基礎，但仍然可以有另一個想法：兩次噴發的平均間隔時間為七十三萬年，因此我們離下一次的火山爆發還要再等九萬年，但如果第一個間隔是八十萬年，第二個是六十六萬年，以每次縮短十四萬年計算，則下一次大約是間隔五十二萬年——那麼至少在十萬年以前就應該再爆發一次了！

不論間隔時間多久，後果將取決於噴發的幅度、持續時間和盛行風向。上一次噴發釋放了大約一千立方公里的火山灰，盛行的西北風把煙流（**plume**）吹過懷俄明州（那裡最深的沉積物可能有幾公尺厚）、猶他州和科羅拉多州，然後到達大平原，從南達科他州一直到德州都受到波及，將美國一些最具生產力的農地埋在十到五十公分的火山灰底下。如果預警系統（由於持續的地震監測）發揮功效，再加上噴發的幅度較弱、持續時間較久，就能做到大規模疏散，而房屋、基礎設施和可耕地的損失將遠大於任何直接傷亡。薄薄一層火山灰可以犁入土壤中（其實能提高肥沃度），但如果是厚厚一層就無法處理，一旦跟著雨水和融化的雪流走，將帶來額外的危險，會導致淤積和洪水，造成的問題會持續幾十年。

有一種自然風險不會直接殺死任何人，但會對全球帶來巨大的破壞，間接導致大量傷亡，最佳的例子就是日冕物質拋射（coronal mass ejection）引起的地磁風暴災難。[73]日冕是太陽大氣層的最外層（只有在日全食期間，不需使用特殊儀器就能看到），而矛盾的是，它比太陽表面還熱上數百倍。日冕物質拋射是大量的（數十億噸）爆炸性物質向外加速拋出，這些物質內含的磁場，強度遠超過背景太陽風和行星際磁場（interplanetary magnetic field）。日冕拋射始於外層下部磁場的扭曲和結構重組，會產生太陽閃焰，最慢能以每秒不到兩百五十公里的速度（將近七天內到達地球）前進，最快則是將近三千公里（短短十五小時內到達地球），在前進的同時會持續擴大。

目前已知的最大日冕物質拋射始於一八五九年九月一日上午，當時英國天文學家理查・卡林頓（Richard Carrington）在觀察和繪製一個大型太陽黑子時，正好發射出巨大的腎形白色閃焰。[74]這個發現比第一台電話（一八七七年）早了將近二十年，也比第一次集中式商業發電（一八八二年）早了二十多年，因此帶來的顯著影響只不過是強烈的極光，以及造成一八四〇年代剛鋪設好的電報網路中斷：電線出現火花、訊息中斷或是以截斷的奇怪方式繼續傳送、操作員觸電，以及發生一些火災意外。

一些最強烈的事件陸續發生在一九〇三年十月三十一日到十一月一日，還有一九二一

年五月十三日到十五日，當時即使在歐美，有線電話和電網仍不普及，其他地方更是罕見。可是一九八九年三月的事件，讓我們預覽了如果今天發生大規模日冕物質拋射可能會引發的後果，那次的規模小得多（還不到當年卡林頓事件的等級），但已讓魁北克的整個電網停擺長達九小時，無法為六百萬人供電。[75]過了三十多年後，我們變得更脆弱：想想看所有的電子產品，從行動電話到電子郵件，再到國際銀行業務，以及每艘船隻、飛機、現在數千萬輛汽車裡用來導航的全球定位系統。

我們在撞擊之前就可以發現：持續觀察太陽活動，讓我們能立即偵測到任何的物質拋射，至少在十二到十五小時以前，就能預先發布撞擊警告，但前提是拋射必須到達我們設置的太陽與日磁層觀測站（SOHO，距離地球約一百五十萬公里），才能測量強度；到那時，反應時間將剩不到一小時，甚至可能只有十五分鐘。[76]即使帶來的毀損有限，也代表通訊和電網運作會中斷數小時或數天，而一場巨大的地磁風暴將切斷全球所有的連結，讓我們沒電、收不到訊息、交通停擺、信用卡無法支付或不能從銀行提款。

如果這些重要但遭受嚴重癱瘓的基礎設施，需要幾年、甚至十年才能完全恢復，那我們該怎麼辦？預估到時全球的損失會相差一個數量級，從兩兆美元到二十兆美元[77]——

但這只是指支出，還不包括長時間沒有通訊、照明、空調、醫院設備、冷藏和工業生產（導致投入於作物種植的肥料也不夠），會因此失去多少寶貴的性命。

不過有一些好消息，在二〇一二年的一項研究估計，未來十年內發生另一次卡林頓事件的機率為一二%——或是說八分之一的機率，而且這項研究強調這些極端事件很罕見，使得發生率難以估計，因此「幾乎不可能預測特定的未來事件」。[78]若考慮到這種不確定性，那麼巴塞隆納的一群科學家，在二〇一九年算出的數字也就不足為奇了，他們認為二〇二〇年代的風險不會超過〇．四六—一．八八%，代表即使是最高的機率也只有五十三分之一，相當令人心安。[79]在二〇二〇年，卡內基美隆大學（Carnegie Mellon）有一個小組提供了更低的估計值，認為二〇一二年這種大規模的日冕物質拋射事件，在十年間發生的機率為一%到九%，而一八五九年，卡林頓事件的規模發生機率為〇．〇二%到一．六%。[80]雖然許多專家都很清楚這些機率和潛在後果的嚴重性，但這顯然是那種我們永遠無法做好充分準備的風險（很像大流行病）：只能希望下一次大規模日冕拋射事件的強度，不會等於或超過卡林頓事件。

雖然此時全球可能不想聽到這個不幸的事實，但是病毒大流行一再出現的頻率肯定相

對較高，儘管每次大流行必然會有共同點，但是帶來的特定影響卻無法預測。二〇二〇年初，全球大約有十億名超過六十二歲的人，這一生中都經歷了三場病毒大流行：一九五七—一九五九年（H_2N_2）、一九六八—一九七〇年（H_3N_2）和二〇〇九年（H_1N_1）。[81]一九五七—一九五九年大流行的總死亡率為三八／一〇〇〇〇〇（一百一十萬人死亡；全球人口二八・七億），一九六八—一九七〇年大流行的死亡率為二八／一〇〇〇〇〇（一百萬人死亡；全球人口三五・五億），而二〇〇九年的病毒毒性相對較弱，死亡率低於三／一〇〇〇〇〇（大約二十萬人死亡；全球人口六八・七億）。[82]

下一次事件的到來只是早晚問題，但如前所述，我們從沒為這些（相對來說）發生頻率不高的威脅做好準備。從二〇〇七年到二〇一五年期間，世界經濟論壇（World Economic Forum）每年都會公布全球風險報告，排名第一的包括資產價格暴跌、金融危機和主要的系統性金融失靈（共八次，顯然是呼應二〇〇八年），水供應危機一次，而大流行威脅甚至從沒有位居前三大風險之列。[83]當新冠肺炎（由新型冠狀病毒引起）到來時，世界衛生組織等到二〇二〇年三月十一日才宣布這是全球大流行的疾病，而該組織一開始的建議（許多政府也表示贊同）是反對國際航班停飛和反對戴口罩。[84]

顯然只有在最近的大流行結束後，我們才能量化新冠肺炎的總死亡率，同時，若要評估一再出現的大流行，最佳方法是與全球季節性流感相關的呼吸道死亡率比較。一項二〇〇二—二〇一一年最詳細的評估發現，在排除二〇〇九年大流行期間之後，每年平均死亡人數為三十八萬九千人（介於二十九萬四千和五十一萬八千之間），[85]這代表死於季節性流感的人約占整年度呼吸道死亡人數的二%，死亡率平均為六／一〇〇〇〇〇——相當於二十世紀後期兩次大流行（一九五七—一九五九年、一九六八—一九七〇年）死亡率的一五—二〇%。反過來說，第一次大流行的相對死亡人數是季節性流感的六倍多，第二次大流行幾乎是五倍。

此外，特定年齡層的死亡率有著重要的差異。季節性流感的死亡率特別偏向老年人，幾乎沒有例外，六十五歲以上的人占所有死亡人數的六七%。相較之下，一九一八年惡名昭彰的第二波流感大流行，主要是針對三十多歲的人；一九五七—一九五九年大流行的死亡率呈U形，特別影響〇—四歲和六十歲以上的人；新冠肺炎的死亡率與季節性流感非常相似，高度集中在六十五歲以上的人，尤其是那些重症患者，不過兒童相對沒有受到太大影響。[86]

我們知道，老人族群大量死亡無法避免：因為我們在延長預期壽命這件事做得非常成

功（許多富裕國家自一九五〇年代以來增加十五歲以上），所以老年人大量死亡是其中一個必須付出的代價。[87]死亡證明書上可能會寫新冠肺炎或病毒性肺炎，但這只是個差強人意的說詞——真正的原因是，雖然我們一直將預期壽命延長到極限，但是大多數人的身體設計是年紀一大，免不了會生病。疾病管制與預防中心（CDC）公布的新冠肺炎初步數據很清楚：美國新冠肺炎死亡率最高的那一週（到二〇二〇年四月十八日為止），六十五歲以上的人占總死亡人數的八一%，而不到三十五歲的人只占〇．一%。[88]這種情況與一九一八年到一九二〇年，死亡人數多達五千萬的大流行截然不同，現在我們知道，當時大多數死亡是由細菌性肺炎引起：從保存的肺組織樣本提取出來的培養物中，約有八〇%含有導致繼發性肺部感染的細菌——那時，距離抗生素問世的時間還要等將近二十五年，所以無藥可醫。[89]

此外，結核病患者比其他人更容易死於流感，這個關連也有助於解釋一九一八—一九二〇年大流行時，中年人的死亡率之所以特別高，以及為什麼好發於男性身上（由於結核病導致不同的發病率）。[90]因為結核病已在所有富裕國家完全根除，而且肺炎可以用抗生素治療，就能避免高死亡率一再出現。但即使我們每年都推行流感疫苗接種，也無法防止大量的季節性死亡，而每次發生全球大流行時，最年長的族群生命都將受到挑戰。這種風險主要是自己造成的，因為在享受更長的預期壽命時，勢必也得接受長壽的缺點，我們可以透過隔離最脆弱的人和開發更好的疫苗，來將這個缺點最小化——但無法消除。

一些經得起時間考驗的態度

就風險而言，許多老生常談的真理似乎永遠不變，我們能做的就是稍微控制自己。很多人認為戒菸、戒酒和戒毒並不難，他們寧願待在家裡，也不願意在冠狀病毒或諾羅病毒（norovirus）爆發期間，與五千名乘客和三千名船員共用搭乘一艘遊輪。而有些人卻渴望去做上述這些事情，令人驚訝的是，有很多人甚至沒有降低最容易消除（而且不必花大錢）的風險，例如每次都繫好安全帶、從不超速、安全駕車，以及在家中安裝煙霧、一氧化碳和天然氣偵測器，這些不必花錢或是花小錢的方法，不但可以降低開車風險，也可以在由燃燒化石燃料提供暖氣的房屋中住得安心。

此外，大多數人和大多數的政府發現，很難妥善處理機率低但影響深遠（高損失）的

事件。購買基本的房屋保險是一回事（通常是強制性的），投資抗震結構（無論個人還是社會），以盡量減少百年一次事件帶來的衝擊則是另一回事。加州針對一九八〇年以前蓋好的房屋，提出一項地震改造補貼計畫（根據美國二〇一六年的建築法規，以螺栓或是螺栓加支撐，將房屋固定在地基上），但大多數面臨類似地震風險的地區則沒有這項措施。[91]

如果要避免許多的風險暴露不是不可能，而是做起來很困難，因為（如前所述）在某些情況下，自願和非自願風險之間沒有明確的二分法，而且大多數風險都超出我們的控制範圍。我們無法選擇父母，因此免不了大量常見和罕見遺傳疾病，例如一些癌症、糖尿病、心血管問題、氣喘，以及幾種體染色體隱性疾病（autosomal recessive disorders），包括囊狀纖維化（cystic fibrosis）、鐮刀型貧血症（sickle cell anemia）、戴薩克斯症（Tay-Sachs disease）。[92]為了大幅降低所有地方性或區域性的自然災害風險，我們必須消除目前地球上大片人類居住的地區，尤其是那些經常發生大地震、火山爆發（環太平洋地區）、破壞性旋風、大範圍洪水的地區。[93]

但是對一個日益擁擠的星球而言，顯然不可能這麼做，在這些情況下，唯一能提高生存機率的方法是採取預防措施。例如防震（鋼筋）建築不會因周圍結構倒塌而將人埋在底下，龍捲風避難所可拯救許多家庭，讓他們能重建被夷為平地的房屋，此外，還可以設置有效的預警系統和大規模疏散計畫，以減少颶風、洪水和火山爆發造成的生命損失。雖然這些措施能挽救數百甚至數十萬人的生命，但是我們對許多大規模災難的防禦能力實在有限，有時毫無招架之力：包括大地震引發的海嘯、大型火山爆發、長期的區域性乾旱、地球與小行星或彗星相撞。

另一套老生常談的真理適用於我們的風險評估。我們習慣低估自願、熟悉的風險，而一再誇大非自願、不熟悉的風險；對於剛發生的可怕經驗，我們經常高估相關風險，至於在集體和機構記憶中消退的事件，我們則低估相關風險。[94]如前所述，大約有十億人經歷過三次大流行，但是新冠肺炎一發生，很多美國人拿來對照的參考資料是一九一八年的情境，而對這三場最近的大流行（與一九五〇年代的小兒麻痺症或一九八〇年代的愛滋病不同，這兩次流行帶來的恐懼仍深深烙印在人們心裡）沒留下什麼印象，或是就算有，印象也不深。[95]

對於這種健忘症還有其他顯而易見的解釋。二〇〇九年的大流行基本上與季節性流感沒有差別，而無論是一九五七－一九五九年或是一九六八－一九七〇年，我們都沒有採

取幾乎一整個國家或一整大洲的封鎖措施。經過調整通膨後的全球和美國經濟商品統計數據顯示，在二十世紀後期的兩次大流行中，長期成長率沒有出現顯著的反轉。[96]此外，一九六八—一九七〇年事件恰逢國際航空旅行大幅擴張：第一架寬體噴射客機波音747於一九六九年首次飛行。[97]而且也許是當時我們沒有二十四小時的有線電視新聞，從早到晚公布可怕的死亡人數，也不會在網路上流傳荒謬的致病原因、治療方法和陰謀論，因此也不會像現在的新聞，散播那些不合乎歷史的內容。

新冠肺炎又再度證明（而且這次的規模連那些不期待好消息的人都驚訝無比），我們對於影響層面廣但出現頻率較低的風險，總是沒有做好準備，例如每十年、每一代、或每世紀一次的病毒大流行。如果此時發生另一次卡林頓事件，或者一顆小行星撞擊北大西洋亞速爾群島（Azores）附近的海洋，引發的環大西洋海嘯規模跟二〇一一年日本東北地震的大海嘯相同——也就是高達四十公尺，向內陸沖擊十公里，那麼我們要如何面對（先撇開所有報告和分析不談）？[98]

我們在重大災難事件之後，得到的教訓顯然不夠理性，有人會誇大災難再次發生的機率，又不喜歡聽到有人提醒說（先撇開衝擊不談），還有其他風險所累積的傷亡，雖然沒有引起特別關注，但造成的後果跟這些災難對人類和經濟的實際影響其實差不多。因此，基於對另一場大規模恐怖攻擊的恐懼，美國採取了非比尋常的措施來預防，包括在阿富汗和伊拉克發動價值數兆美元的戰爭，讓奧薩瑪・賓拉登（Osama bin Laden）能稱心如意，將美國捲入驚人又不對稱的衝突，而從長遠來看，這樣的衝突會削弱美國的實力。[99]

大眾對風險的反應，主要是來自於對不熟悉、未知或所知有限的事情而造成的恐懼，但不是去評估比較之後的實際後果。一旦涉及這些強烈的情緒反應，大家會過度關注可怕的後果（死於恐怖攻擊或病毒大流行）發生的機率，而不是試著記住這類結果發生的機率。[100]恐怖分子總是會利用這個現實，迫使政府採取代價昂貴的措施以防止進一步攻擊，至於那些挽救更多生命的措施，本來只要付出更低的成本就能避免死亡，卻一再遭到忽略。

若要說明遭到忽略的挽救生命低成本措施，最好的例子就是美國人對槍枝暴力的態度：即使是一再發生最令人震驚且眾所周知的大規模槍擊案（我總是先想到二〇一二年在康乃狄克州紐敦〔Newtown〕被槍殺的二十六人，包括二十名六、七歲的兒童），都無法改變法律，而且在二十一世紀的第二個十年中，約有十二萬五千名美國人被槍殺（死於他殺的總人數，不包括自殺）：相當於堪薩斯州托彼卡（Topeka）、喬治亞州阿森斯

（Athens）、加州西米谷（Simi Valley）、或德國哥廷根（Göttingen）的人口。[101] 相較之下，在二十一世紀的第二個十年，一百七十名美國人在美國死於恐怖攻擊，相差近三個數量級。[102] 如果拿來跟汽車事故比較，死亡人數的分布更不平均：正如前面看到的，與美國亞裔女性相比，美國原住民男性在汽車中死亡的機率大約是五倍，但美國非裔男性死於槍殺的機率大約是三十倍。[103]

我在本章最後提出的這個見解有幫助嗎？也許，只要我們體認到這些基本的現實：要求毫無風險的活著是完全不可能的事——而尋求風險最小化仍然是人類進步的主要動力。

參考資料和注釋

1 A. de Waal, "The end of famine? Prospects for the elimination of mass starvation by political action," *Political Geography* 62 (2017), pp. 184–195.

2 關於更常洗手的影響，請參考：Global Handwashing Partnership, "About handwashing" (accessed 2020), https://globalhandwashing.org/about-handwashing/. 在以柴爐為唯一熱源的寒冷氣候下，過去一氧化碳中毒的風險特別高：J. Howell et al., "Carbon monoxide hazards in rural Alaskan homes," *Alaska Medicine* 39 (1997), pp. 8–11. 廉價的一氧化碳檢測器種類眾多（首批於一九九〇年代初期投入商業使用），實在是沒有理由因室內不完全燃燒而死亡。

3 跟其他設計相比，三點式汽車安全帶（最先是由尼爾斯・伊瓦爾・博林〔Nils Ivar Bohlin〕於一九五九年為富豪汽車〔Volvo〕設計）可說是相對簡單，卻能挽救許多生命且防止重傷——花費的成本又非常低。一九八五年，德國專利局（German Patent Office）將其列為過去一百年來八大重要創新之一，絕對是實至名歸。N. Bohlin, "A statistical analysis of 28,000 accident cases with emphasis on occupant restraint value," SAE Technical Paper 670925 (1967); T. Borroz, "Strapping success: The 3-point seatbelt turns 50," *Wired* (August 2009).

4 這件事長期以來一直困擾著日本的對外關係，日本一再拒絕簽署《國際誘拐兒童民事方面公約》（The Hague Convention on the Civil Aspects of International Child Abduction，一九八〇年簽署，一九八三年十二月一日起生效），公約內容請參考：https://assets.hcch.net/docs/e86d9f72-dc8d-46f3-b3bf-e102911c8532.pdf. 儘管日本最終在二〇一四年簽署，但取回權利的美國或歐洲家長少之又少。

5 關於暴力衝突減少，請參考：J. R. Oneal, "From realism to the liberal peace: Twenty years of research on the causes of war," in G. Lundestad, ed., *International Relations Since the End of the Cold War: Some Key Dimensions* (Oxford: Oxford University Press, 2012), pp. 42–62; S. Pinker, "The decline of war and conceptions of human nature," *International Studies Review* 15/3 (2013), pp. 400–405.

6 National Cancer Institute, "Asbestos exposure and cancer risk" (accessed 2020), https://www.cancer.gov/about-cancer/; American Cancer Society, "Talcum powder and cancer" (accessed 2020), https://www.cancer.org/cancer/cancer-causes/talcum- powder-and-cancer.html; J. Entine, *Scared to Death: How Chemophobia Threatens Public Health* (Washington, DC: American Council on Science and Health, 2011). 關於全球暖化的議題，最近有大量的世界末日書籍可供選擇，接下來兩章將討論這項挑戰。

7 S. Knobler et al., *Learning from SARS: Preparing for the Next Disease Outbreak—Workshop Summary* (Washington, DC: National Academies Press, 2004); D. Quammen, *Ebola: The Natural and Human History of a Deadly Virus* (New York: W. W. Norton, 2014).

8 現在探討風險的文獻非常豐富，還分出許多專門的類別：關於企業風險管理的書籍和論文特別多，其次是關於自然災害的文章。三大主要期刊為《風險分析》（*Risk Analysis*）、《風險研究期刊》（*Journal of Risk Research*）和《風險期刊》（*Journal of Risk*）。

9 關於舊石器時代人類演化的故事，請參考：F. J. Ayala and C. J. Cela-Cond, *Processes in Human Evolution: The Journey from Early Hominins to Neandertals and Modern Humans* (New York: OxfordUniversity Press, 2017). 關於「舊石器時代」飲食的成效，請參考：https://thepaleodiet.com/. 關於飲食的客觀評論，請參考：Harvard T. H. Chan School of Public Health, "Diet review: paleo diet for weight loss" (accessed 2020), https://www.hsph.harvard.edu/nutritionsource/ healthy-weight/diet-reviews/paleo-diet/. 市面上不乏承諾讓你成為素食主義者（奶蛋素）的書，甚至還可以成為純素主義者，而且「從字面上來

看，還可以拯救世界」，以下僅列出兩本廣為宣傳的書：J. M. Masson, *The Face on Your Plate: The Truth About Food* (New York: W.W. Norton, 2010); and J. S. Foer, *We Are the Weather: Saving the Planet Begins at Breakfast* (New York: Farrar, Straus and Giroux, 2019).

10 E. Archer et al., "The failure to measure dietary intake engendered a fictional discourse on diet-disease relations," *Frontiers in Nutrition* 5 (2019), p. 105. 關於現代前瞻性飲食研究，最廣泛、也最飽受批評的意見交流請參考四組評論，先從以下開始：E. Archer et al., "Controversy and debate: Memory-Based Methods Paper 1: The fatal flaws of food frequency questionnaires and other memory-based dietary assessment methods," *Journal of Clinical Epidemiology* 104 (2018), pp. 113–124.

11 影響最深遠的爭論是關於膳食脂肪和膽固醇與心臟病的關係。最早的論點請參考：American Heart Association, "Dietary guidelines for healthy American adults," *Circulation* 94 (1966), pp. 1795–1800; A. Keys, *Seven Countries: A Multivariate Analysis of Death and Coronary Heart Disease* (Cambridge, MA: Harvard University Press, 1980). 對於早期論點的批評和反駁意見，請參考：A. F. La Berge, "How the ideology of low fat conquered America," *Journal of the History of Medicine and Allied Sciences* 63/2 (2008), pp. 139–177; R. Chowdhury et al., "Association of dietary, circulating, and supplement fatty acids with coronary risk: a systematic review and meta-analysis," *Annals of Internal Medicine* 160/6 (2014), pp. 398–406; R. J. De Souza et al., "Intake of saturated and trans unsaturated fatty acids and risk of all cause mortality, cardiovascular disease, and type 2 diabetes: systematic review and meta-analysis of observational studies," *British Medical Journal* (2015); M. Dehghan et al., "Associations of fats and carbohydrate intake with cardiovascular disease and mortality in 18 countries from five continents (PURE): a prospective cohort study," *The Lancet* 390/10107 (2017), pp. 2050–2062; American Heart Association, "Dietary cholesterol and cardiovascular risk: A science advisory from the American Heart Association," *Circulation* 141 (2020), e39–e53.

12 從一九五〇年到二〇二〇年，所有國家和地區的平均預期壽命請參考以下網址，以五歲為一個單位：United Nations, *World Population Prospects 2019*, https://population.un.org/wpp/Download/Standard/Population/.

13 日本詳細的歷史統計數字記錄了這個趨勢，請參考：Statistics Bureau, Japan, *Historical Statistics of Japan* (Tokyo: Statistics Bureau, 1996).

14 H. Toshima et al., eds., *Lessons for Science from the Seven Countries Study: A 35-Year Collaborative Experience in Cardiovascular Disease Epidemiology* (Berlin: Springer, 1994).

15 關於美國和日本糖分的總量和添加糖（added sugar）的消費量數據，請參考：S. A. Bowman et al., *Added Sugars Intake of Americans: What We Eat in America, NHANES 2013–2014* (May 2017); A. Fujiwara et al., "Estimation of starch and sugar intake in a Japanese population based on a newly developed food composition database," *Nutrients* 10 (2018), p. 1474.

16 一些不錯的日式料理介紹，請參考：M. Ashkenazi and J. Jacob, *The Essence of Japanese Cuisine* (Philadelphia: University of Philadelphia Press, 2000); K. J. Cwiertka, *Modern Japanese Cuisine* (London: Reaktion Books, 2006); E. C. Rath and S. Assmann, eds., *Japanese Foodways: Past & Present* (Urbana, IL: University of Illinois Press, 2010).

17 西班牙的表觀消費量（apparent consumption）比率來自：FundaciónFoessa, *Estudiossociológicossobre la situación social de España, 1975* (Madrid: Editorial Euramerica, 1976), p. 513; Ministerio de Agricultura, Pesca y Alimentación, *Informedel Consume AlimentarioenEspaña 2018* (Madrid: Ministerio de Agricultura, Pesca y Alimentación, 2019).

18 比較數字是基於：FAO, "Food Balances" (accessed 2020), http://www.fao.org/faostat/en/#data/FBS.

19 關於心血管疾病死亡率，請參考：L. Serramajem et al., "How could changes in diet explain changes in coronary heart disease mortality in Spain—The Spanish Paradox," *American Journal of Clinical Nutrition* 61 (1995), S1351–S1359; OECD, *Cardiovascular Disease and Diabetes: Policies for Better Health and Quality of Care* (June 2015). 關於預期壽命，請參考：United Nations, *World Population Prospects 2019*.

20 C. Starr, "Social benefit versus technological risk," *Science* 165 (1969), pp. 1232–1238.

21 根據詳細的量化風險評估，煙草煙霧包含十八種有害和潛在的有害成分： K. M. Marano et al., "Quantitative risk assessment of tobacco products: A potentially useful component of substantial equivalence evaluations," *Regulatory Toxicology and Pharmacology* 95 (2018), pp. 371–384.

22 M. Davidson, "Vaccination as a cause of autism—myths and controversies," *Dialogues in Clinical Neuroscience* 19/4 (2017), pp. 404–407; J. Goodman and F. Carmichael, "Coronavirus: Bill Gates 'microchip' conspiracy theory and other vaccine claims fact-checked," BBC News (May 29, 2020).

23 二〇二〇年九月初，三分之二的美國人表示，新冠疫苗推出後不會接種：S. Elbeshbishi and L. King, "Exclusive: Two-thirds of Americans say they won't get COVID-19 vaccine when it's first available, USA TODAY/Suffolk Poll shows," USA Today (September 2020).

24 關於這兩次災難對健康造成的結果，請參考綜合報告：B. Bennett et al., *Health Effects of the Chernobyl Accident and Special Health Care Programmes*, Report of the UN Chernobyl Forum (Geneva: WHO, 2006); World Health Organization, *Health Risk Assessment from the Nuclear Accident after the 2011 Great East Japan Earthquake and Tsunami Based on a Preliminary Dose Estimation* (Geneva: WHO, 2013).

25 World Nuclear Association, "Nuclear power in France" (accessed 2020), https://www.world-nuclear.org/information-library/country-profiles/countries-a- f/france.aspx.

26 C. Joppke, *Mobilizing Against Nuclear Energy: A Comparison of Germany and the United States* (Berkeley, CA; University of California Press, 1993); Tresantis, *Die Anti-Atom-Bewegung: Geschichte und Perspektiven* (Berlin: Assoziation A, 2015).

27 巴克・菲施霍夫（Baruch Fischho）和保羅・斯洛維奇（Paul Slovic）一再提出這些觀點：B. Fischho et al., "How safe is safe enough? A psychometric study of attitudes towards technological risks and benefits," *Policy Sciences* 9 (1978), pp. 127–152; B. Fischho, "Risk perception and communication unplugged: Twenty years of process," *Risk Analysis* 15/2 (1995), pp. 137–145; B. Fischhoand J. Kadvany, *Risk: A Very Short Introduction* (New York: Oxford University Press, 2011); P. Slovic, "Perception of risk," *Science* 236/4799 (1987), pp. 280–285; P. Slovic, *The Perception of Risk* (London: Earthscan, 2000); P. Slovic, "Risk perception and risk analysis in a hyperpartisan and virtuously violent world," *Risk Analysis* 40/3 (2020), pp. 2231–2239.

28 最近發生了三起值得注意的災難，從中可看出一般的工業和建築事故死亡人數範圍：二〇一三年七月六日，魁北克梅干提克湖（Lac-Mégantic）一列運送原油的火車脫軌，起火爆炸，造成四十七人死亡；二〇一三年四月二十四日，達卡的一座建築物倒塌，造成一一二九名製衣廠工人死亡；二〇一九年一月二十五日巴西的布魯馬迪尼奧大壩（Brumadinho Dam）潰堤，導致兩百三十三人死亡。

29 定點跳傘者以腹部向下的姿勢，往下跳四秒後會掉落七十二公尺，達到一二〇公里／小時的速度："BASE jumping freefall chart," *The Great Book of Base* (2010), https://base-book.com/BASEFreefallChart.

30 A. S. Ramírez et al., "Beyond fatalism: Information overload as a mechanism to understand health disparities," *Social Science and Medicine* 219 (2018), pp. 11–18.

31 D. R. Kouabenan, "Occupation, driving experience, and risk and accident perception," *Journal of Risk Research* 5 (2002), pp. 49–68; B. Keeley et al., "Functions of health fatalism: Fatalistic talk as face saving, uncertainty management, stress relief and sense making," *Sociology of Health & Illness* 31 (2009), pp. 734–747.

32 A. Kayani et al., "Fatalism and its implications for risky road use and receptiveness to safety messages: A qualitative investigation in Pakistan," *Health Education Research* 27 (2012), pp. 1043–1054; B. Mahembe and O. M. Samuel, "Influence of personality and fatalistic belief on taxi driver behaviour," *South African Journal of Psychology* 46/3 (2016), pp. 415–426.

33 A. Suárez-Barrientos et al., "Circadian variations of infarct size in acute myocardial infarction," *Heart* 97 (2011), 970e976.

34 World Health Organization, "Falls" (January 2018), https://www.who.int/news-room/fact-sheets/detail/falls.

35 關於沙門氏菌，請參考：Centers for Disease Control and Prevention, "*Salmonella* and Eggs", https://www.cdc.gov/foodsafety/communication/salmonella-and-eggs.html. 關於茶裡面殘留的農藥，請參考：J. Feng et al., "Monitoring and risk assessment of pesticide residues in tea samples from China," *Human and Ecological Risk Assessment: An International Journal* 21/1 (2015), pp. 169–183.

36 聯邦調查局最新的謀殺和過失殺人統計數據是，每十萬人裡面巴爾的摩為五十一人、邁阿密九・七人、洛杉磯六・四人：https://ucr.fbi.gov/crime-in-the-u.s/2018/crimein-the-u.s.-2018/topic-pages/murder.

37 最近受汙染藥物最大的撤回案例是來自中國，包含常用的降血壓藥物：Food and Drug Administration, "FDA updates and press announcements on angiotensin II receptor blocker (ARB) recalls (valsartan, losartan, and irbesartan)" (November 2019), https://www.fda.gov/drugs/drug-safety-and-availability/fda-updates-and-press-announcements-angiotensin-ii-receptor-blocker-arb-recalls-valsartan-losartan.

38 Office of National Statistics, "Deaths registered in England and Wales: 2019," https://www.ons.gov.uk/peoplepopulationandcom munity/birthsdeathsandmarriages/deaths/bulletins/deathsregistrationsummarytables/2019.

39 K. D. Kochanek et al., "Deaths: Final Data for 2017," *National Vital Statistics Reports* 68 (2019), pp. 1–75; J. Xu et al., *Mortality in the United States, 2018*, NCHS Data Brief No. 355 (January 2020).

40 Starr, "Social benefit versus technological risk." 微亡率是由羅納德・霍華德（Ronald Howard）於一九八九年引入，大衛・史匹格哈特（David Spiegelhalter）將其用於許多發表的文章裡：R. A. Howard, "Microrisks for medical decision analysis,"*International Journal of Technology Assessment in Health Care* 5/3 (1989), pp. 357–370; M. Blastland and D. Spiegelhalter, *The Norm Chronicles: Stories and Numbers about Danger and Death* (New York: Basic Books, 2014).

41 United Nations, *World Mortality 2019*, https://www.un.org/en/ development/desa/population/publications/pdf/mortality/WMR 2019/WorldMortality2019DataBooklet.pdf.

42 CDC, "Heart disease facts," https://www.cdc.gov/heartdisease/facts.htm; D. S. Jones and J. A. Greene, "The decline and rise of coronary heart disease," *Public Health Then and Now* 103 (2014), pp. 10207–10218; J. A. Haagsma et al., "The global burden of injury:

incidence, mortality, disability-adjusted life years and time trends from the Global Burden of Disease study 2013," *Injury Prevention* 22/1 (2015), pp. 3–16.

43 World Health Organization, "Falls" (January 2018), https://www.who.int/news-room/fact-sheets/detail/falls.

44 Statistics Canada, "Deaths and mortality rates, by age group" (accessed 2020), https://www150.statcan.gc.ca/t1/tbl1/en/tv.actio n?pid=1310071001&pickMembers percent5B0 percent5D=1.1&pickMemberspercent5B1 percent5D=3.1.

45 L. T. Kohn et al., *To Err Is Human: Building a Safer Health System* (Washington, DC: National Academies Press, 1999).

46 M. Makary and M. Daniel, "Medical error—the third leading cause of death in the US," *British Medical Journal* 353 (2016), i2139.

47 K. G. Shojania and M. Dixon-Woods, "Estimating deaths due to medical error: the ongoing controversy and why it matters," *British Medical Journal Quality and Safety* 26 (2017), pp. 423–428.

48 J. E. Sunshine et al., "Association of adverse effects of medical treatment with mortality in the United States," *JAMA Network Open* 2/1 (2019), e187041.

49 二〇一六年，美國住院人次為三千五百七〇萬，平均四 · 六天：W. J. Freeman et al., "Overview of U.S. hospital stays in 2016: Variation by geographic region" (December 2018), https://www.hcup-us.ahrq.gov/reports/statbriefs/sb246-Geographic-Variation-Hospital-Stays.jsp.

50 Bureau of Transportation Statistics, "U.S. Vehicle-miles" (2019), https://www.bts.gov/content/us-vehicle-miles.

51 A. R. Sehgal, "Lifetime risk of death from firearm injuries, drug overdoses, and motor vehicle accidents in the United States," *American Journal of Medicine* 133/10 (October 2020), pp. 1162–1167.

52 World Health Rankings, "Road traffic accidents" (accessed 2020), https://www.worldlifeexpectancy.com/cause-of-death/road-traffic-accidents/by-country/.

53 馬來西亞航空 370 航班的謎團可能永遠無法解開：來自各方的意見和揣測比比皆是，但目前似乎只有一些意想不到、突如其來的關鍵資訊才能解開。波音 737 MAX 連續兩起墜機事件（造成三百四十六人死亡）的調查結果，暴露出該公司這款暢銷設計在製造上以及提供的操作說明和指引都出現問題。

54 International Civil Aviation Organization, *State of Global Aviation Safety* (Montreal: ICAO, 2020).

55 K. Soreide et al., "How dangerous is BASE jumping? An analysis of adverse events in 20,850 jumps from the Kjerag Massif, Norway," *Trauma* 62/5 (2007), pp. 1113–1117.

56 United States Parachute Association, "Skydiving safety" (accessed 2020), https://uspa.org/Find/FAQs/Safety.

57 US Hang Gliding & Paragliding Association, "Fatalities" (accessed 2020), https://www.ushpa.org/page/fatalities.

58 National Consortium for the Study of Terrorism and Responses to Terrorism, *American Deaths in Terrorist Attacks, 1995–2017* (September 2018).

59 National Consortium for the Study of Terrorism and Responses to Terrorism, *Trends in Global Terrorism: Islamic State's Decline in Iraq and Expanding Global Impact; Fewer Mass Casualty Attacks in Western Europe; Number of Attacks in the United States Highest since 1980s* (October 2019).

60 關於西岸地震危險的完整摘要，請參考：R. S. Yeats, *Living with Earthquakes in California* (Corvallis, OR: OregonStateUniversity Press, 2001). 關於西岸地震對整個橫跨太平洋地區帶來的影響，請參考：B. F. *Atwater, The Orphan Tsunami of 1700* (Seattle, WA: University of Washington Press, 2005).

61 E. Agee and L. Taylor, "Historical analysis of U.S. tornado fatalities (1808–2017): Population, science, and technology," *Weather, Climate and Society* 11 (2019), pp. 355–368.

62 R. J. Samuels, *3.11: Disaster and Change in Japan* (Ithaca, NY: CornellUniversity Press, 2013); V. Santiago-Fandiño et al., eds., *The 2011 Japan Earthquake and Tsunami: Reconstruction and Restoration, Insights and Assessment after 5 Years* (Berlin: Springer, 2018).

63 E. N. Rappaport, "Fatalities in the United States from Atlantic tropical cyclones: New data and interpretation," *Bulletin of American Meteorological Society* 1014 (March 2014), pp. 341–346.

64 National Weather Service, "How dangerous is lightning?" (accessed 2020), https://www.weather.gov/safety/lightning-odds; R. L. Holle et al., "Seasonal, monthly, and weekly distributions of NLDN and GLD360 cloud-to-ground lightning,"*Monthly Weather Review* 144 (2016), pp. 2855–2870.

65 Munich Re, *Topics. Annual Review: Natural Catastrophes 2002* (Munich: Munich Re, 2003); P. Löw, "Tropical cyclones cause highest losses: Natural disasters of 2019 in figures," Munich Re (January 2020), https://www.munichre.com/topics- online/en/climate-change-and-natural-disasters/natural-disasters/natural-disasters-of-2019-in-figures-tropical-cyclones-cause-highest-losses.html.

66 O. Unsalan et al., "Earliest evidence of a death and injury by a meteorite," *Meteoritics& Planetary Science* (2020), pp. 1–9.

67 National Research Council, *Near-Earth Object Surveys and Hazard Mitigation Strategies: Interim Report* (Washington, DC: NRC, 2009); M. A. R. Khan, "Meteorites," *Nature* 136/1030 (1935), p. 607.

68 D. Finkelman, "The dilemma of space debris," *American Scientist* 102/1 (2014), pp. 26–33.

69 M. Mobberley, *Supernovae and How to Observe Them* (New York: Springer, 2007).

70 NASA, "2012: Fear no Supernova" (December 2011), https:// www.nasa.gov/topics/earth/features/2012-supernova.html.

71 NASA, "Asteroid fast facts" (March 2014), https://www.nasa. gov/mission_pages/asteroids/overview/fastfacts.html; *National Research Council, Near-Earth Object Surveys and Hazard Mitigation Strategies*; M. B. E. Boslough and D. A. Crawford, "Low-altitude airbursts and the impact threat," *International Journal of Impact Engineering* 35/12 (2008), pp. 1441–1448.

72 US Geological Survey, "What would happen if a 'supervolcano' eruption occurred again at Yellowstone?" https://www.usgs.gov/faqs/what-would-happen-if-a-supervolcano-eruption-occurredagain-yellowstone; R. V. Fisher et al., *Volcanoes: Crucibles of Change* (Princeton, NJ: Princeton University Press, 1997).

73 Space Weather Prediction Center, "Coronal mass ejections," National Oceanic and Atmospheric Administration (accessed 2020), https://www.swpc.noaa.gov/phenomena/coronal-mass-ejections.

74 R. R. Britt, "150 years ago: The worst solar storm ever," Space.com (September 2009), https://www.space.com/7224-150-years-worst-solar-storm.html.

75 S. Odenwald, "The day the Sun brought darkness," NASA (March 2009), https://www.nasa.gov/topics/earth/features/sun_darkness. html.
76 Solar and Heliospheric Observatory, https://sohowww.nascom.nasa.gov/.
77 T. Phillips, "Near miss: The solar superstorm of July 2012," NASA (July 2014), https://science.nasa.gov/science-news/science-at-nasa/2014/23jul_superstorm.
78 P. Riley, "On the probability of occurrence of extreme space weather events," *Space Weather* 10 (2012), S02012.
79 D. Moriña et al., "Probability estimation of a Carrington-like geomagnetic storm," *Scientific Reports* 9/1 (2019).
80 K. Kirchen et al., "A solar-centric approach to improving estimates of exposure processes for coronal mass ejections," *Risk Analysis* 40 (2020), pp. 1020–1039.
81 E. D. Kilbourne, "Influenza pandemics of the 20th century," *Emerging Infectious Diseases* 12/1 (2006), pp. 9–14.
82 C. Viboud et al., "Global mortality impact of the 1957–1959 influenza pandemic," *Journal of Infectious Diseases* 213/5 (2016), pp. 738–745; CDC, "1968 Pandemic (H3N2 virus)" (accessed 2020), https://www.cdc.gov/flu/pandemic-resources/1968-pandemic.html; J. Y. Wong et al., "Case fatality risk of influenza A(H1N1pdm09): a systematic review," *Epidemiology* 24/6 (2013).
83 World Economic Forum, *Global Risks 2015, 10th Edition* (Cologny: WEF, 2015).
84 "Advice on the use of masks in the context of COVID-19: Interim guidance," World Health Organization (2020).
85 J. Paget et al., "Global mortality associated with seasonal influenza epidemics: New burden estimates and predictors from the GLaMOR Project," *Journal of Global Health 9/2* (December 2019), 020421.
86 W. Yang et al., "The 1918 influenza pandemic in New York City: Age-specific timing, mortality, and transmission dynamics," *Influenza and Other Respiratory Viruses* 8 (2014), pp. 177–188; A. Gagnon et al., "Age-specific mortality during the 1918 influenza pandemic: Unravelling the mystery of high young adult mortality," *PLoS ONE* 8/8 (August 2013), e6958; W. Gua et al., "Comorbidity and its impact on 1590 patients with COVID- 19 in China: A nationwide analysis," *European Respiratory Journal* 55/6 (2020), article 2000547.
87 J.-M. Robine et al., eds., *Human Longevity, Individual Life Duration, and the Growth of the Oldest-Old Population* (Berlin: Springer, 2007).
88 CDC, "Weekly Updates by Select Demographic and Geographic Characteristics" (accessed 2020),https://www.cdc.gov/nchs/nvss/vsrr/covid_weekly/index.htm#AgeAndSex.
89 D. M. Morens et al., "Predominant role of bacterial pneumonia as a cause of death in pandemic influenza: implications for pandemic influenza preparedness," *Journal of Infectious Disease* 198/7 (October 2008), pp. 962–970.
90 A. Noymer and M. Garenne, "The 1918 influenza epidemic's effects on sex differentials in mortality in the United States," *Population and Development Review* 26/3 (2000), pp. 565–581.
91 關於西岸地震危險的完整摘要，請參考：R. S. Yeats, *Living with Earthquakes in California* (Corvallis, OR: OregonStateUniversity Press, 2001). 關於西岸地震對整個橫跨太平洋地區帶來的影響，請參考：B. F. *Atwater, The Orphan Tsunami of 170*0 (Seattle, WA: University of Washington Press, 2005).
92 P. Gilbert, *The A-Z Reference Book of Syndromes and Inherited Disorders* (Berlin: Springer,

1996).

93 日本是個多山的國家，人口只集中在約一五％的平地，而且隨時會出現強烈地震、火山爆發、破壞性海嘯的風險，正是這種情境的典型例子——此外，像是爪哇島或孟加拉沿海等人口稠密的地方，也有基於類似和其他的原因。

94 在最近發表的許多文章中，可以找到這些主題的更多相關資訊，包括：O. Renn, *Risk Governance: Towards an Integrative Approach* (Geneva: International Risk Governance Council, 2006); G. Gigerenzer, *Risk Savvy: How to Make Good Decisions* (New York: Penguin Random House, 2015).

95 V. Janssen, "When polio triggered fear and panic among parents in the 1950s," *History* (March 2020), https://www.history.com/news/polio-fear-post-wwii-era.

96 一九五八年，美國國內生產毛額比一九五七年增加了五％以上，一九六九年增加超過七％。請參考：Fred Economic Data (accessed 2020), https://fred.stlouisfed.org/ series/GDP.

97 The Museum of Flight, "Boeing 747-121" (accessed 2020), https://www.museumofflight.org/aircraft/boeing-747-121.

98 Y. Tsuji et al., "Tsunami heights along the Pacific Coast of Northern Honshu recorded from the 2011 Tohoku and previous great earthquakes," *Pure and Applied Geophysics* 171 (2014), pp. 3183–3215.

99 二〇〇四年十一月，賓拉登向美國公民解釋說，他選擇那次攻擊是為了要讓「美國瀕臨破產」，而「要求開戰的白宮」如何幫助他做到這一點。演講全文請參考：https://www.aljazeera.com/archive/2004/11/200849163336457223.html. 他還引用英國皇家國際事務研究所（Royal Institute of International Affairs）的估計，發動攻擊的成本不超過五十萬美元，而到二〇一八年，美國在伊拉克、阿富汗、巴基斯坦和敘利亞的戰爭成本上升到約五 · 九兆美元，而且在未來的四十年可能會將成本（借款利息、退伍軍人照顧費用）推升至八兆美元：Watson Institute, "Costs of War" (2018), https://watson.brown.edu/costsofwar/papers/summary.

100 C. R. Sunstein, "Terrorism and probability neglect," *Journal of Risk and Uncertainty* 26 (2003), pp. 121–136.

101 Federal Bureau of Investigation, "Crime in the U.S." (accessed 2020), https://ucr.fbi.gov/crime-in-the-u.s.

102 E. Miller and N. Jensen, *American Deaths in Terrorist Attacks, 1995–2017* (September 2018), https://www.start.umd.edu/pubs/ START_AmericanTerrorismDeaths_FactSheet_Sept2018.pdf.

103 A. R. Sehgal, "Lifetime risk of death from firearm injuries, drug overdoses, and motor vehicle accidents in the United States," *American Journal of Medicine* 133/10 (May 2020), pp. 1162–1167.

第六章 了解環境

我們唯一擁有的生物圈

本章的副標題刻意帶有預防意味，我拒絕接受短期內離開地球，到另一個星球上建立文明的念頭。我之所以這樣做，是因為在這個後真相（**post-factual**，譯注：指人們更容易接受基於情感和信仰的論點，而不是基於事實）的世界中，關於很快能在外太空找到一個新住所的想法（最著名的是改造火星以適合人居）[1]似乎已成為一項可能的選擇，可用來果斷處理這個繞太陽運行的第三顆行星上面的問題。這是科幻作品最喜歡的另一個話題，但僅存在於故事情節當中：即使我們有廉價的行星際運輸工具，而且以某種方式掌握了火星基地的建設，也無法創造一個合適的大氣層——如果要長期移民火星，要有足夠的二氧化碳讓火星暖化，目前就算處理了火星極冠（**polar cap**）、礦物質和土壤，所產生的二氧化碳僅占所需的大約七%。[2]

當然，真正的信徒可以運用另一個科幻技巧，以實現火星移民：創造出澈底基因改造過的人類，這種新超級生物具有陸地緩步動物（**tardigrade**）的特性，是能生活在草地和潮濕水溝中的小型八腳無脊椎動物。這樣的生物不僅能應付稀薄的大氣（氣壓值不到地球的一%），而且還能應付這顆紅色行星因保護不足而接收的高劑量輻射。[3]

回到現實世界，如果我們物種的存活（先不提蓬勃發展）時間至少要像之前的高度文明一樣久（也就是再過五千年左右），那麼就必須確保我們接下來的介入措施，不會讓地球變得不適合我們居住——或者以現代的說法，我們不會越過安全的地球限度（planetary boundaries）。[4]

這些關鍵的生物圈限度名單包括九大類別：氣候變遷（現在也可以簡稱為全球暖化，儘管這個表達方式不準確）、海洋酸化（危害到依賴碳酸鈣建構身體結構的海洋生物）、平流層臭氧遭到破壞（臭氧層可保護地球免受過度紫外線輻射；而釋放氯氟碳化合物〔chlorofluorocarbon〕會破壞臭氧層）、大氣中的氣溶膠濃度（汙染物會降低能見度，而且導致肺損傷）、對氮和磷循環的干擾（最重要的是，這些營養物質會進入淡水和沿海水域）、乾淨水源使用（過度抽取地下水、溪水、湖水）、土地利用改變（森林砍伐，以及農業、都市和工業擴張）、生物多樣性喪失，以及各種形式的化學汙染。

若想有系統地檢視這些我們關注的事，而且從適當的歷史和環境角度切入，就必須要寫一整本書，而不是一章就好（除非只涵蓋淺顯的摘要）。因此，我決定要以非常實際的出發點來寫這一章，只關注幾個關鍵的生存要素，從三個不可替代的生存需求環境條件開始——呼吸、飲水和飲食。為了提供這三個我們存在的先決條件，要依賴大自然的產物和服務：也就是含氧大氣層以及不斷的循環；水以及全球的循環；土壤、光合作用、生物多樣性和植物養分的流動性。而這三者的供給，又會反過來影響大自然的產物和服務。

正如我們將看到的，這些影響範圍從微不足道（大氣中的氧氣濃度並沒有因為燃燒化石燃料而受到危害），到明顯的負面影響（從古老的深層含水層中抽取過多的水；因食物生產、都市和工業而造成嚴重的水汙染），再到澈底的破壞（乾旱地區因過度放牧導致沙漠化；新農田取代熱帶森林或草原）。

不受危害的氧氣

呼吸是透過血紅素，從我們的肺部規律地輸送氧氣到身體所有細胞，為新陳代謝提供能量。就我們的生存而言，沒有其他的自然資源比氧氣更重要：每個人可忍受的自主呼吸暫停（停止呼吸）持續的時間各不相同，但是如果你從未訓練過自己延長暫停呼吸的時間，會發現最多只能持續三十秒，通常不會超過一分鐘左右。你可能看過關於自由潛水（freediving）的介紹——男性和女性潛水者冒著生命危險，停止呼吸下去潛水，沒有任何呼吸裝備，看看能潛到多深（不管有沒有穿蛙鞋）。或是看過靜態呼吸暫停比賽，參賽者躺在水池裡，停止呼吸，一動也不動。呼吸暫停比賽的男性紀錄接近十二分鐘，女性為九分鐘，而如果先花半小時對純氧過度換氣（譯注：可增加身體的氧合作用），再嘗試呼吸暫停，則時間可以加倍，男性的紀錄超過二十四分鐘，女性為一八．五分鐘。[5]

這在二十一世紀被視為一種運動，但大腦若缺氧，腦細胞會在五分鐘內開始壞死，而且只要稍微再久一點，就會導致嚴重的損傷或死亡。畢竟，氧氣是人類生存最迫切的限制資源。我們的物種就像所有化學異營生物（**chemoheterotroph**，不能在內部自己產生營養的生物）一樣，需要氧氣持續供應。休息時的呼吸頻率為每分鐘十二—二十次，成人每日人均氧氣吸入量平均為一公斤左右。[6]從全球人口的角度，代表每年大約需要二十七億噸氧氣，但對比於大氣中存在的約一千兩百兆噸氧氣，這個比例實在是微不足道（○．○○○二三%）——而呼出的二氧化碳，植物很容易用來進行光合作用。

含氧大氣層的起源可追溯到大約二十五億年前發生的大氧化事件（**Great Oxidation Event**）。[7]在此期間，海洋藍藻釋放的氧氣開始在大氣中累積，但是花了很長的時間，氣體才達到現在的濃度，在過去的五億年裡，大氣中的氧氣含量波動很大，可低至一五%

左右，也可高達三五%，最後下降到今天地球空氣體積的近二一%。[8]因此，絕對不會因為人或動物呼吸，就大幅降低這個比例而導致危險，除此之外，即使是地球上的植物發生最嚴重的燃燒（快速氧化），也不會出現消耗過多氧氣的危險。

地球上的陸地植物大約含有五千億噸的碳，即使一次全部燒毀（所有森林、草原和農作物），如此巨大的火災也只會消耗大約〇·一%的氧氣。[9]然而，二〇一九年夏天，亞馬遜熱帶雨林大片地區燃燒時，許多新聞媒體和政治人物試圖嚇唬不了解科學的群眾，讓他們相信世界將開始窒息。例如二〇一九年八月二十二日，法國總統艾曼紐·馬克宏（Emmanuel Macron）在推特上寫道：[10]

> 我們的房子著火了，真的。亞馬遜雨林是地球的肺，為我們產生二〇%的氧氣，目前正在燃燒。這是一場國際危機，七大工業國組織高峰會議（G7 Summit）的成員，我們要在兩天內討論這個緊急情況！

不必在兩天內召開緊急的七大工業國組織高峰會議（或甚至兩個月內：這也是一件好

事，彷彿這樣就可以解決任何問題似的），世界繼續呼吸。蓄意焚燒亞馬遜雨林可視為一項非常令人遺憾且完全被誤導的政策，也可視為對生物圈不可原諒的犯罪，要怎麼判斷取決於你是秉持什麼特定的標準——但是要知道，這個行為不會剝奪地球的氧氣。

這種錯誤的訊息還顯示出一個更廣泛的問題，那就是為什麼我們不依賴既定的科學事實，而要讓各式各樣的推文帶動輿論風向？與能源和食品生產相比，對環境的評估可能更容易出現無根據的概述、帶有偏見的解讀、完全錯誤的訊息，這種傾向必須受到譴責和抵制：如果我們的行為是基於錯誤的迷思和訊息，就不會成功。我必須承認，基礎科學通常很複雜，許多意見不是完全確定無誤，斷然的評判也不可取——但上述這個特定事件並不在此列。

最明顯的是，肺不會產生氧氣，而是處理氧氣：肺的功能是維持身體的氣體交換。大氣中的氧氣會進入血流，而新陳代謝後的最大量氣體產物二氧化碳會排出。在這個過程中，肺（與其他器官一樣）必須消耗氧氣，但衡量需要多少氧氣並不容易——也就是說，要把肺的需求與吸入的總氧氣量分開。若要找到答案，最好的方法是在體外循環期間，也就是肺循環暫時與體循環血流隔離：這顯示肺消耗了我們吸入氧氣總量的五%。[11]亞馬遜

的樹木跟任何陸地植物一樣，在白天的光合作用中產生氧氣（也就像其他的光合作用生物一樣），但在夜晚呼吸過程中消耗了幾乎所有氧氣，而夜晚呼吸過程是利用光合作用產物（photosynthate）來產生能量以及植物生長所需的化合物。[12]

陸地和海洋光合作用每年至少吸收了三千億噸的氧氣，釋放出的氧氣數量也差不多，[13]不過這些流量，以及有機物因掩埋和氧化產生的較小流量，並不是每天或每季都會完全平衡，但是從長遠來看，不會相差太遠，否則我們的氧氣量會大幅增加或減少，而氧氣在大氣中的存在其實一直非常穩定。亞馬遜森林、澳洲灌木叢、加州的山坡或西伯利亞針葉林大火燃燒的圖片，並非不祥的預兆，不代表大氣層裡，我們每分鐘至少需吸入十幾次的氣體會消耗殆盡。[14]大規模森林火災在許多方面帶來了破壞和危害，但不會因為缺氧而使我們窒息。

我們會有足夠的水和食物嗎？

相較之下，在我們環境關注清單上，第二個最迫切需要的自然要素，在供給上原本應該非常充裕，這種關鍵資源絕對不會短缺，但問題是分布不均，而且我們管理不當。上述說法有點太過輕描淡寫——其實是我們浪費了大量水資源，如果採取許多有效的革新措施，就能澈底改變不樂見的習慣和趨勢，可是到目前為止，我們這方面的進展緩慢。正如我們將看到的，從供水問題最能看出這是一種幾乎普遍管理不善的資源，而取得來源極不平均又增加了複雜度。[15]

至少我們喝水的頻率不必像呼吸一樣每分鐘十幾次，一天下來甚至喝不到十幾次水——但是提供足夠的飲用水（取決於性別、年齡、體型、環境溫度，大部分人每天約一．五到三公升，可是不包括極限運動）是基本的生存問題。[16] 一天不補充水分令人難受，兩天就變得危險，三天不喝會致命。除了這種生存必要條件，也就是每年人均約七百五十公斤（或公升、或〇．七五立方公尺）的水，還有其他幾種（而且數量更多）的用水需求：個人衛生、煮飯和洗衣（即使沒有室內廁所，這些類別加起來每天最少也要十五—二十公升，或每年約七立方公尺），以及生產活動，尤其是種植作物。[17]

各種不同產業（農業、火力發電、重工業、輕工業、服務業、家庭）以及不同類別的用水，使得要拿各國國內和國際狀況來比較會變得很複雜。藍水包括雨水進入河流、水體和地下水儲存，之後可供使用或蒸發；綠水足跡是指降雨後儲存在土壤的水，隨後由植物蒸發、蒸散或吸收；灰水包括用來稀釋汙染物以滿足特定水質標準所需的水。

因此，全國人均消費量是評估水足跡的最佳（最詳盡）方法：加進了綠水、藍水和灰水的成分，以及所有虛擬的水（進口食品和商品在生長或生產時所需的水）。[18]各國國內藍水使用量（所有數值以每年人均立方公尺為單位）分別為：加拿大略高於二十九、美國二十三、法國十一、德國七、中國和印度約為五，許多非洲國家則不到一。[19]各國消費的總水足跡，反映了農業用水（顯然在大量灌溉的國家中最高）和工業生產分別占的比重，因此，像加拿大、義大利、以色列和匈牙利等經濟體，氣候和產業消費量雖然非常不同，但是消費總量卻非常相似（這些國家介於兩千三百到兩千四百立方公尺／年／人均）。進口食品中含有大量的綠水，因此日本和南韓這兩個對進口食品依賴度最高的國家，也是虛擬水的最大用戶。

水在國家整體經濟中扮演關鍵的角色，特別是食物生產，因此關於水的可用性、充足性、稀少性和脆弱性等相關綜合評估報告多如牛毛，這就不足為奇了。二十一世紀初，缺水人口總數少的時候是十二億，多的時候是四十三億，也就是占全人類的二〇％至七〇％。[20]在二十一世紀的第二個十年，從兩種不同的水資源短缺的測量結果中，同樣顯示出受影響的人口約為十六到二十四億。[21]由於目前的各種評估差異很大，所以不可能提出對未來強而有力且站得住腳的結論。

未來的食物供應也存在許多變數，在人類活動中，對地球生態系統影響最大的就是食物生產，加起來已經占地球非冰河土地的大約三分之一，而進一步的影響似乎不可避免。[22]現在用於生產食物的總面積是一個世紀前的兩倍多，但所有富裕經濟體的農地面積不是維持不變，就是稍微減少，而全球新農地的總體成長率已大幅趨緩。[23]由於非洲大陸的出生率高，必然會進一步擴大農地，但在亞洲大部分地區應該限制農地擴張，而歐美和澳洲（食物生產過剩，而且人口高齡化）的農地面積應該會持續減少。

如果採用更好的耕作方式，減少食物浪費，再加上普遍適度食用肉類，就可以減少用於生產食物的土地數量。在第二章解釋過，一個擁有近八十億人口的世界，若要恢復到工業化以前的農業，實在很難想像，但是以現有的投入（農業集約化）來提升更多的產量，這種作法符合長期以來的趨勢，而如果能捨棄許多浪費的作法，就算少用肥料或殺蟲劑，也會讓產量增加。有一項長達十年（二〇〇五—二〇一五年）的大規模研究十分具有說服

力，研究對象是將近兩千一百萬中國農民，其種植約三分之一的農地，結果發現：他們能將主要糧食作物產量提高一一%，而同時將每公頃的氮肥用量減少一五－一八%。[24]

如果土地不是一種限制性資源，而且如果我們擁有管理水供應的專業知識，那麼未來在提供作物所需巨量營養素的同時，是不是能限制因為使用氮和磷而對環境造成的影響呢？如前所述，只要以哈伯－博施法合成氨，就能提供一種活性形式的氮（主要的巨量營養素），完全符合我們所需要的氮肥用量。[25]我們還可以提供兩種足夠的礦物質巨量營養素：鉀和磷。美國地質調查局（US Geological Survey）估計，鉀資源約為七十億噸氧化鉀（K_2O）當量，儲存量大約是這個數量的一半，按照目前的生產速度，這些儲存量可以持續將近九十年。[26]

在過去五十年中，常常有人提出即將出現磷短缺，有些人甚至還說：「幾十年內必然會出現饑荒。」[27]有限資源遭到浪費，的確會令人擔憂，但是磷並沒有出現迫在眉睫的危機，根據國際肥料發展中心（International Fertilizer Development Center）指出，全球的磷礦儲存量和資源，可滿足未來三百～四百年的肥料需求。[28]美國地質調查局估計，世界磷礦資源量超過三千億噸，以目前開採的速度還能用一千多年。[29]另外，國際肥料工業協會（International Fertilizer Industry Association）也認為「磷的高用量並不是急迫的問題，磷礦也不會立刻枯竭。」[30]

關於植物養分的問題，我們真正該擔憂的是，在不需要它們存在的環境中（主要是在水中），會對環境和經濟產生什麼後果。肥料中的磷會因土壤侵蝕和降雨而流失，家畜和人類的排泄物也會釋出磷，[31]因為這種元素在水（無論是淡水還是海水）中的濃度通常非常低，所以加入水會導致富營養現象（eutrophication），而水裡富含以前稀少的養分，會使得藻類過度生長。[32]農田施肥後（再加上動物和人類的排泄物），流失的氮也會造成富營養現象，但水生光合作用對於添加磷之後的反應更敏感，不管是初級汙水處理（沉澱池只能去除五—一〇%的磷）還是二級處理（過濾一〇—二〇%），都不能防止富營養現象，但可以使用凝結劑或微生物分解去除磷，然後變成結晶體再作為肥料使用。[33]

如前所述，全球作物的氮吸收率已經下降到低於五〇%，中國和法國低於四〇%，再加上磷之後，可溶性氮化合物會汙染水域，促使藻類過度生長。腐爛的藻類會消耗溶解在海水中的氧氣，產生無氧（缺氧）水，使得魚類和甲殼類動物無法生存，美國東部和南部海岸，以及歐洲、中國和日本的海岸都出現大量缺氧區。[34]目前並沒有簡單、廉價和快速的方案，可以解決這些對環境造成的衝擊，更好的農藝管理（作物輪作、分次施肥以盡量減少流失）至關重要，減少肉類消費會是最重要的調整措施，因為可以降低生產飼料穀物的需求，但如果撒哈拉以南的非洲地區想要避免長期依賴食物進口，就需要更多的氮和磷。

任何對於三種生存必需品（大氣中的氧氣、水供給和食物生產）的長期評估，都必須考慮到持續發展的氣候變遷會對其帶來什麼影響，這種轉變過程將在生物圈的各方面留下足跡：不單單只是媒體最常提到的溫度升高和海平面上升。我不會重新審視一長串他人已經預測的影響，包括從炎熱的都市到上升的海洋，從乾枯的作物到融化的冰河，因為相關內容多不勝數，有的討論方式是經過慎思熟慮，有的則是歇斯底里。

我將改用一種實際（而非正統）的方法，先解釋溫室氣體效應對生命的必要性，若沒有溫室氣體效應，地球表面將永久凍結，而我們也在無意中透過一系列行動助長溫室氣體效應——燃燒化石燃料是促使人為全球暖化最重要的因素。接著，我將從與一般看法相反的角度切入，解釋現代科學如何在一個多世紀以前就發現這個現象，還有我們幾代以來，如何忽略了這個早已清楚闡明的潛在風險，而且到目前為止，我們一直不願意採取任何有效的行動，以延緩全球暖化的進程，最後，這將是個非常具有挑戰性的轉變。

為什麼地球不會永久凍結？

正如我們在第一章說到的，豐富的化石燃料以及日益提升的高效率轉換，一直是現代經濟成長的主要動力來源，讓我們充分享受更長壽和生活更豐富所帶來的好處，但同時也擔心二氧化碳排放對全球氣候（通常稱為全球暖化）的長期影響。簡單的物理學解釋了我們為什麼會擔憂地球暖化對環境造成的後果，我們非常擔心某樣東西，但沒有它我們也活不下去：那就是溫室效應。這種現象有其存在的必要，因為藉由一些微量氣體，可以調節地球的大氣溫度——其中最重要的是二氧化碳和甲烷（CH_4）。若是與兩種構成大氣的主要氣體（氮氣占七八%，氧氣占二一%）相比，二氧化碳和甲烷的存在可以忽略不計（根本不到一%），但它們帶來的影響很大，讓一顆無生命的冰凍行星變成藍色和綠色的地球。[35]

地球的大氣層吸收進入（短波）的太陽輻射，然後向太空散發輻射（長波）。如果沒有大氣層，地球的溫度將是攝氏零下十八度，使得我們星球的表面將永遠凍結。微量氣體藉由吸收一些向外的（紅外線）輻射，然後提高地表溫度以改變地球的輻射平衡，如此一來，讓液態水得以存在，而液態水的蒸發將水氣（這種氣體也能吸收向外的紅外線、不可

見波）帶入大氣層。目前全球平均溫度為攝氏十五度，可以支持多種形式的生命存活，而如果沒有微量氣體和水氣，整體結果會變成地球表面溫度比現在低三十三度。

將這種自然現象標記為「溫室效應」是一種帶有誤導意味的比喻，溫室內的熱度之所以存在，不僅是因為玻璃外殼阻隔一些紅外輻射逸出，還因為它切斷空氣流通。相較之下，自然的「溫室效應」，完全是由微量氣體攔截一小部分向外的紅外輻射而產生——不過全球的大氣層仍經常劇烈變動，不受阻礙。到目前為止，水氣是向外輻射最重要的吸收體，因此在過去，大部分的大氣暖化都是由它促成，未來也將如此。水氣是自然溫室效應的主要產生者，但不是大氣暖化的原因，因為它不能控制大氣溫度，事實上，情況正好相反：持續變化的溫度決定了有多少水能以氣體形式存在（隨著溫度升高，空氣中的濕度增加），以及有多少能凝結成液體（隨著溫度下降，凝結增加）。

地球的自然暖化是由微量氣體控制，其濃度不受環境溫度的影響——也就是說，微量氣體不會隨著溫度下降而凝結和沉澱，但是它們會引起相對較小的暖化，可增加蒸發且提高大氣層的水濃度，這種回饋效應再導致進一步的暖化。自然的微量氣體效應一直是以二氧化碳為主，再加上少許的甲烷、一氧化二氮（N_2O）和臭氧——最後這個就是眾所周知的臭氧層。數千年前，定居社會採用農耕，開始在家中使用木材（以及由木材製成的木炭）、冶煉金屬和製作磚瓦，這時人類活動就開始影響幾種微量氣體的濃度（產生額外的人為溫室氣體效應）。將森林轉變為農田，會釋放額外的二氧化碳，而在淹水的田地中種植水稻會產生額外的甲烷。[36]

但是只有在工業化的步伐加快後，這些人為排放的影響才變得顯著。二氧化碳排放不斷增加，導致人為溫室氣體效應加速，背後的推手主要是化石燃料的燃燒和水泥的生產。甲烷排放（來自稻田、垃圾掩埋場、牛和天然氣生產）和一氧化二氮（主要是來自於氮肥用量增加）是其他值得注意的溫室氣體人為來源。如果對照過去的大氣濃度，會發現工業化使得濃度突然飆升。

在一八〇〇年以前的幾個世紀，二氧化碳濃度波動不大，接近百萬分之二七〇（parts per million, ppm 等於百萬分之一）——即體積濃度〇・〇二七%。到一九〇〇年，稍微上升到二九〇 ppm，一個世紀後，接近三七五 ppm，二〇二〇年夏天，增加到四二〇 ppm 以上，比十八世紀後期多了至少五〇%。[37]工業化以前的甲烷低了三個數量級，不到十億分之八百（parts per billion, ppb 等於十億分之一），但後來增加為兩倍多，二〇二〇

年接近一九〇〇 **ppb**，而一氧化二氮的濃度從大約二七〇 **ppb** 上升到超過三〇〇 **ppb**。[38] 這些氣體吸收了不同程度的向外輻射：如果以一百年期間產生的影響來比較，釋放一單位的甲烷，相當於釋放二十八—三十六單位的二氧化碳；至於一氧化二氮則是二六五—二九八單位。一些新的人造工業氣體，尤其是氯氟碳化合物（過去用於冷藏）和六氟化硫（SF6，用於電子設備的極佳絕緣體），造成了更大的影響。但幸運的是，它們的濃度極低，一九八七年《蒙特婁議定書》（Montreal Protocol）逐漸禁止生產氯氟碳化合物。[39]

二氧化碳（主要的排放是來自燃燒化石燃料，森林砍伐是另一個主要來源）大約占人為暖化效應的七五%，甲烷約占一五%，而其餘的大部分是一氧化二氮。[40] 溫室氣體排放量持續上升，最終會導致溫度升高，足以造成許多負面的環境影響，要付出相當大的社會和經濟成本。但這並不是經由超級電腦執行複雜的氣候變遷模型後，更了解現狀而在最近得出的結論，這一點跟一般既定的印象完全相反。第一個全球大氣環流（**global atmospheric circulation**，是所有模擬全球暖化的始祖）模型在一九六〇年代後期引入，而我們不僅早在這之前就知道暖化這件事，甚至在第一台電腦問世前的好幾個世代，也已經知道了。

誰發現了全球暖化？

如果你到 Google 的 Ngram Viewer 查「全球暖化」，會發現一九八〇年以前這個詞幾乎不存在，但後來搜尋頻率急劇上升，在一九九〇年之前的兩年增加為四倍。一九八八年開始，由媒體、一般大眾和政客「發現」二氧化碳會引發全球暖化，接著因美國的夏季溫度變高，再加上政府間氣候變遷專門委員會（Intergovernmental Panel on Climate Change, IPCC）的推波助瀾，還有聯合國環境規劃署（UN's Environment Programme, UNEP）和世界氣象組織（World Meteorological Organization, WMO）的宣導，於是掀起了一股浪潮，促使來自政府和國際組織的科學論文、書籍、會議、智庫研究和報告如雨後春筍般出現，至今仍方興未艾，包括了政府間氣候變遷專門委員會的定期最新審查報告。

二〇二〇年，在 Google 搜尋「全球暖化」和「全球氣候變遷」，就會出現至少十億筆的結果，這個頻率比起「全球化」或「經濟不平等」之類最近流行的新聞詞彙，或是像「貧困」和「營養不良」之類的生存挑戰，多了一個數量級。此外，幾乎自從媒體開始對這個複雜的過程產生興趣，全球暖化的報導就充斥著溝通不良的事實、可疑的解釋和可怕的預測，這段時間下來，切入的角度絕對已經變得更加歇斯底里，甚至是徹頭徹尾的世界末日論。

不知情的觀察員勢必會得出一個結論：這些關於目前全球災難的警告，是反映出最新的科學發現，而這些發現是基於之前無法取得的衛星觀測結果，再加上電腦的運算能力提升後，使用複雜的全球氣候模型所得到的預測數字。雖然我們最新的監測和模型一定是更先進，但我們不是現在才了解溫室效應，或溫室氣體排放量穩定增加而帶來的後果：原則上，我們早在至少一百五十年前，就已經意識到這些問題，而且過去一個多世紀以來都相當清楚明瞭！

法國數學家約瑟夫·傅立葉（Joseph Fourier，一七六八—一八三〇年）是第一位發現溫室效應的科學家，在他去世前幾年，意識到大氣層會吸收一些從地面散發出來的輻射。一八五六年，美國科學家兼發明家尤尼斯·富特（Eunice Foote）率先發表論文，將二氧化碳與全球暖化連結在一起（簡短而明確）。[41] 五年後，英國物理學家約翰·丁達爾（John Tyndall，一八二〇～一八九三年）解釋說，水氣是向外輻射最重要的吸收體，這代表「這個組成要素每次變化，都必須產生氣候的變化。」他補充說：「類似的敘述也適用於藉由空氣擴散的碳酸。」[42]簡潔而明確，以現代的術語重述一次：二氧化碳濃度增加，必然會導致大氣溫度升高。

在一八六一年，也就是在十九世紀結束之前，瑞典化學家和早期諾貝爾獎得主斯凡特．阿瑞尼斯（Svante Arrhenius，一八五九—一九二七年），首先算出大氣層的二氧化碳含量在工業革命之後加倍，導致全球表面溫度升高。[43]他的論文還指出，全球暖化在熱帶地區最不明顯，在極地地區最明顯，而且會減少晝夜溫差，這兩項結論都獲得了證實。北極暖化更快，但這個最簡單的解釋（隨著冰雪融化，反射輻射的比例急劇下降，導致更進一步暖化），只是複雜過程的一部分。因整個過程包括雲和水氣的變化，以及透過大型天氣系統向兩極輸送能量。[44]夜間溫度上升的速度高於白天的平均值，主要是因為邊界層（boundary layer，地面上方的大氣層）在晚上非常薄，只有幾百公尺，而白天可達幾公里，因此相較之下，夜晚對於暖化會更敏感。[45]

一九〇八年，阿瑞尼斯對氣候敏感度提供了相當準確的估計，算出大氣中二氧化碳增加一倍，對全球暖化產生的影響：「空氣中二氧化碳的百分比增加一倍，會使地球表面溫度升高攝氏四度。」[46]一九五七年，也就是對全球暖化的興趣突然大增的前三十年，美國海洋學家羅傑·雷維爾（Roger Revelle）和物理化學家漢斯·蘇斯（Hans Suess）以正確的演化術語，評估大規模化石燃料燃燒的過程：「因此，人類現在正在做一種大規模的地球物理實驗，這在過去不可能發生，未來也不可能重現。我們將在幾世紀內，把數億年來儲存於沉積岩中的濃縮有機碳送回大氣和海洋。」[47]

我想不出還有什麼說法，比這段話更能傳達出這個新現實史無前例的性質。僅僅一年後，為了回應這個擔憂，開始在夏威夷的茂納羅亞火山（Mauna Loa）和南極測量二氧化碳背景濃度，立刻顯示出其濃度每年穩定增加，更可以預測，從一九五八年的三一五 ppm，增加到一九八五年的三四六 ppm。[48] 美國國家科學研究委員會（National Research Council）在一九七九年的一份報告中，將氣候敏感度（包括水氣回饋效應）的理論值設定在攝氏一·五—四·五度，代表阿瑞尼斯在一九〇八年提供的估計值正好落在這個範圍內。[49]

在一九八〇年代後期「發現」二氧化碳會引發全球暖化，這與富特和丁達爾提出的明確關連，相隔了一個多世紀；與阿瑞尼斯對於可能的全球暖化效應發表精準的量化估計值，相隔了將近四個世代；與雷維爾和蘇斯提醒說，這是一項前所未見且不會重複的全球地球物理實驗，相隔了至少一個世代；與現代對氣候敏感度提供的實證，相隔了十年。顯然，我們不必等新的電腦模型問世或成立國際官僚機構後，才會意識到這種變化，然後考慮如何回應。

從關鍵的全球暖化指標，也就是氣候敏感度的最新估計數字，或許最能說明這些機構的努力，幾乎不會帶來根本上的差異。在阿瑞尼斯提出攝氏四度的一個多世紀後，政府間氣候變遷專門委員會發布了第五次評估報告，得出的結論是，敏感度非常不可能低於攝氏一度，也極不可能高於攝氏六度，可能的範圍落在一．五到四．五度，這與一九七九年，美國國家科學研究委員會的報告內容大同小異。[50]而在二〇一九年，一份對地球氣候敏感度的綜合評估（使用多項證據），將最有可能的反應縮小為二．六到三．九度。[51]意思是說，如果大氣二氧化碳的濃度上升到約五六〇 ppm，也就是工業化以前的兩倍，那麼氣候敏感度不可能太低，而大幅暖化（超過二度）也無可避免。

然而到目前為止，唯一實質有效的脫碳措施，並非來自任何堅定、深思熟慮、有目標的政策，而是一般技術進步（更高的轉換效率、更多的核能和水力發電、浪費較少的加工和製造流程）、現行生產和管理轉變（從煤炭轉向天然氣；更常見的是降低能源密集度、

材料回收）所帶來的副產品，這些作法在一開始和後續的進展中，其實並非追求減少溫室氣體排放。[52]而且如前所述，最近轉向脫碳發電後（藉由安裝太陽能板和風力渦輪機），對全球帶來的影響，已經被中國和亞洲其他地方的溫室氣體排放量迅速增加完全抵銷。

暖化世界裡的氧氣、水和食物

我們知道自己目前面對的情況，由於溫室氣體濃度上升，幾代以來，地球再輻射的能量比從太陽接收的能量略少，與一八五〇年的基線相比，在二〇二〇年，這種差異的淨值約為每平方公尺二瓦。[53]由於海洋具有吸收大氣熱量巨大的能力，因此，需要很長的時間才能明顯提高較低層的大氣平均溫度。在二〇一〇年代後期，經過兩世紀的加速燃燒化石燃料，全球陸地和海洋表面的平均溫度，比二十世紀的平均值高出將近攝氏一度，各大洲都有記錄，但分布不均：正如阿瑞尼斯正確的預測，高緯度地區的平均增加幅度，遠高於中緯度或熱帶地區。

就全球平均而言，在過去一百四十年當中，最熱的五年是從二〇一五年開始出現，十年中最熱的九年是從二〇〇五年開始出現。[54]這種全球變化已經產生了許多後果，從京都的櫻花提前開花、法國葡萄酒收成的年分提早、夏季熱浪創下令人擔憂的新高溫紀錄、還有高山冰川融化。[55]而且（由於現在可以輕易使用許多電腦模型，這一點也不足為奇）現在有更大量的文獻可以預測即將發生的事情，那麼，回到三個基本的生存要素，在暖化的地球上，未來氧氣、水和食物的供給狀況如何？

溫室氣體帶來些微的溫度變化，原本並不會影響大氣層的氧氣濃度，但現在氧氣濃度略微下降，是因為全球暖化的主要人為原因：燃燒化石燃料，這樣的燃燒最近每年從大氣中移除了約兩百七十億噸的氧氣。[56]在二十一世紀初，大氣層中的氧氣每年淨減少量（也要考量由於野火和牲畜呼吸造成的損失）約為兩百一十億噸，也就是說，每年不到現有濃度的〇・〇〇二%，[57]直接測量大氣中的氧氣濃度，就可證實這些微小的損失：最近大約是四 ppm，而因為每一百萬個空氣分子中，含有將近二十一萬個氧分子，這代表每年下降〇・〇〇二%。[58]

按照這個速度，要花一千五百年的時間（大約等於自西羅馬帝國〔Western Roman Empire〕結束以來所經過的時間）才會降低大氣層中三%的氧氣含量——但就實際氧氣濃度而言，這僅相當於從紐約市（在海平面）移動到鹽湖城（海拔一二八八公尺）。另一個極端但完全合乎理論的計算顯示，即使我們將全球已知的化石燃料儲存量全部燃燒殆盡（包括煤、原油和天然氣：但這件事不可能發生，因為若從許多邊緣礦床中開採這些燃料，成本將高得驚人），大氣中的氧氣濃度只會降低〇・二五%。[59]

不幸的是，對數億人來說，呼吸困難的原因有很多，包括花粉過敏、都市室外和農村室內（來自烹飪）的空氣汙染，而森林大火或燃燒化石燃料時，雖然消耗了大氣層中的氧氣，但不會因此使氧氣濃度下降到引發呼吸受損的風險。此外，沒有任何一種重要的自然資源是如此公平：無論當地的空氣汙染程度為何，只要在世界各地相同的高度，每個人都可以免費享有濃度相同的氧氣，而從生活在西藏和安地斯山脈等高海拔地區的人身上，可以看出人類也能適應較低的氧氣濃度（最重要的是血紅素濃度提高）。[60]

也就是說，我們不應該擔心氧氣，但是必須關注未來的水供給。許多區域、國家和全球的模型，檢視未來可用的水量，假設不同程度的全球暖化帶來的結果，雖然最壞的情況是整體普遍惡化，可是仍有大量的不確定，因為對人口成長速度的假設，會影響水的需求。如果溫度升高攝氏二度，會有更多人面臨氣候變遷導致的水資源不足，最少可能影響五億人，最多是三十一億。[61]全球人均供水量將減少，但一些主要流域（包括南美洲的拉普拉塔河〔La Plata〕、密西西比河、多瑙河和恆河）仍不虞匱乏；而一些已經缺水的河流流域，卻將進一步惡化（最有可能的是土耳其和伊拉克的底格里斯河和幼發拉底河，以及中國的黃河）。[62]

但大多數研究一致認為，因需求導致的乾淨水源短缺，其所帶來的影響，將比氣候變遷引起的短缺更大。因此，我們處理未來供水的最佳選擇方案就是管理需求，像美國近年來減少人均用水量，正是其中一個最佳的大規模實例。[63]二〇一五年，美國整體用水量比一九六五年高出不到四%，但在五十年間，人口增加了六八%，國內生產毛額（排除貨幣價值變動的因素）增加為四倍多，灌溉農田增加了約四〇%。這代表人均用水量下降將近四〇%，美國經濟耗水強度（每單位國內生產毛額的耗水量）下降了七六%，而且由於灌溉用水總量在二〇一五年其實略微下降，因此每單位農田的用水量下降約三分之一。若要再進一步減少這些水的使用，當然有其實際上的限制，但從美國的經驗可看出，帶來的成效極為顯著。

飲用水短缺，可以透過海水淡化來解決——不管是太陽能蒸餾法還是半透膜

（semipermeable membrane）的技術，都可以從海水中去除溶解鹽。許多缺水國家更常使用這種解決方式（全球大約有一萬八千座海水淡化廠），但是成本遠高於來自水庫或回收利用的淡水。[64]農作物需要的水量相當可觀，全球大部分食物生產將繼續依賴降雨，而在即將到來的暖化世界中，水夠用嗎？

光合作用的過程，始終是一種內部水分（葉子內部）與外部二氧化碳（大氣中）非常不平衡的交換。每當植物張開氣孔（位於葉子的下面）輸入足夠的碳進行光合作用，此時就會失去大量水分。例如，小麥（全株）的蒸散效率（transpiration efficiency，每單位用水產生的生物量）為每公斤五・六—七・五公克，這代表每公斤收成的穀物，大約需要二四〇—三三〇公斤的水。[65]

全球暖化必然使水循環加劇，因為更高的溫度會增加蒸發，因此，整體而言會有更多的降雨，於是有更多的水可供收集、儲存和使用。[66]但一般說來，更多的降雨並不代表到處都會降雨，也不代表（這是同樣重要的考慮因素）會是降在最需要的地方。就像其他氣候暖化造成的相關變化一樣，增加的降雨將分布不均，有些地區的雨量會比現在還少，而有些地區（包括中國大部分人口居住的長江流域）則明顯變多，這種雨量增加將使居住在高度缺水環境中的人口數量略微減少。[67]但是許多雨量較多的地方，會以一種更不規則的方式降雨，例如頻率降低，但是（帶來災難的）豪雨或大雪會變多。

更溫暖的大氣層也會增加植物的水分流失（蒸發散〔evapotranspiration〕），可是不代表作物和森林會因水分流失而枯萎。大氣中二氧化碳含量上升，表示在更溫暖、二氧化碳更多的生物圈中，每單位產量所需的水量將減少，這種效應已經在一些作物中測量出來，小麥和水稻（這兩種主要糧食是依賴最常見的光合作用途徑）會比玉米或甘蔗（使用一種不太常見但本質上更有效的途徑）更能提高水分利用效率（water-use efficiency），[68]也就是說在某些地區，即使小麥和其他作物得到的降雨量減少了一〇—二〇%，但是產量可能跟現在一樣或是更多。

在此同時，全球食物生產也是微量氣體的重要來源，會導致全球暖化，主要是因為森林和牧場變更為農地（特別是在南美洲和非洲），會製造更多的二氧化碳，以及反芻牲畜排放的甲烷。[69]但是這個現況也提供了改進和調整的機會，作物種植可以改成增加土壤中有機質的方式，以提高碳儲存量（藉由每年農地免耕或減少耕犁），而且透過少吃牛肉來降低牲畜的甲烷排放量。我的計算顯示，在未來如果能降低牛肉的比重，提高豬肉、雞肉、雞蛋和乳製品的比重，再加上飼養效率提高，以及更善用作物殘株和食品加工的副產品，我們全球的肉類產量還是可以維持現狀，但卻能同時大幅限制牲畜對環境的影響，包括甲烷排放量占的比重。[70]

從廣泛的角度來說，最近有一項研究提到，未來是否有可能在四個地球限度內，養活一百億人口（預計在二〇五〇年過後不久會達到）——換句話說，這麼做不會讓地球及其居民超出生物圈完整性、土地、乾淨水源利用以及氮流的限制。這項研究得出的結論是，如果嚴格遵守這些限度，則全球食物系統最多只能為三十四億人提供均衡的日常飲食（人均約兩千四百大卡），但要是透過重新分配農田、以更好的方式管理水和養分、減少食物浪費和調整飲食，就可以養活一〇二億人，這個結論一點也不足為奇。[71]

具備充足的資訊後，對於呼吸、飲水和食物這三種生存要素會得出一致的看法：在二〇三〇年或二〇五〇年之前，應該不會出現無法避免的大災難。氧氣仍維持充足，許多地區會更擔憂水的供給，但我們具有知識，應該能動員必要的手段，以避免任何會危及生命的大規模短缺，我們不僅應該維持且提高低收入國家的人均食物供應量，同時還要減少富裕國家過度生產。然而透過這些行動，只會減少全球人口生產食物時，直接和間接對化石燃料補貼的依賴，卻不能消除（見第二章）。而且正如我在第一章解釋過，不可能很快就擺脫化石燃料，這代表在未來幾十年，燃燒化石燃料仍將是全球氣候變遷的主要推手，這將如何影響全球暖化的長期趨勢呢？

未知、承諾和現實

只要涉及自然因素和人類行為兩者間微妙的交互作用，就是個複雜的過程。但是科學進步再加上技術能力不斷提升，代表我們目前在處理這個過程時，具有充分理解的優勢，而且仍持續探索。在此同時，還必須考慮到令人不安的無知程度，以及一直以來的未知數，都會讓我們更難做出果斷的回應，如果說，必須舉個例子來說明這個現實，那麼新冠肺炎的傳播和後果，正好為全球提供了許多發人深省的教訓。

我們對於一個幾乎即將發生的事件，準備得不夠充分（這種準備不夠充分的程度，已經到了連我們這些預期會出現重大問題的人，也覺得驚訝不已），而這個事件在事先可以百分之百精準預測：我在二〇〇八年寫了一本關於全球災難和趨勢的書，裡面很清楚提到這一點，甚至連發生的時間點都說中了。[72]雖然我們幾乎立刻就確定這種新病原體的完整基因組成，但是各國為了防止病毒傳播，施行的公共政策不一，有的是大部分仍照常營業（瑞典），有的嚴格管制（但為時已晚）全面停業（義大利、西班牙），有的早期認為無關緊要（二〇二〇年二月的美國），有的是早期成功但後來出現問題（新加坡）。[73]

然而從根本上來說，這是一種自限性（self-limiting）的自然現象，從一九五〇年代後期以來，全球早已經歷過三次病毒大流行：即使沒有任何疫苗，只要病原體感染的人數夠多、或是一旦變異成毒性較低的形式，每次病毒大流行最後都會消退。相較之下，全球氣候變遷的發展異常複雜，最終結果取決於許多自然和人為過程的相互作用，但我們對這些相互作用尚未完全了解。因此，在未來幾十年，我們將需要更多的觀察、研究和更好的氣候模型，才能更準確評估長期趨勢和最可能發生的結果。

如果有人相信我們已經百分之百理解這些動態、成因複雜的現實，那麼他們就是將全球暖化的科學，誤認為是一種氣候變遷的宗教。同時，我們也不需要層出不窮的新模型，作為採取有效行動的依據，在建築、交通、工業和農業領域，減少能源使用的機會很多，就算不管對全球暖化的擔憂，我們也早該在幾十年前就開始採取一些節能減排措施。另外，避免不必要的能源使用、減少水和空氣汙染、提供更舒適的生活條件，應該是長久以來最重要的事，而不是為了預防一個災難才突然採取的迫切行動。

最值得注意的是，有些措施可以限制氣候變遷造成的長期影響，因為長遠來看，不但可以節省資源，還可以提供更多的舒適感。而且即使沒有全球暖化的問題，也應該採取這些被我們忽略的措施。更糟的是，我們刻意引入和積極發展的新能源轉型，會增加化石能源的消耗，於是進一步提高二氧化碳的排放量。寒帶國家站不住腳的不當建築法規，以及全球普及的休旅車，正是最佳的例子，可以說明這些受到忽略的措施和跳票的承諾。

因為我們的房屋可以使用很長一段時間（一棟建造得宜、維護得當的北美木造房屋，配合混凝土地基至少可以使用一百年），如果加上牆壁使用適當的隔熱保暖材料、三層玻璃窗和高效率暖氣爐，就等於提供了一個可實現長久節約能源（以及由此產生的碳排放）的特殊機會。[74] 一九七三年，石油輸出國家組織將全球的原油價格提高為五倍，當時歐美和中國北方大多數的建築都只有單層玻璃窗；在加拿大要到二〇三〇年才會強制要求使用三層玻璃，在二〇〇九年，曼尼托巴省（Manitoba）率先要求使用高效率（大於九〇％）天然氣暖爐，其實這類產品早在幾十年前就已經商品化。[75] 那些參與全球暖化會議的代表當中，有多少來自寒冷氣候的人，家裡已安裝充滿惰性氣體的三層玻璃窗、超級保暖的牆壁、效率高達九七%的天然氣暖爐呢？調查結果一定很有趣。同樣地，那些來自炎熱氣候的代表當中，有多少人家裡房間密封得宜，如此一來，那些安裝不當且效率不彰的窗型空調就不會浪費冷氣？

一九八〇年代後期，休旅車開始在美國普及，最後將版圖擴展到全球，到二〇二〇年，一輛休旅車每年排放的二氧化碳，比標準汽車多了約二五%，[76]把這個數字再乘以二〇二〇年路上行駛的二·五億輛休旅車，你就會看到普及速度緩慢的電動汽車（二〇二〇年只有一千萬輛）所產生的脫碳效益，跟這些全球人心目中的寵兒排放「碳」相比，簡直是小巫見大巫。在二〇一〇年代，休旅車成為二氧化碳排放量增加的第二大原因，僅次於發電，領先重工業、卡車運輸和航空。如果這股休旅車的熱潮依然不減，那麼在二〇四〇年以前，即使路上預計有一億多輛電動汽車，節省下來的碳排放都可能完全被抵銷！

本書的第二章詳細介紹現代食物生產所需的高能源成本，並且指出不可原諒的大量食物浪費：顯然，這兩個因素加在一起提供了許多機會，不僅可以減少水稻種植排放的二氧化碳，還可以減少反芻牲畜排放的甲烷，再加上因氮肥施用過量而排放的一氧化二氮——以及多此一舉的食物貿易過程中，所產生的碳排放，例如：其實沒有必要在一月份將藍莓從祕魯空運到加拿大，或是將四季豆從肯亞空運到倫敦，這些食物提供的維生素C和纖維質，也可以從許多其他碳足跡較少的來源獲得。以我們強大的數據處理能力，難道不能以更好、更靈活的方式來為食品定價，以大幅降低這三〇—四〇%的浪費率嗎？為什麼不立刻著手去做一些可以獲利的事情，而是在等待更多模型演算出來的結果呢？

我們尚未完成（但早該完成）的待辦事項清單很長。自從全球暖化成為現代流行的話題以來，我們究竟做了哪些事，以避免或扭轉過去三十年來的環境變化？資料上清楚寫著：從一九八九年到二〇一九年，全球人為溫室氣體排放量增加了約六五%。我們在分析這個全球平均值的時候，看到像美國、加拿大、日本、澳洲和歐盟當中的富裕國家，三十年前的人均能源使用量非常高，但現在確實減少排放量，即使如此，也只不過少了約四%，而印度的排放量變成四倍，中國的排放量則是四．五倍。[77]

由於我們不採取行動，再加上全球暖化的挑戰異常艱鉅，導致三十年來召開的大型國際氣候會議，絲毫沒有改善全球二氧化碳的排放過程。聯合國首度於一九九二年召開氣候

變遷會議；年度的氣候變遷會議始於一九九五年（在柏林），還包括在京都（一九九七年，協議內容完全無效）、摩洛哥的馬拉喀什（Marrakech，二〇〇一年）、峇里島（二〇〇七年）、墨西哥的坎昆（Cancún，二〇一〇年）、利馬（二〇一四年）、巴黎（二〇一五年）等地舉辦多次聲名大噪的會議。[78] 與會代表顯然喜歡到風景優美的地方旅行，幾乎沒想過搭飛機參加這些會議，會產生多少可怕的碳足跡。[79]

二〇一五年，大約有五萬人飛往巴黎，參與另一場締約方會議（conference of the parties），他們向我們保證說，這次制定的協議將會邁向一個「新的里程碑」，而且是「雄心勃勃」、「史無前例」，然而巴黎協定並沒有（也不能）設定具體的減排目標來規範那些全球最大的排放國，即使是各國都自願遵守不具約束力的承諾（這是完全不可能的事），到了二〇五〇年，排放量還是會增加五〇%。[80]

這些會議永遠無法阻止中國煤炭繼續大量開採（從一九九五年到二〇一九年增加為三倍多，跟全球其他地區加起來的總和幾乎一樣多），也無法阻止全球對大型休旅車的偏好，更無法阻止幾百萬個家庭購買新空調（只要收入增加就會購買），而在亞洲雨季的夜晚炎熱潮濕，冷氣必須開整晚，因此短時間內不會由太陽能提供電力。[81] 這些需求加總起來的結果是：從一九九二年到二〇一九年，全球二氧化碳排放量上升了約六五%，甲烷排放量約二五%。[82]

在未來幾十年我們能做些什麼？必須從認清基本的現實開始。過去我們認為全球平均溫度升高攝氏兩度是相對可容忍的最大值，而在二〇一八年，政府間氣候變遷專門委員會已經降為一．五度——但是到了二〇二〇年，全球升高的溫度，已經來到我們這個最新可容忍數值的三分之二。此外，在二〇一七年的一項評估中，考量了海洋吸收碳的能力、地球的能源失衡，以及大氣中細微顆粒的行為，得出的結論是，全球暖化（是來自過去的排放，而即使立即停止所有新的排放，也無法改變現狀）已經升溫攝氏一．三度，因此只要再新增十五年的排放量，就會超過一．五度。[83]綜合這些效應後，所得出的最新分析結論是，我們的全球暖化已經確定會升溫二．三度。[84]

如同往常一樣，這些結論本身會有誤差範圍，但是眾所周知的升溫一．五度有如已發狂的馬，似乎可能不復返，即使如此，許多機構、組織和政府仍然還是以馬留在破損的馬廄內，來作為理論基礎。政府間氣候變遷專門委員會關於升溫一．五度的報告中，提供的情境是基於我們對化石燃料的依賴突然且持續逆轉，使得二〇三〇年全球二氧化碳的排放

量減半，到二〇五〇年完全消除[85]——也有另一群建構未來情境的人，提供目前如何達到快速結束化石燃料時代的詳細建議。電腦可以輕鬆建構出許多種快速消除碳的情境，但是那些描繪以零碳為未來首選之路的人，欠我們一些合乎現實狀況的解釋，他們只提出幾組多少有點武斷和極不可能的假設，這些假設不但與技術和經濟現實脫節，而且也忽略了能源和材料系統固有的特質、龐大的規模和高度的複雜度。最近有三個情境恰好能說明這些脫離現實世界考量的夢幻飛行之旅。

一廂情願的想法

第一種情境主要是由歐盟研究人員所準備，假設二〇五〇年，全球人均能源需求量將比二〇二〇年低五二％，這樣的減少幅度很容易就能將全球氣溫上升控制在一．五度以下（也就是說，如果我們依然相信這種事是有可能的）。[86]我們在建構長遠的情境時，當然（我將在最後一章重述一次）可以插入任意的假設以滿足預先設定的結果，但是這種假設的情境與最近發生的狀況一致嗎？

由於過去三十年來，全球人均能源需求增加了二〇%，因此如果在未來的三十年內，將人均能源需求減少一半會是一項了不起的成就。這個預測假設能源需求大幅下降，前提是不再擁有大量實體商品、日常生活數位化、能源轉換和儲存的技術創新可以迅速普及。

提出推動需求消失的論述（擁有更少）是一種學術上的想法，幾乎沒有證據可以證明，因為即使是富裕國家，所有主要類別的個人消費（以家庭年度支出計算）也一直在增加。在已經高度飽和且交通擁擠的歐盟市場中，從二〇〇五年到二〇一七年，每一千人擁有的汽車量增加一三%，在過去二十五年中，德國增加約二五%，法國二〇%。[87] 需求下降和逐漸減少商品持有量是我們樂見的事，而且也可能做得到，但是需求減半是很武斷的目標，不太可能實現。

更重要的是，在未來三十年中，這種夢幻情境的支持者，只容許他們所謂的全球南方（Global South，這種常見但極不準確的說法是指低收入國家，多半是在亞洲和非洲）地區的各種代步工具增加為兩倍，消費品持有量增加為三倍。但在過去這一代的中國，成長的規模截然不同：一九九九年，中國每一百個都市家庭只擁有〇・三四輛汽車，二〇一九年這個數字超過了四十輛，光是在二十年間，就相對增加一百多倍。[88] 一九九〇年，每

三百個都市家庭中，只有一台窗型空調，到二〇一八年，每一百個家庭擁有一四二・二台：不到三十年的時間增加四百多倍。因此，那些現在的生活水準跟中國一九九九年一樣的國家，即使成長率只有中國最近的十分之一，則汽車持有量也會增加十倍，空調數量會增加四十倍。設定低能源需求情境的人，為什麼會認為今天的印度人和奈及利亞人不想跟中國人看齊，也一樣擁有這些商品呢？

在最新的全球產量差距報告中（這份年度出版物強調以下兩者間的差異：各國預定的化石燃料生產量，以及在一・五度或兩度的升溫限制下，必須控制的全球碳排放量），並未看到任何下降的趨勢線，而且事實上恰好相反，這一點也不令人訝異。[89]二〇一九年，化石能源的主要消費者所設定的目標是，到二〇三〇年，生產的燃料數量，會是全球暖化一・五度限制下的一二〇%，無論新冠肺炎大流行最後的結果如何，因疫情導致的消費減少只是暫時的，而且幅度太小，不足以扭轉大趨勢。

第二種符合二〇五〇年完全脫碳目標的情境，是由一大群普林斯頓大學（Princeton University）的能源研究人員描繪出美國需要的轉變。[90]普林斯頓的情境建構者意識到，不可能消除所有的化石燃料消耗量，而要實現淨零排放的唯一方法，是訴諸於他們整體策略裡所謂的「第四支柱」——大規模的捕獲碳，將排放的二氧化碳儲存起來。經由他們的計算，每年需要移除十一—十七億噸的氣體，如果拿體積當量來比較，將需要打造一個全新的氣體捕集—運輸—儲存產業，每年必須處理的量會是目前美國原油產量的一．三—二．四倍，而且至少需要一百六十年和數兆美元來建設這個產業。

這種碳儲存主要會是在德州墨西哥灣沿岸，需要建造大約十一萬公里的二氧化碳新管道，而且必須在一向以訴訟和「不要蓋在我家後院」抗爭聞名的社會中，用前所未見的速度來規畫、申請許可和建設這樣的大工程。[91] 同時，必須花費額外的資金來拆除美國石油和天然氣產業現有的運輸基礎設施。有鑑於過去大規模長期成本超支的豐富歷史經驗，因此只要是未來三十年支出的任何成本估計都不可信，甚至連這些金額的數量級也不必理會。

若是跟第三種情境相比，二〇五〇年實現完全脫碳的目標還算溫和。在第三種情境中，將美國綠色新政（Green New Deal，二〇一九年美國國會提出）的目標擴及一四三個國家，列出只要有風能、水能和太陽能三種再生能源，則到二〇三〇年，全球至少有八〇％的能源供給可達到脫碳，而且這三種再生能源的供給將減少五七％的總體需求、六一％的財務成本、九一％的社會（健康和氣候）成本：「因此，與目前的能源相比，

一〇〇%使用三種再生能源會使能源的需求更少、成本更低、創造更多的就業機會。」[92]許多的媒體、名人和暢銷書作者也跟著重述、支持和誇大這些論點（一點也不令人意外），像是從《滾石雜誌》（*Rolling Stone*）到《紐約客》（*The New Yorker*），從諾姆·杭士基（**Noam Chomsky**，將能源列入他最新的專業領域）到傑瑞米·里夫金（（**Jeremy Rifkin**），里夫金相信如果沒有這樣的介入措施，我們的化石燃料文明將在二〇二八年瓦解。」[93]

如果一切屬實，那麼從這些論點和熱情的代言者中，會看出一個顯而易見的問題：我們為什麼還要擔心全球暖化？為什麼會被地球提早滅亡的想法嚇到？為什麼會覺得不得不加入反抗滅絕（**Extinction Rebellion**）示威行動？如果這些解決方案成本低又幾乎立刻有效，而且能創造出無數高薪的工作，確保留給後代子孫無憂無慮的未來，那麼誰會反對？讓我們所有人吟唱這些綠色的讚美詩集，讓我們依循所有再生能源的處方箋，就能在短短十年內，迎接一片全球的新淨土——或是如果稍微耽擱的話，就等到二〇三五年。[94]

唉呀！仔細閱讀這些神奇的處方箋之後，會發現裡面沒有解釋如何只靠再生電力生產現代文明的四大材料支柱（水泥、鋼鐵、塑膠和氨），也無法提供具有說服力的證據，解釋八〇％的空運、海運和卡車運輸（是我們現代經濟全球化的幕後英雄）如何在二〇三〇年達到無碳，他們只是宣稱也許辦得到。細心的讀者會記得（請見第一章），在二十一世紀的前二十年，德國為了追求脫碳（奠基於風能和太陽能），將風能和太陽能發電的比重提高到四〇％以上，這是一項史無前例的成就，但是德國初級能源使用的化石燃料比重，僅從大約八四％降到七八％。

非洲國家現在依靠化石燃料提供九〇％的初級能源，有沒有哪些神奇的方案可以在十年內把依賴度降到二〇％，同時又節省大筆資金？中國和印度（兩國仍繼續擴大煤炭開採和燃煤發電）如何突然實現無煤化？但是對於那些已發表的快速轉型文章，根本沒必要提出這些具體的批評：畢竟那種文章在本質上有如學術界的科幻小說，去爭論文章裡的細節毫無意義。比方說，先隨意設定目標（將二〇三〇年或二〇五〇年設定為零），然後把時間軸往回推，插入假設的行動以達成這些成就，至於實際的社會經濟需求和技術要求，則很少關心或根本不在意。

但現實狀況不容許我們忽略社會經濟需求和技術要求。目前需要依賴碳的活動規模龐大、成本很高，而且技術無法立刻革新，使得短短幾十年內要完全停止使用碳變成不可能

的事。正如我在能源那一章詳細解釋過的，我們無法快速切斷這種依賴，而且每個合乎現實的長期預測結果都一致：最值得注意的是，即使是國際能源署最積極的脫碳方案，在二〇四〇年，化石燃料仍占全球初級能源需求的五六％。同樣地，材料和能源需求的規模太大，成本太高，也使得我們無法將直接空氣捕獲（direct air capture）作為一種全球快速脫碳的重要方法。

但我們還是可以展現出非常不同的成果，而不是假裝追求不切實際和武斷的目標：歷史顯然不是一種電腦化的理論運算，主要的成就恰好都落在以〇或五結尾的年分；歷史充滿了不連續、逆轉和不可預測的偏離。我們可以利用天然氣（如果生產和運輸時沒有出現大量甲烷外洩，天然氣的碳排放量會遠低於煤炭）以及擴大太陽能和風能發電，快速取代燃煤發電。我們可以不開休旅車，大規模提升電動汽車的普及率，不過我們在建築、家庭和商業能源使用方面，效率仍然大幅低落，若減少或消除這些問題，就能提高利潤。但是我們無法只因為某人決定要讓全球消費曲線，從長達數百年的上升趨勢突然反轉成持續快速下滑，就立刻去改變現行供電系統的運作，畢竟這套複雜的系統包含了一百多億噸的化石燃料，以及超過十七兆瓦的能量轉換率。

模型、疑問和現實

為什麼有些科學家一直在繪製這種任意彎曲和暴跌的曲線，看似幾乎立刻就可以達到脫碳？為什麼其他科學家承諾，技術上的超級維修服務將提早問世，可以讓全人類的生活水準都得以提高？為什麼人們經常將這些一廂情願的想法視為可靠的預測，深信不疑，從來不去質疑背後的假設？我在最後一章會進一步討論這部分，但這裡有一些觀察結果，是關於目前全球環境變化的主要焦點。

「*De omnibus dubitandum*（懷疑一切）」不該只是笛卡爾流傳下來的一句話，而必須始終是科學方法的基礎。還記得我在本章開頭列出的九個地球限度嗎？如果超越界線就會危及我們生物圈的幸福，將它們維持在安全範圍內似乎是個顯而易見的結論，因為這九大限度指出了目前最重要的問題，不僅長期存在且與生存相關——四十年前列出的清單會跟現在截然不同，例如酸雨（或更正確的說法是「酸沉降」）很可能是當年的首要議題，因為一九八〇年代初期普遍的共識是將其視為主要的環境問題。[95]

平流層臭氧消耗本來不存在，但因為在一九八五年發現了惡名昭彰的南極臭氧層破

洞，這個問題才浮上檯面；如果要列出人為氣候變遷和相關的海洋酸化，也會是在清單的最下面。[96]接者，關注的焦點開始從長遠的角度切入，例如土地利用變化（以森林砍伐為主）、生物多樣性喪失（典型的代表動物包括貓熊、無尾熊、蜂群和鯊魚）以及乾淨水源供給，由此可見我們的擔憂已經改變不少，在有些方面變得更加嚴謹（我們現在更擔心抽取地下水和養分過度會造成沿海死區），而在另一些方面變得沒那麼急迫（也許最顯著的是森林再度成為焦點）。[97]

展望未來，我們在處理所有探索環境、技術和社會複雜度的模型時，必須重新採取批判性的觀點。建構這類模型並沒有什麼限制，或者用流行術語來說，能提供大家願意接受的故事就好。這些故事的作者對未來能源使用可以選擇大量的假設，就像最近許多氣候模型的作法，最後可能導出非常高的暖化率，於是出現新聞頭條所描繪的地獄般的未來。[98]其他的模型建構者採取相反的觀點，斷定到二〇五〇年，一〇〇％廉價的熱核電或冷核融合都沒問題，或是允許化石燃料燃燒無限的擴張，因為他們的模型利用了神奇的技術，不僅可以從大氣中去除無限量的二氧化碳，而且還可以回收作為合成液體燃料的原料——更棒的是，所需的成本逐漸降低。

當然，他們只是跟隨著那群開發新技術的人一起前進，這群人天真地把每次技術創新比喻為電子產品的最新發展，尤其是行動電話。以下是一位綠色能源公司執行長在二〇二〇年的說法：「你還記得我們如何把有線電話變成行動電話嗎？以前是電視上播什麼就只能看什麼，現在是隨我們挑選想看的內容；以前是買報紙，現在是設定我們想看的新聞提要。因此以人為本、以技術為動力的能源革命將會與上述這些例子如出一轍。」[99]像電話這類的設備之所以能穩定使用，是依賴龐大、複雜且高度可靠的發電（主要是靠數以千計的大型化石燃料廠、水力發電廠和核電廠）、轉換和傳輸（包括數十萬公里的全國電網，甚至是橫跨整個洲的大規模電網）系統，而變更電話設備（從有線電話變成行動電話），怎麼可能跟變更整個根本的系統一樣呢？

這種漫無邊際的想法大部分都是來自不同的出發點（有的是恐懼，有的是美好的期待），我可以理解為什麼那麼多人會深受這些威脅或不切實際的建議影響。只要發揮想像力，就可以想出天馬行空的假設：有些相當合理，但有些顯然是錯覺，這是一種新的科學流派，在其中，大量一廂情願的想法混雜著一些確定的事實。這些模型都應該只能視為啟發式練習，在做決策時當作各種選項和方法的思考基礎，絕不能誤認為是描述我們未來的先見之明。我希望這項警告是顯而易見、微不足道、多此一舉！

先不管在感知上（或模擬上）全球環境挑戰的嚴重程度為何，對於熱帶森林砍伐或生物多樣性喪失、土壤侵蝕或全球暖化這些問題，其實都沒有快速、通用且普遍可行的解決方案。但全球暖化特別提出了一個異常艱鉅的挑戰，因為這是真正的全球現象，而且最大的人為因素就是燃燒燃料，但燃燒燃料正是構成現代文明的巨大能源基礎。因此，如果非碳能源要在十年到三十年間完全取代化石燃料，唯一的方法是，我們願意大幅降低所有富裕國家的生活水準，而且不允許亞洲和非洲現代化國家改善他們集體的土地，就算幅度只有中國自一九八〇年以來的一小部分也不行。

儘管如此，由於持續提高效率，再加上更好的系統設計以及適度的消費，還是有可能大幅減少碳排放量，而且只要持之以恆地追求這些目標，就可以限制最後全球暖化的速度。但是我們無法知道二〇五〇年的成效如何，至於想到二一〇〇年的狀況，真的已超出我們的能力範圍。我們可以勾勒出極端的情況，但是在短短的幾十年裡，很可能會出現各式各樣的結果，無論如何，最終脫碳的任何進展不僅取決於我們刻意的補救行動，還取決於國家財富無法預測的變化。

有沒有哪位氣候模型的建構者，在一九八〇年就預測到這三十年來推動全球暖化最重要的人為因素：中國的經濟崛起？即使是當時最好的模型，都是沿用一九六〇年代開發的全球大氣環流模型，無法反映出國家財富不可預測的變化，也忽略了大氣與生物圈之間的相互作用。但不代表這些模型就毫無用處：它們假設全球溫室氣體的排放持續增加，而且整體而言，在預測全球暖化的速度方面相當準確。[100]

但是為整體速度提供好的估計只是個開端，我以再次新冠肺炎來比喻，這就類似在二〇一〇年預測說（參考前三次大流行的資料，然後再依據更多的人口來調整數據），下次全球大流行時，第一年的全球死亡人數大約會是兩百萬，[101]這跟實際總數非常接近，但是這個預測（根據許多先前的例子，正確假設出大流行將從中國開始）有沒有提到這些死亡人數的〇・二四%（以絕對值計算，這個比率比希臘或奧地利低）是在中國，而二〇%是在美國？中國人口占全球將近二〇%，而美國人口卻不到全球的五%。

而且更令人難以置信的是，這個預測有沒有提到死亡率最高的地方是集中在最富裕的西方經濟體？畢竟富裕國家應該會有先進的醫療保健。二〇二一年三月，隨著新冠肺炎大流行正式進入第二年（世界衛生組織於二〇二〇年三月十一日宣布大流行開始，儘管至少從二〇一九年十二月起，疫情就持續在中國蔓延），累計死亡率最高的前十個國家（每百萬人中超過一千五百人；或者說每一千人中有一．五人死於新冠肺炎）是在歐洲，包括六個歐盟成員國和英國。中國的死亡人數是每百萬人中有三人，美國則是高於一千五百人，誰能預測到美國會比中國超出兩個數量級？[102]即使能精準預測新冠肺炎期間的總死亡人數，顯然也無法提供具體的指導方針，以作為國家的最佳應變措施。

同理可證，一九八〇年代以後中國（以及印度）崛起，改變了全球對微量氣體排放上升採取的回應方案。一九八〇年，毛澤東剛過世四年，中國的人均國內生產毛額低於奈及利亞平均值的四分之一，不能擁有私家車，只有住在中南海（前紫禁城內的皇家園林，現在是共產黨中央總部）的中共領導高層才有空調，中國的二氧化碳排放量僅占全球的一〇％。[103]

到二〇一九年，就購買力而言，中國是全球最大的經濟體，人均國內生產毛額是奈及利亞平均值的五倍，而且是全球最大的汽車生產國，半數的都市家庭擁有兩台窗型空調，快速列車網路的長度超過了歐盟加起來的總長度，大約有一．五億人民曾到國外旅遊。但化石燃料排放量也占全球二氧化碳的三〇％，相較之下，美國和歐盟二十八國的總排放量在一九八〇年占全球總量的六〇％，二〇一九年下降到二三％，（由於經濟成長速度趨緩；人口老化，甚至減少；工業生產大規模外移至亞洲）因此加總起來的比重不太可能再度上升。

展望未來，若要推動有意義的變革，主要的力量越來越會落在亞洲的現代化經濟體上：排除掉高收入、低人口成長或負人口成長的日本、南韓和台灣，亞洲現在的排放量就占了全球的一半。雖然撒哈拉以南的非洲地區，目前的轉型速度慢得多，但是在未來三十年內，目前約十一億的總人口將增加近一倍，人口數量會比中國（是所有低收入經濟體渴望仿效的國家）多出近五〇%，一項對非洲大陸電力未來的重要評估，顯示出高碳鎖定（**high-carbon lock-in**）的模式，由化石燃料發電占主導地位，非水電再生能源的比重在二〇三〇年維持在一〇%以下。[104]

國家的興衰並非是影響全球暖化進展唯一的不確定因素。最近的好消息是，全球的森林一直是一個巨大且持久的碳匯（**carbon sink**，儲存的碳比排放的多），從一九九〇年到二〇〇七年，每年鎖定約二十四億噸的碳，二〇〇〇年到二〇一七年的衛星數據顯示，全球三分之一的植被地區已經綠化（表示每年平均綠葉地區顯著增加，證實現在吸收和儲存更多的碳），只有五%的植被地區出現褐化（表示葉子明顯減少）。[105]這個效果在中國和印度的集約化農田特別顯著，而且也出現在中國持續擴大的森林中。

但不太好的消息（你本來就知道不好的消息還是會來……）是從一九〇〇年到二〇一五年，生物圈因砍伐而損失了一四%的樹木，同樣重要的是，在此期間樹木死亡率增加了一倍，而且在這次的損失中，較老（和較高）的樹木占的比例更高。全球森林裡的樹越來越年輕、越來越矮，因此無法像過去那樣儲存那麼多的碳。[106]不管樹的種類或氣候條件為何，成長率提高似乎都會縮短樹木的壽命，因此目前大量的碳匯可能只是暫時的。[107]有人說，如果全球暖化造成海平面上升，首當其衝的必定是一般的低窪海岸，特別是太平洋島國，這件事你聽過多少次？[108]然而，最近有一項分析是針對太平洋上環狀珊瑚島國家吐瓦魯（Tuvalu，斐濟以北，所羅門群島以東），研究四十年來該國一〇一個島嶼的海岸線變化後，發現土地面積實際上增加了將近三%。[109]由此可知，永遠不該抱持先入為主的觀點，也不該輕率地一概而論。

社會的演變會受到一些因素的影響，包括人類行為的不可預測性、長期歷史趨勢突然的轉變、國家的興衰，以及我們有能力做出有意義的改變。這些現實影響了許多生物圈本身的複雜過程（即使再怎麼深入理解，也無法讓人心滿意足），而且因為常常會出現相互矛盾的自然反應，例如森林既是碳匯又是碳源，所以不管是化石燃料的消耗、脫碳的速度或環境的後果，我們都無法自信滿滿地說出二〇三〇年或二〇五〇年的狀況會如何。

最值得注意的是，我們集體（在這個情況下是全球）是否已下定決心，至少願意有效處理一些關鍵的挑戰，這件事仍是未定數。但還是可以採取一些解決方案、必要的調整和改良措施，像是富裕國家可以大幅減少人均能源使用量，同時仍能維持舒適的生活品質；普遍推行簡單的技術方案，也會產生顯著的累積效應，包括強制安裝三層玻璃窗，或是更耐用的車輛設計；將食物浪費減半，改變全球的肉類消費量，就可以減少碳排放，卻不會減少食物供給的品質。顯而易見的是，在即將到來的典型低碳「革命」清單中，這些措施並沒有列在上面，即使有，也是排在很後面，而低碳革命往往是依賴目前仍未完成的大規模電力儲存，或是不切實際的承諾，例如說要大規模捕獲碳，然後永久儲存在地下。這些誇大的期望並不是什麼新鮮事。

一九九一年，一位著名的環保運動家寫道：「以樂趣和利潤為出發點，來減緩全球暖化。」[110]如果這個承諾跟現實還有那麼一丁點相似，三十年後的我們，就不會碰上今天氣候暖化災難論者日益擔心的悲慘場景。同樣地，現在有人向我們承諾，會提供更驚人的「破壞式」創新，以及來自於人工智慧的「解決方案」，現實情況是，任何極為有效的步驟絕不神奇，也無法一蹴可幾，而且所費不貲。幾千年來，我們一直在以越來越大的規模和不斷增加的強度來改造環境，從這些改變中獲得許多好處——但是，生物圈卻無可避免地受到了損害。有一些方法可以減少對環境的不良影響，但是缺乏足夠的決心，如果我們開始以極為有效的方法行事（現在需要全球一起參與），必然會在經濟和社會上付出相當大的代價。最終我們會不會抱持著遠見刻意去做這些事？還是只有在情況惡化時才會採取行動？又或者是無法以有意義的方式行事？

參考資料和注釋

1 關於這些願景最誇張的版本，請參考：https://www.spacex.com/mars. 他們自己設定的里程碑是：二〇二二年開始第一次火星任務；基本的目標是「確認水資源、辨識危害、建立初步的電力、採礦和足以維生的基礎設施。」第二次任務是在二〇二四年建造一個推進劑倉庫（propellant depot），為未來的機組飛行預做準備，而且「當作第一個火星基地的開端，我們可以在這裡建立一個繁榮的都市，最終在火星上建立自給自足的文明。」喜歡這種奇幻作品的人還可以參考：K. M. Cannon and D. T. Britt, "Feeding one million people on Mars," *New Space* 7/4 (December 2019), pp. 245–254.

2 B. M. Jakosky and C. S. Edwards, "Inventory of CO2 available for terraforming Mars," *Nature Astronomy* 2 (2018), pp. 634–639.

3 紐約科學院（New York Academy of Sciences）於二〇二〇年五月舉辦的網路研討會上討論這一點，當時一位康乃爾大學（Cornell University）遺傳學專家甚至說：「我們是否可能在道德上必須這樣做？」：Alienating Mars: Challenges of Space Colonization," https://www.nyas.org/events/2020/webinar-alienating-mars-challenges-of-space-colonization. 值得注意的是，這個人類具有類似緩步動物基因復原力的願景，顯然是以嚴肅的態度討論，但時間點是在紐約市，每天有超過五百人死於新冠肺炎，且醫院裡簡單的個人防護裝備持續短缺，被迫重複使用口罩和手套。美國國防高等研究計畫署（Defense Advanced Research Project Agency）也為此投入了政府資金：J. Koebler, "DARPA: We Are Engineering the Organism that will Terraform Mars," VICE Motherboard (June 2015), https:// www.vice.com/en_us/article/ae3pee/darpa-we-are-engineering-the-organisms-that-will-terraform-mars.

4 J. Rockström et al., "A safe operating space for humanity," *Nature* 461 (2009), pp. 472–475.

5 關於所有類別的自由潛水和靜態呼吸暫停比賽記錄的完整列表，請參考：https://www.guinnessworldrecords.com/search?term=freediving.

6 男性的平均潮氣容積（tidal volume，進入肺部的空氣量）為五百毫升，女性為四百毫升：S. Hallett and J. V. Ashurst, "Physiology, tidal volume" (June 2020), https://www.ncbi.nlm.nih.gov/books/NBK482502/. 以每次四百五十毫升和每分鐘十六次為平均值，每分鐘會產生七 · 二公升的空氣，氧氣幾乎占空氣的二一 %，因此每分鐘吸入的氧氣約一 · 五公升，但只有約二三 % 被肺部吸收（其餘部分在呼氣時排出），純氧的實際消耗量約為每分鐘三百五十毫升——即每天五百公升或（一 · 四二九公克／公升）約七百公克。體力消耗會增加需求量，在日常活動中只有三〇 % 會增加較高的耗氧量，相當於每天約九百公克。關於最大氧氣吸入量，請參考：G. Ferretti, "Maximal oxygen consumption in healthy humans: Theories and facts," *European Journal of Applied Physiology* 114 (2014), pp. 2007–2036.

7 A. P. Gumsley et al., "Timing and tempo of the Great Oxidation Event," *Proceedings of the National Academy of Sciences* 114 (2017), pp. 1811–1816.

8 R. A. Berner, "Atmospheric oxygen over Phanerozoic time," *Proceedings of the National Academy of Sciences* 96 (1999), pp. 10955–10957.

9 有關於陸地植物的碳含量，請參考：V. Smil, *Harvesting the Biosphere* (Cambridge, MA: MIT Press, 2013), pp. 161–165. 這裡的計算是假設這些碳全部都完全氧化。

10 https://twitter.com/EmmanuelMacron/status/1164617008962527232.

11 S. A. Loer et al., "How much oxygen does the human lung consume?" *Anesthesiology* 86 (1997), pp. 532–537.

12 Smil, *Harvesting the Biosphere*, pp. 31–36.

13 J. Huang et al., "The global oxygen budget and its future projection," *Science Bulletin* 63/18 (2018), pp. 1180–1186.

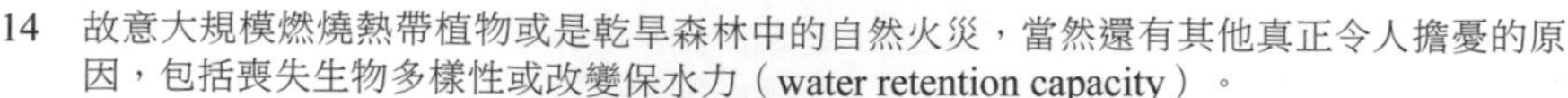

14 故意大規模燃燒熱帶植物或是乾旱森林中的自然火災，當然還有其他真正令人擔憂的原因，包括喪失生物多樣性或改變保水力（water retention capacity）。
15 有關於全球水資源供應和使用的最新調查，請參考：A. K. Biswas et al., eds., *Assessing Global Water Megatrends* (Singapore: Springer Nature, 2018).
16 Institute of Medicine, *Dietary Reference Intakes for Water, Potassium, Sodium, Chloride, and Sulfate* (Washington, DC: National Academies Press, 2005).
17 在全球人口最多的國家中，印度農業的淡水提取量比重高達九〇％，印尼為 八〇％，中國為六五％，但是美國只有三五％：World Bank, "Annual freshwater withdrawals, agriculture (percent of total freshwater withdrawal)" (accessed 2020), https://data.worldbank.org/indicator/er.h2o.fwag.zs?end=2016&start=1965&view=chart.
18 Water Footprint Network, "What is a water footprint?" (accessed 2020), https://waterfootprint.org/en/water-footprint/what-is-water-footprint/.
19 M. M. Mekonnen and Y. A. Hoekstra, *National Water Footprint Accounts: The Green, Blue and Grey Water Footprint of Production and Consumption* (Delft: UNESCO-IHE Institute for Water Education, 2011).
20 N. Joseph et al., "A review of the assessment of sustainable water use at continental-to-global scale," *Sustainable Water Resources Management* 6 (2020), p. 18.
21 S. N. Gosling and N.W. Arnell, "A global assessment of the impact of climate change on water scarcity," *Climatic Change* 134 (2016), pp. 371–385.
22 Smil, *Growth*, pp. 386–388.
23 有關於不同類別的農地利用長期趨勢，請參考：FAO, "Land use," http://www.fao.org/faostat/en/#data/RL. 一項美國的研究指出，二〇〇九年為全球農地使用的最高峰，隨後便穩定緩慢減少：J. Ausubel et al., "Peak farmland and the prospect for land sparing," *Population and Development Review* 38, Supplement (2012), pp. 221–242. 實際上，糧農組織的數據顯示，二〇〇九年到二〇一七年間又增加了四％。
24 X. Chen et al., "Producing more grain with lower environmental costs," *Nature* 514/7523 (2014), pp. 486–488; Z. Cui et al., "Pursuing sustainable productivity with millions of smallholder farmers," *Nature* 555/7696 (2018), pp. 363–366.
25 二〇一九年全球的氨產量包含一・六億噸的氮，其中約一・二億噸用於肥料：FAO, *World Fertilizer Trends and Outlook to 2022* (Rome: FAO, 2019). 預計到二〇二六年，產能（已經超過一・八億噸）將增加近二〇％，已經計畫和宣布投入的工廠大約一百家，主要在亞洲和中東：Hydrocarbons Technology, "Asia and Middle East lead globally on ammonia capacity additions" (2018), https://www.hydrocarbons-technology.com/comment/global-ammonia-capacity/.
26 US Geological Survey, "Potash" (2020), https://pubs.usgs.gov/ periodicals/mcs2020/mcs2020-potash.pdf.
27 J. Grantham, "Be persuasive. Be brave. Be arrested (if necessary)," *Nature* 491 (2012), p. 303.
28 S. J. Van Kauwenbergh, *World Phosphate Rock Reserves and Resources* (Muscle Shoals, AL: IFDC, 2010).
29 US Geological Survey, *Mineral Commodity Summaries 2012*, p. 123.
30 International Fertilizer Industry Association, "Phosphorus and 'Peak Phosphate'" (2013). See also M. Heckenmüller et al., *Global Availability of Phosphorus and Its Implications for Global Food Supply: An Economic Overview* (Kiel: Kiel Institute for the World Economy, 2014).

31 V. Smil, "Phosphorus in the environment: Natural flows and human interferences," *Annual Review of Energy and the Environment* 25 (2000), pp. 53–88; US Geological Survey, "Phosphate rock," https://pubs.usgs.gov/periodicals/mcs2020/mcs2020-phosphate.pdf.

32 M. F. Chislock et al., "Eutrophication: Causes, consequences, and controls in aquatic ecosystems," *Nature Education Knowledge* 4/4 (2013), p. 10.

33 J. Bunce et al., "A review of phosphorus removal technologies and their applicability to small-scale domestic wastewater treatment systems," *Frontiers in Environmental Science* 6 (2018), p. 8.

34 D. Breitburg et al., "Declining oxygen in the global ocean and coastal waters," *Science* 359/6371 (2018).

35 R. Lindsey, "Climate and Earth's energy budget," NASA (January 2009), https://earthobservatory.nasa.gov/features/EnergyBalance.

36 W. F. Ruddiman, *Plows, Plagues & Petroleum: How Humans Took Control of Climate* (Princeton, NJ: Princeton University Press, 2005).

37 2o Institute, "Global CO2 levels" (accessed 2020), https://www.co2levels.org/.

38 2o Institute, "Global CH4 levels" (accessed 2020), https://www. methanelevels.org/.

39 全球暖化潛勢（global warming potential，將二氧化碳定為一）甲烷為二十八、一氧化二氮為二六五、各種氯氟碳化合物為五六六〇至一三九〇〇、六氟化硫為二三九〇〇。全球暖化潛勢數值，請參考：https://www.ghgprotocol.org/sites/default/files/ghgp/Global-Warming-Potential-Values%20%28Feb%2016%202016% 29_1.pdf.

40 IPCC, *Climate Change 2014: Synthesis Report. Contribution of Working Groups I, II and III to the Fifth Assessment Report of the Intergovernmental Panel on Climate Change* (Geneva: IPCC, 2014).

41 J. Fourier, "Remarques générales sur les Temperatures du globe terrestre et des espaces planetaires," *Annales de Chimie et de Physique* 27 (1824), pp. 136–167; E. Foote, "Circumstances affecting the heat of the sun's rays," *American Journal of Science and Arts* 31 (1856), pp. 382–383. 富特的結論很明確：「我發現太陽光最大的影響是在碳酸氣體中……這種氣體會為我們的地球帶來高溫；如果正如某些人的假設，在歷史的某個時期，空氣與它混合的比例比現在更高，那麼這種氣體自身的作用和增加的重量必然會導致溫度升高。」

42 J. Tyndall, "The Bakerian Lecture," *Philosophical Transactions* 151 (1861), pp. 1–37 (quote p. 28).

43 S. Arrhenius, "On the influence of carbonic acid in the air upon the temperature of the ground," *Philosophical Magazine and Journal of Science*, 5/41 (1896), pp. 237–276.

44 K. Ecochard, "What's causing the poles to warm faster than the rest of the Earth?" NASA (April 2011), https://www.nasa.gov/topics/earth/features/warmingpoles.html.

45 D. T. C. Cox et al., "Global variation in diurnal asymmetry in temperature, cloud cover, specific humidity and precipitation and its association with leaf area index," *Global Change Biology* (2020).

46 S. Arrhenius, *Worlds in the Making* (New York: Harper & Brothers, 1908), p. 53.

47 R. Revelle and H. E. Suess, "Carbon dioxide exchange between atmosphere and ocean and the question of an increase of atmospheric CO2 during the past decades," *Tellus* 9 (1957), pp. 18–27.

48 Global Monitoring Laboratory, "Monthly average Mauna Loa CO2 " (accessed 2020), https://www.esrl.noaa.gov/gmd/ccgg/trends/.

49 J. Charney et al., *Carbon Dioxide and Climate: A Scientific Assessment* (Washington, DC: National Research Council, 1979).

50 N. L. Bindo et al., "Detection and Attribution of Climate Change: from Global to Regional," in T. F. Stocker et al., eds., *Climate Change 2013: The Physical Science Basis. Contribution of Working Group I to the Fifth Assessment Report of the Intergovernmental Panel on Climate Change* (Cambridge: Cambridge University Press, 2013).

51 S. C. Sherwood et al., "An assessment of Earth's climate sensitivity using multiple lines of evidence," *Reviews of Geophysics* 58/4 (December 2020).

52 美國從煤炭轉向天然氣的速度非常快：二〇一一年，煤炭發電占總發電量的四四 %；到二〇二〇年，這個比重下降到僅為二〇 %；而天然氣發電從二三 % 上升到三九 %，請參考：US EIA, *Short-Term Energy Outlook* (2021).

53 以二〇一四年人為因素造成的全球平均值與一八五〇年相比，差異為一．九七瓦／平方公尺，其中一．八瓦／平方公尺來自二氧化碳，一．〇七瓦／平方公尺來自其他混合的溫室氣體，負一．〇四瓦／平方公尺來自氣溶膠，以及負〇．〇八瓦／平方公尺來自土地利用變化：C. J. Smith et al., "Effective radiative forcing and adjustments in CMIP6 models," *Atmospheric Chemistry and Physics* 20/16 (2020).

54 National Centers for Environmental Information, "More near-record warm years are likely on the horizon" (February 2020), https://www.ncei.noaa.gov/news/projected-ranks; NOAA, *Global Climate Report—Annual 2019*, https://www.ncdc.noaa.gov/sotc/ global/201913.

55 關於京都的櫻桃，請參考：R. B. Primack et al., "The impact of climate change on cherry trees and other species in Japan," *Biological Conservation* 142 (2009), pp. 1943–1949. 關於法國收成年分，請參考：Ministère de la Transition Écologique, "Impacts du changement climatique: Agriculture et Forêt" (2020), https://www.ecologie.gouv.fr/impacts-du-changement-climatique-agriculture-et-foret. 關於高山之冰川融化及其後果，請參考：A. M. Milner et al., "Glacier shrinkage driving global changes in downstream systems," *Proceedings of the National Academy of Sciences* (2017), www.pnas.org/cgi/doi/10.1073/pnas.1619807114.

56 二〇一九年，燃燒化石燃料排放了將近三百七十億噸的二氧化碳，其需要消耗約兩百七十億噸的氧氣：Global Carbon Project, *The Global Carbon Budget 2019*.

57 J. Huang et al., "The global oxygen budget and its future projection," *Science Bulletin* 63 (2018), pp. 1180–1186.

58 這些複雜的測量，始於一九八九年：Carbon Dioxide Information and Analysis Center, "Modern Records of Atmospheric Oxygen (O2) from Scripps Institution of Oceanography" (2014), https://cdiac.ess- dive.lbl.gov/trends/oxygen/modern_records.html.

59 英國石油公司的《世界能源統計年鑑》，列出二〇一九年的化石燃料儲存量。

60 L. B. Scheinfeldt and S. A. Tishkoff, "Living the high life: high-altitude adaptation," *Genome Biology* 11/133 (2010), pp. 1–3.

61 S. J. Murray et al., "Future global water resources with respect to climate change and water withdrawals as estimated by a dynamic global vegetation model," *Journal of Hydrology* (2012), pp. 448–449; A. G. Koutroulis and L. V. Papadimitriou, "Global water availability under high-end climate change: A vulnerability based assessment," *Global and Planetary Change* 175 (2019), pp. 52–63.

62 P. Greve et al., "Global assessment of water challenges under uncertainty in water scarcity projections," *Nature Sustainability* 1/9 (2018), pp. 486–494.

63 C. A. Dieter et al., *Estimated Use of Water in the United States in 2015* (Washington, DC: US Geological Survey, 2018).

64 P. S. Goh et al., *Desalination Technology and Advancement* (Oxford: Oxford Research Encyclopedias, 2019).

65 A. Fletcher et al., "A low-cost method to rapidly and accurately screen for transpiration efficiency in wheat," *Plant Methods* 14 (2018), article 77. 全株的蒸散效率為四．五公克／公斤，代表每公斤的生物量需要蒸散二二二公斤的水，而穀物約占地上生物量總數的一半，因此這個比例就會增加一倍，達到將近四五〇公斤。

66 Y. Markonis et al., "Assessment of water cycle intensification over land using a multisource global gridded precipitation dataset," *Journal of Geophysical Research: Atmospheres* 124/21 (2019), pp. 11175–11187.

67 S. J. Murray et al., "Future global water resources with respect to climate change and water withdrawals as estimated by a dynamic global vegetation model."

68 Y. Fan et al., "Comparative evaluation of crop water use efficiency, economic analysis and net household profit simulation in arid Northwest China," *Agricultural Water Management* 146 (2014), pp. 335–345; J. L. Hatfield and C. Dold, "Water-use efficiency: Advances and challenges in a changing climate," *Frontiers in Plant Science* 10 (2019), p. 103; D. Deryng et al., "Regional disparities in the beneficial effects of rising CO2 concentrations on crop water productivity," *Nature Climate Change* 6 (2016), pp. 786–790.

69 IPCC, *Climate Change and Land* (Geneva: IPCC, 2020), https:// www.ipcc.ch/srccl/; P. Smith et al., "Agriculture, Forestry and Other Land Use (AFOLU)," in IPCC, *Climate Change 2014*.

70 Smil, *Should We Eat Meat?*, pp. 203–210.

71 D. Gerten et al., "Feeding ten billion people is possible within four terrestrial planetary boundaries," *Nature Sustainability* 3 (2020), pp. 200–208; see also FAO, *The Future of Food and Agriculture: Alternative Pathways to 2050* (Rome: FAO, 2018), http://www.fao.org/3/I8429EN/i8429en.pdf.

72 我寫道：「如果拿平均值和最久的間隔時間〔每兩次大流行之間的期間〕與一九六八年相加，會得出一九九六年到二〇二一年這段期間。從機率上來說，我們已經處於高風險區域內，因此未來五十年內，另一場流感大流行發生的可能性幾乎是百分之百。」：V. Smil, *Global Catastrophes and Trends* (Cambridge, MA: MIT Press, 2008), p. 46. 在書中提到的期間內，發生了兩次大流行：二〇〇九年的 H1N1 病毒，也就是那本書出版後的第二年，以及二〇二〇年的新型冠狀病毒。

73 全球每日統計資料更新，由約翰霍普金斯大學（Johns Hopkins）和世界實時統計數據（Worldometer）提供，兩者請分別參考：https://coronavirus.jhu.edu/map.html 和 https://www.worldometers.info/coronavirus/。我們必須至少再等兩年，才能真正全面了解這場大流行病的歷史。

74 U. Desideri and F. Asdrubali, *Handbook of Energy Effciency in Buildings* (London: Butterworth-Heinemann, 2015).

75 Natural Resource Canada, *High Performance Housing Guide for Southern Manitoba* (Ottawa: Natural Resources Canada, 2016).

76 L. Cozzi and A. Petropoulos, "Growing preference for SUVs challenges emissions reductions in passenger car market," IEA (October 2019), https://www.iea.org/commentaries/growing-preference-for-suvs-challenges-emissions-reductions-in-passenger-car-market.

77 J. G. J. Olivier and J. A. H. W. Peters, *Trends in Global CO2 and Total Greenhouse Gas Emissions* (The Hague: PBL Netherlands Environmental Assessment Agency, 2019).

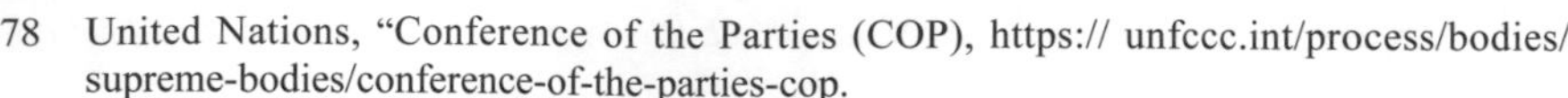

78 United Nations, "Conference of the Parties (COP), https:// unfccc.int/process/bodies/supreme-bodies/conference-of-the-parties-cop.
79 N. Stockton, "The Paris climate talks will emit 300,000 tons of CO2, by our math. Hope it's worth it," *Wired* (November 2015).
80 United Nations, *Report of the Conference of the Parties on its twenty-first session, held in Paris from 30 November to 13 December 2015* (January 2016), https://unfccc.int/sites/default/files/resource/docs/2015/ cop21/eng/10a01.pdf.
81 關於空調的未來，請參考：International Energy Agency, The Future of Cooling (Paris: IEA, 2018).
82 Olivier and Peters, *Trends in Global CO2 and Total Greenhouse Gas Emissions* 2019 Report.
83 T. Mauritsen and R. Pincus, "Committed warming inferred from observations," *Nature Climate Change* 7 (2017), pp. 652–655.
84 C. Zhou et al., "Greater committed warming after accounting for the pattern effect," *Nature Climate Change* 11 (2021), pp. 132–136.
85 IPCC, *Global warming of 1.5°C* (Geneva: IPCC, 2018), https:// www.ipcc.ch/sr15/.
86 A. Grubler et al., "A low energy demand scenario for meeting the 1.5˚C target and sustainable development goals without negative emission technologies," *Nature Energy* 526 (2020), pp. 515–527.
87 European Environment Agency, "Size of the vehicle fleet in Europe" (2019), https://www.eea.europa.eu/data-and-maps/indicators/size-of-the-vehicle-fleet/size-of-the-vehicle-fleet-10; for 1990, see https://www.eea.europa.eu/data-and-maps/indicators/access-to-transport-services/vehicle-ownership-term-2001.
88 National Bureau of Statistics, *China Statistical Yearbook, 1999-2019*, http://www.stats.gov.cn/english/Statisticaldata/AnnualData/.
89 SEI, IISD, ODI, E3G, and UNEP, *The Production Gap Report: 2020 Special Report*, http://productiongap.org/2020report.
90 E. Larson et al., *Net-Zero America: Potential Pathways, Infrastructure, and Impacts* (Princeton, NJ: Princeton University, 2020).
91 C. Helman, "Nimby nation: The high cost to America of saying no to everything," *Forbes* (August 2015).
92 The House of Representatives, "Resolution Recognizing the duty of the Federal Government to create a Green New Deal" (2019), https://www.congress.gov/bill/116th-congress/house-resolution/109/text; M. Z. Jacobson et al., "Impacts of Green New Deal energy plans on grid stability, costs, jobs, health, and climate in 143 countries," *One Earth* 1 (2019), pp. 449–463.
93 T. Dickinson, "The Green New Deal is cheap, actually," *Rolling Stone* (April 6, 2020); J. Cassidy, "The good news about a Green New Deal," *New Yorker* (March 4, 2019); N. Chomsky and R. Pollin, *Climate Crisis and the Global Green New Deal: The Political Economy of Saving the Planet* (New York: Verso, 2020); J. Rifkin, *The Green New Deal: Why the Fossil Fuel Civilization Will Collapse by 2028, and the Bold Economic Plan to Save Life on Earth* (New York: St. Martin's Press, 2019).
94 如果你想加入這項運動中陣容最龐大的族群——「動員三・五%的人口，就能實現制度上的變革」，請參考：Extinction Rebellion, "Welcome to the rebellion," https://rebellion.earth/the-truth/about-us/. 關於書面說明，請參考：Extinction Rebellion, *This Is Not a Drill: An Extinction Rebellion Handbook* (London: Penguin, 2019).

95 P. Brimblecombe et al., *Acid Rain—Deposition to Recovery* (Berlin: Springer, 2007).
96 S. A. Abbasi and T. Abbasi, *Ozone Hole: Past, Present, Future* (Berlin: Springer, 2017).
97 J. Liu et al., "China's changing landscape during the 1990s: Large-scale land transformation estimated with satellite data," *Geophysical Research Letters* 32/2 (2005), L02405.
98 M. G. Burgess et al., "IPCC baseline scenarios have overprojected CO2 emissions and economic growth," *Environmental Research Letters* 16 (2021), 014016.
99 H. Wood, "Green energy meets people power," *The Economist* (2020), https://worldin.economist.com/article/17505/edition2020get-ready-renewable-energy-revolution.
100 Z. Hausfather et al., "Evaluating the performance of past climate model projections," *Geophysical Research Letters 47* (2019), e2019 GL085378.
101 Smil, "History and risk."
102 約翰霍普金斯大學和世界實時統計數據網站，提供全球和各國每日累計死亡總數，請各參考：https://coronavirus.jhu.edu/map.html. https://www.worldometers.info/coronavirus/.
103 本段及以下各段的數據來源如下，關於人均國內生產毛額的比率，請參考：World Bank, "GDP per capita (current US$)" (accessed 2020), https://data.worldbank.org/indicator/NY.GDP.PCAP.CD. 關於中國統計數據，請參考：National Bureau of Statistics, *China Statistical Yearbook, 1999–2019*. 關於各國二氧化碳排放量，請參考：Olivier and Peters, *Trends in Global CO2 and Total Greenhouse Gas Emissions* 2019 Report.
104 從二〇二〇年到二〇五〇年，根據聯合國人口的中位數預測，低度開發國家的人口成長數占全球的九九 · 六%，撒哈拉以南非洲地區占五三%：United Nations, *World Population Prospects: The 2019 Revision* (New York: UN, 2019). 關於非洲的發電鎖定，請參考：G. Alova et al., "A machine-learning approach to predicting Africa's electricity mix based on planned power plants and their chances of success," *Nature Energy* 6/2 (2021).
105 Y. Pan et al., "Large and persistent carbon sink in the world's forests," *Science* 333 (2011), pp. 988–993; C. Che et al., "China and India lead in greening of the world through land-use management," *Nature Sustainability* 2 (2019), pp. 122–129. See also J. Wang et al., "Large Chinese land carbon sink estimated from atmospheric carbon dioxide data," *Nature* 586/7831 (2020), pp. 720–723.
106 N. G. Dowell et al., "Pervasive shifts in forest dynamics in a changing world," *Science* 368 (2020); R. J. W. Brienen et al., "Forest carbon sink neutralized by pervasive growth-lifespan trade-offs," *Nature Communications* 11 (2020), article 4241.1234567890.
107 P. E. Kauppi et al., "Changing stock of biomass carbon in a boreal forest over 93 years," *Forest Ecology and Management* 259 (2010), pp. 1239–1244; H. M. Henttonen et al., "Size-class structure of the forests of Finland during 1921–2013: A recovery from centuries of exploitation, guided by forest policies," *European Journal of Forest Research* 139 (2019), pp. 279–293.
108 P. Roy and J. Connell, "Climatic change and the future of atoll states," *Journal of Coastal Research* 7 (1991), pp. 1057–1075; R. J. Nicholls and A. Cazenave, "Sea-level rise and its impact on coastal zones," *Science* 328/5985 (2010), pp. 1517–1520.
109 P. S. Kench et al., "Patterns of island change and persistence offer alternate adaptation pathways for atoll nations," *Nature Communications* 9 (2018), article 605.
110 這句話是出自於艾默立 · 羅文斯（Amory Lovins）所寫的文章標題，這篇文章收錄在一本關於全球環境的書裡：A. Lovins, "Abating global warming for fun and profit," in K. Takeuchi and M. Yoshino, eds., *The Global Environment* (New York: Springer-Verlag,

1991), pp. 214–229. 年輕讀者對羅文斯比較陌生，他在一九七六年寫的一篇論文中，條列出美國的「軟性」（小規模的再生）能源路線，從此聲名大噪：A. Lovins, “Energy strategy: The road not taken,” *Foreign Aairs* 55/1 (1976), pp. 65–96. 依據他的願景，美國在二〇〇〇年要從軟性技術中獲得相當於七 · 五億噸石油當量的能源，而在扣除傳統的大規模氫化作用（hydrogeneration，既非小型也非軟性）後，再生能源貢獻了七千五百多萬噸的石油當量，因此羅文斯二十四年後只實現一〇 % 的目標，這個預測預告了接下來幾十年那些一樣不切實際的「綠色」宣言。

第七章 了解未來

終結與無限

在末日和奇點之間

「末日」（Apocalypse，透過拉丁語）來自古希臘語 *ἀποκάλυψις*，字面上的意思是「發現」。在基督教裡的意思轉變成，以預言式的揭露或顯示耶穌再臨，在現代用法中，這個詞已經相當於地球上生命的終結、世界末日、或是另一個聖經上希臘語的同義詞——末日審判（Armageddon），[1]清楚明確，沒有模糊地帶。

在現代末日推動者的大力鼓吹下，未來世界末日的情景栩栩如生（由各大宗教提供的各種地獄），他們一直強調人口快速成長、環境汙染，或者現在更常聽到的全球暖化，彷佛都是把我們帶往陰間的罪魁禍首。相較之下，無可救藥的技術樂觀主義者一如以往，相信奇蹟和永恆的救贖，經常可以看到人工智慧和深度學習系統如何帶領我們一路走向「奇點」（Singularity）的報導，這個詞是來自拉丁語 *singularis*，意思是「獨立、獨特、無與倫比」——但在本章指的是未來學家雷・庫茲威爾（Ray Kurzweil）的奇點理論，也就是在數學上，這個詞代表一個函數的值趨於無限。[2]他預測到二〇四五年，機器智慧將超越人類智慧，他所謂的生物和非生物智慧將融合，機器智慧將以無限的速度充滿宇宙。[3]這是終極提升，必然使得太空殖民變得不費吹灰之力。

若要打造出長遠的複雜系統模型，通常要將各種可能出現的結果，限定在看似合理的極端範圍內。末日和奇點提供了兩個極端：我們的未來必定落在無所不包的範圍裡的某個地方。現在對未來的預測之所以如此吸引人，是因為這些預測（儘管可用的證據在眼前，仍視若無睹）趨向於這兩個極端的其中之一。在過去，常常將這種二分法描述為災難論者和聚寶盆主義者（cornucopian）之間的衝突，但是這些標籤似乎太過於保守，無法反映最近兩種極端分化的情緒。[4]這種兩極化還伴隨著另一個更大的問題，就是過時的定量預測。

你到處都可以看見這些預測，從汽車（到二〇四〇年，全球電動汽車的銷售量將達到五千六百萬輛）和碳（到二〇五〇年，歐盟將實現淨零碳排放），再到全球飛行（到二〇三七年，將有八十二億的旅客），[5]或是聽到這類資訊。實際上，這些預測大多只是簡單的猜測：先在電腦模型裡輸入可疑的假設（或更糟糕的是為了政治考量而採取的權宜之計），然後得出二〇五〇年的數據，這些資料的保存期限都非常短。我的建議是：如果你想更了解未來可能是什麼樣子，請完全避開這些新時代過期的預言，或者只把它們用來作為一種證據，顯示出一般普遍的期待和偏見。

幾個世代以來，最常做預測和參考預測結果的是企業和政府，接著從一九五〇年代開始，大量的學者也加入這場遊戲，而現在任何人都可以預測，即使沒有任何數學背景，只要使用外掛軟體或單純只是（最近很流行）做出毫無根據的定性預測。現代預測的數量會跟品質成反比，這一點跟許多其他新發展的成果（資訊流、教育大眾化）一樣。許多預測只是把過去的軌跡再稍微延伸，有些則是各個複雜的模型交互作用後產生的結果，這些模型包含了大量的變數，每次都使用不同的假設（本質上等於是拿數字來寫小說情節），而有些幾乎沒有納入任何數字，只是一廂情願且合乎政治正確的論述。

定量預測分為三大類：最小的一類包括處理過程的預測，這些過程的運作原理眾所周知，而且在動態本質上僅限於一組相對有限的結果；第二個類別稍微大一些，包括指向正確方向的預測，但關於具體結果則非常不確定；第三類（我已經在前一章中，描述最近的一些能源和環境樣本）是定量寓言——這種預測可能包含很多數字，但這些數字是分層（通常有問題）假設得到的結果，而且這種由電腦童話故事追蹤的過程，在現實世界會出現非常不同的結局。當然，這些設計者也許會聲稱這類預測具有啟發性的價值，而外行人可能會利用某些結論，以加強自己的偏見或摒棄可能的替代方案。

唯有第一類的預測（估計、電腦模型）才能提供可靠的見解和良好的指引，尤其是在只有展望未來十年左右的時間更是如此。整體的人口預測，特別是生育率預測，是這個有限的類別中最好的例子，假設一個國家的總生育率（也就是女性一生中平均生育的孩子數量）在一個世代以來都低於更替水準（**replacement level**，平均每位女性至少要生二・一個孩子來替代父母），此外，在過去十年中，從一・八降到一・五，這麼低的生育率就不太可能逆轉（過去三十年中沒有任何國家做到），且在未來十年內人口不會大幅成長，[6]未來最有可能的狀況是生育率稍微提升（從一・五到一・七）或進一步下降（為一・三）。雖然即使在短短十年內也無法確定這個數字，但是預測可以使範圍縮小，提供更可信的結果，例如聯合國在二〇一九年對二〇三〇年的人口預測提到，波蘭的總人口（二〇二〇年為三七九〇萬）會下降到三六九〇萬，而且最高與最低人口的平均值，將只相差上下二％，（除非有大規模的移民進入波蘭，但這種情況不太可能會出現在這個反移民的國家）二〇三〇年的實際人口數很可能落在那個狹窄的範圍內。[7]

相較之下，只要是涉及複雜的系統（那些系統要反映出許多技術、經濟和環境因素的相互作用，可能會非常容易被一些武斷的決定所影響，例如政府突如其來的大額補貼、新

法律或政策突然逆轉），即使是短期預測也會高度不確定，就算是近期的展望也會出現過於廣泛的結果，最近電動汽車在全球的預測就是這個類別中很好的例子。[8]伴隨著個人電動汽車的引入而出現的技術難題，並非不可克服，但是這個產業成熟的速度，比當初大力支持者在多年前所說的要慢很多，而內燃機引擎持續提高效率，在未來幾年內仍具有一些優勢，包括原始投入成本較低、幾代以來的熟悉感、無所不在的服務等。[9]

雖然有些國家一直非常積極推動電動汽車，像是透過提供高額補貼，或強制未來要有特定比例的新車，但另外一些國家只提供很少的幫助或完全沒有。因此，過去對於全球道路運輸電動化的近期預測，幾乎一致高估了實際的比例：在二〇一四年到二〇一六年間，預測到二〇二〇年會高達八—一一%，而實際上只有二・五%。[10]在二〇一九年，對於二〇三〇年路上行駛的電動汽車會占所有車輛的比例預測，相差了一個數量級，而內燃機汽車的實際銷售量，可能至少還會領先電動汽車十年。[11]

第三類定量預測值得仔細研究，因為回想起來，其中有許多根本未達到適當的數量級，而且提出的論點和結論與實際情況完全不一致。值得注意的是，這種情況同樣出現在聖經和米歇爾・德・諾查丹瑪斯（Michel de Nostradamus）的著名歷史預言中。[12]許多現代先知也做得不夠好，但是無所不在的電腦計算興起後，這些人的陣容越來越龐大，再加上媒體永遠渴望報導新的不好的消息，因此，他們的預測和情境得到了前所未見的曝光率和（全球越來越多的）關注。

失敗的預測

由於失敗的預測數量眾多，無論是按照主題、十年的時間、還是地區來分類敘述，都會很乏味。上了年紀的讀者會記得，我們現在應該要完全（或至少大幅）依賴核電，協和式飛機應該只是無處不在的超音速跨洲飛行的前奏，而千禧年故障應該會在二〇〇〇年一月一日關閉所有電腦。不過快速列出一些知名的參考案例，再加上一些令人驚訝但鮮為人知的失敗個案，對於現實可以提供有用的查核——而且沒有理由假設這類失誤以後會變得比較少見。從相對簡單的紙筆預測，轉到複雜的電腦化情境，使得執行必要的計算和產生不同的情境變得更容易，但是消除不了假設時無法避免的危險。而且結果恰好相反，因為更複雜的模型結合了經濟、社會、技術和環境因素的相互作用，所以需要更多的假設，也為更大的錯誤開啟了一扇門。

若要敘述現在一些經典的預測失敗，從聚寶盆主義者和災難論者之間的智力對決顯然是個很好的起點。在一九六〇年代，擔心人口成長失控，導致資源不夠的聲浪浮出檯面，原因是全球人口成長率創下新紀錄，而且當時仍持續上升。幾千年來，全球人口成長率還不到百分之一，只有在一七七〇年代上升到〇·五%以上，並在一九二〇年代中期超過一%，到了一九五〇年代後期則接近二%，並且繼續加速。當然有許多人在專業和流行刊物上提出這件事，美國首屈一指的科學期刊《科學》（*Science*），在一九六〇年忍不住對人口無限制成長的擔憂，發表了一項荒謬的計算，宣稱若持續以過去這樣的速度增加，全球人口將在二〇二六年十一月十三日無限快速成長。[13]

這個結果（人類以無限的速度成長）需要一些想像力，而許多沒那麼極端但仍然是災難性的預測，促成和發起現代的環境運動。[14]可是我們沒有必要擔心人口失控：災難論者忽略了一個簡單的事實，就是在有限的星球上，非常快速成長這件事，無法以任何形式永遠持續下去。「二〇二六年」的世界末日一說，顯然是一派胡言，在一九六〇年代結束之前，全球人口成長率達到每年約二·一%的高峰，此後迅速下降：到二〇〇〇年，全球人口成長率為一．三二%，而到二〇一九年僅為一．〇八%。[15]

五十年的相對成長率減半，隨後是絕對成長率下降（一九八七年達到每年約九三〇〇萬的高峰，到二〇二〇年下降到約八千萬），在根本上改變了未來的前景，因此在二〇二〇年代初期的某個時間點，全球將跨越一個重要的人口里程碑，因為其中一半的人將生活在總生育率低於更替水準的國家。[16]這個新現實立刻引發災難論者新的計算，如果這種生育率下降的趨勢持續下去，全球人口何時會停止成長？接著免不了又問，最後的智人（*Homo sapiens*）何時會滅絕？年輕的災難論者可以再次推測，有多少人會死於饑荒（在二〇八〇年代？）——不是因為人口成長失控，而是因為各地人口老化和減少，青壯年的勞動人口不足（即使大量使用機器人），無法養活全人類。

關於資源稀少的世界末日預言並不限於食物：礦產資源枯竭已成為另一個災難論者偏好的主題，像原油是二十世紀文明最重要的能源，原油的未來一直是那些反烏托邦預言家最喜歡的話題。從一九二〇年代起，就有人預測石油開採的高峰即將到來，但在一九九〇年代和二十一世紀的第一個十年期間，這些預測到達了散播生存恐懼的新高點。[17]一些提倡石油高峰派的忠實成員認為，若石油開採量下降，不只會導致現代經濟崩潰，還會讓人

類的生活方式遠低於工業化以前的水準，甚至回到舊石器時代覓食者的生活方式——會像兩百萬年前生活在東非的人亞族一樣。[18]

實際上發生了什麼事？災難論者一直很難想像人類的創造力可以滿足未來的食物、能源和材料需求——但是在過去三個世代，儘管自一九五〇年以來全球人口增加為三倍，我們還是做到了。不僅沒有出現上百萬人口大量死亡，反而是低收入國家營養不足的人口比例一直穩定下降，從一九六〇年代約四〇%，下降到二〇一九年約一一%，而中國這個全球人口最多的國家，現在每日人均食物供應量比日本高了一五%左右。[19]另外，不僅沒有出現肥料短缺，自一九七五年以來，氮肥施用量反而增加為二・五倍以上，現在全球主要穀類作物的收成量增加為約二・二倍。[20]至於原油的總開採量，從一九九五年到二〇一九年增加三分之二，而且二〇一九年底新冠肺炎之前的價格（排除貨幣價值變動的因素）還比二〇〇九年低。[21]災難論者錯了，而且一錯再錯。

至於技術樂觀主義者承諾提供各種近乎奇蹟般的解決方案，也一樣是前科累累。最廣為人知（而且尷尬的是已登記在案）的一大失敗是相信核分裂無所不能。在一九八〇年以前，許多人認為核能發電所獲致的部分成功（在二〇一九年提供全球約一〇%的電力，在美國的比重為二〇%，法國特別高，是七二%）是預料中的事，而且核能的廣泛應用層面只發揮了一小部分。[22]當時，領先群倫的科學家和大公司不僅認為核分裂會讓其他形式的發電走入歷史，還相信原始反應爐大半會由快滋生反應爐（fast breeder）取代，因為快滋生反應爐產生（暫時）的能源比消耗的更多。核子提供的承諾還不只發電，一些令人驚訝的可疑想法陸續經過測試或投入大筆資金研究。

究竟哪個決定打從一開始就比較不合理而且注定要失敗：是追求由核子為動力的飛行，還是以核爆輔助天然氣生產？設計一個可以為潛艇提供動力的小型核子反應爐是一回事，但是讓它輕到可以在空中飛行則是一項無法克服的挑戰，這項花了數十億美元卻無望的任務，到一九六一年才終於放棄。[23]由核分裂提供動力的飛機從來不曾起飛，但是在追求天然氣擴大生產的過程中，的確引爆了幾顆核彈。一九六七年十二月，在新墨西哥州（代號為核能壓裂試驗專案〔Project Gasbuggy〕）地下深處約一．二公里的地方，引爆一枚兩萬九千噸的炸彈（威力至少是廣島炸彈的兩倍以上）；一九六九年九月，科羅拉多州的一枚炸彈是四萬噸；一九七三年，三枚三萬三千噸的炸彈也在科羅拉多州引爆；美國原子能委員會（US Atomic Energy Commission）預計未來每年會引爆四十到五十顆炸彈，[24]

還計畫使用核炸藥開闢新港口、使用核子反應爐為太空飛行提供動力等活動。

半個世紀後幾乎沒什麼改變：可怕的預言和完全不切實際的承諾比比皆是。最近愈演愈烈的災難性事件，主要集中在整體環境退化（environmental degradation），特別是擔憂全球氣候變遷。記者和社會活動家撰寫過氣候末日報導，發布最終警告：未來最適合人類居住的地區將縮小，地球上大片土地很快會變得不宜人居，氣候移民將重新改變美國和整個世界，全球平均收入將大幅下降。一些預言聲稱，若要避免全球災難，我們可能只剩大約十年的準備時間，而在二〇二〇年一月，瑞典環保少女格蕾塔・桑伯格（Greta Thunberg）甚至說只剩八年。[25]

就在幾個月後，聯合國大會主席說，我們有十一年的時間可避免社會瀰底瓦解，而且地球會同時燃燒（遭受無法撲滅的夏季大火）和被水淹沒（海平面迅速上升）。但是太陽底下無新鮮事：一九八九年，另一位聯合國高級官員表示：「在溫室效應超出人類控制之前，各國政府有十年的機會可以解決。」這代表我們現在必定是超越了來世，應該是活在西班牙作家波赫士（Borgesian）想像中的魔幻寫實世界裡。[26]這些預測如洪水般湧來，不是永遠令人擔憂就是常常讓人恐懼，我相信如果我們沒有這種預測，日子一樣可以過得很好，每天一直提醒大家，這個世界會在二〇五〇年甚至二〇三〇年走到盡頭，這樣會有幫助嗎？

這種一再重複且能加以預測的預言（不論出發點多麼善意，不論表達的方式多麼熱情），並沒有提供任何實用的建議，教我們如何採取最佳的技術解決方案、教我們如何以最有效的方式在法律上約束全球一起合作、或是教我們如何解決艱鉅的挑戰，像是說服人們需要投入大筆支出，但在未來幾十年都看不到成效。而有另一群人認為「永續未來在我們的掌握之中」，根據他們的說法，上述的建議當然完全沒必要，還說災難論者長期以來發出的都是假警報，此外，他們還將著作命名為《無關末日》（*Apocalypse Not!*）和《永無末日》（*Apocalypse Never*），而且甚至（如前所述）看到奇點即將到來，這與所謂的文明快要接近落幕形成了最鮮明的對比。[27]

如果到了二〇四五年，甚至可能是二〇三〇年，我們對事情的了解（或者更確切地說，我們未來創造出來的機器所提供的智慧）將無止境，因此任何問題都會變得微不足道，在這種前提下，我們為什麼還有必要害怕任何事情呢？何必擔心環境、社會或經濟的威脅？若是跟這個承諾相比，最近其他具體和誇大的論點（從奈米技術拯救人類到塑造出新的合成生命形式）都顯得陳腔濫調。接下來會發生什麼事？近乎地獄般的毀滅迫在眉睫？還是如神一般全能的力量會光速出現？

基於過去預言中顯示的錯覺，兩者都不會發生。我們的文明並不像一九七〇年代初期預想的那樣，地球陷入不斷惡化的饑荒或是核分裂提供免費的能源，從現在開始的這一代，既不會處於演化道路的盡頭，也不會透過奇點改變文明。我們在二〇三〇年代仍然存在，儘管不會出現光速智慧帶來的各種絕妙好處，我們仍將努力做不可能的事情，持續做長期預測，雖然勢必會帶來更多尷尬和更荒謬的預測結果，但也會因意外事件帶來更多驚喜。極端情況很容易想像；慣性發展加上不可預測的不連續性，讓預測未來依然是一項難以捉摸的任務，設計再多的模型也無法消除這一點，而我們的長期預測也將繼續出錯。[28]

這並不矛盾，我不是在預測說，未來的預測都沒必要，只是提出一個極有可能發生的結論。這是根據複雜系統的內在慣性不可預見的相互作用，一方面是因為系統內建的常數和長期要求，而另一方面是突發的不連續性和意外，可能是技術方面（消費電子產品的興起；電力儲存可能的突破）或社會方面（蘇聯解體；另一種更嚴重的流行病）。讓所有預測變得更困難的地方是，現在關鍵的轉型必須以巨大的規模展開。

慣性、規模和大量材料

新的出發點、新的解決方案和新的成就總是一路相隨：我們是非常好奇的物種，長期以來具有非凡的適應能力，在讓全球大多數人的生活變得更健康、更富裕、更安全、更長壽這件事上面，最近也取得了更卓越的成就。儘管如此，基本的限制仍然存在：我們藉由自己的獨創性改變了其中一些限制，但這種調整有其自身的局限，例如我們在生產食物時，少不了對土地、水和養分的需求。如前所述，更高的產量會減少對農地的需求，如果我們進一步縮小產量差距（產量潛能和實際收成量之間的差異），就有可能繼續減少對農地的需求。

這些差距仍然相當大，即使在實施集約化作物種植（大量使用肥料、灌溉）的國家，產量也可能比近期美國玉米的平均產量高出二〇－二五％，比中國稻米的產量高出三〇－四〇％——而且是撒哈拉以南非洲地區的二到四倍，因為目前這個地區的平均生產力仍非常低。[29]在高產量和達到優化農業的地區，額外的肥料和灌溉需求相對較少，農地也可以減少，相較之下，非洲將需要大幅增加巨量營養素的使用和擴大灌溉。就跟其他情況一樣，只要全球人口繼續成長，而且需要更好的營養，那麼如果未來的成效相對提升（符合生物限制的條件下），則「產出」不該被誤認為與「投入了什麼」絕對無關。

就這方面而言，媒體在報導「不需農地」的都市農業時（高樓裡的水耕栽培），特別欠缺對全球食物需求的真正了解。這種投入成本極高的種植方式可以生產出綠葉植物（萵苣、羅勒）和一些蔬菜（番茄、辣椒），營養價值僅止於維生素C和纖維質。[30]最能肯定的一件事，就是光照穩定的水耕栽培，不可能生產出超過三十億噸的穀物和豆類，這些作物含有大量的碳水化合物，而且蛋白質和脂質相對較多，可以滿足將近八十億人（即將達到一百億）的糧食需求。[31]

大型複雜系統的慣性是來自於基本的能源和材料需求——以及營運的規模。對能源和材料的需求，經常會受到追求更高的效率和生產流程優化所影響，但改善效率和相對的去材料化都有實際上的限制，而新替代品帶來的優勢將被成本抵銷。這種現實的例子比比皆是，再以兩個基本的材料生產過程為例，理論上，生產鋼鐵所需的初級能源最小值（結合高爐和鹼性氧氣爐的需求），約為每噸鐵水一百八十億焦耳，而若要合成氨，每噸不能低於約兩百一十億焦耳。[32]

一種可能的解決方案是用鋁代替鋼，這會降低特定設計的質量，但生產原生鋁所需的能源是初級鋼的五到六倍，而且鋁不像鋼一樣，能應用在許多需要高強度的地方。若要減少能源成本和氮肥對環境的影響，最極端的方法是降低使用量：這種選擇方案適用於食物供給過剩和過度浪費的富裕國家——但是非洲有數億的發育遲緩兒童需要喝更多牛奶、吃更多肉，而蛋白質只能來自於大幅增加種植時使用的氮量。為了充分說明這個結論，我來舉個例子，歐盟國家每公頃農地，每年平均使用的肥料約一百六十公斤，衣索比亞則不到二十公斤，相差了一個數量級，正足以凸顯出在評估全球需求時，經常忽略這種發展上的巨大差異。[33]

在這個文明中，生產出來的基本商品，現在要服務的對象接近八十億人，因此任何偏離既定作法的行為也會一再碰到規模上的限制：正如我們前面看到的（第三章），基本的材料需求量現在每年是以數十億和數億噸計算，根本不可能以完全不同的產品來取代這麼大量的材料（要用什麼代替超過四十億噸的水泥或將近二十億噸的鋼鐵），也不可能快速（幾年而不是幾十年）轉型為以全新的方式來生產這些基本材料。

這種無可避免的大規模慣性依賴，最終可以克服（回想一下，在一九二〇年以前，美國農田必須投入四分之一的土地，種植餵養馬和騾子的飼料），但是過去許多快速轉變的例子，並不能用來推估，未來達到類似的成就所需要的合理時間。過去的轉變可能相對較快，因為涉及的幅度比較小。在一九〇〇年全球初級能源的使用上，傳統的生物質燃料和以煤炭為主的化石燃料，大約各占一半，所有化石燃料的供應量只相當於約十億噸煤炭。[34]到了二〇二〇年，全球化石燃料的淨供應量，比一九〇〇年的初級能源總供應量高出一個數量級，雖然現在的技術工具在很多方面都非常優越，但新轉型（脫碳）的步伐比起當時以化石燃料取代傳統生物質要慢得多。

儘管新的再生能源（風能、太陽能、新的生物燃料）供應量在二十一世紀的前二十年中，大幅增加約五十倍，但全球對化石碳的依賴只略微下降，從總供應量的八七%降到八五%，這個相對較小的降幅主要可歸因於水力發電擴大，而水力發電是一種舊的再生能源形式。[35]由於一九二〇年的總能源需求比二〇二〇年低一個數量級，因此在二十世紀初期以煤炭取代木材要容易得多，而在二十一世紀初期以新的再生能源（也就是脫碳）取代化石燃料難度較高。因此，即使把最近的脫碳速度提高為三或四倍，到二〇五〇年，化石燃料依然占主導地位。

在這個電子化的新世界中，彷彿一切都可以（而且都將會）變得更快，這種經常遭到高度誤解的結論，背後是所謂的範疇失誤（category mistake）——將原本只屬於另一個範疇的特質或行為，歸屬到錯誤的對象上。[36]訊息和連結可以套用「一切會變得更快」這樣的結論，採用新的個人小工具也可以。但是存在的必要條件不屬於微處理器和行動電話的範疇，確保充足的水供給、農作物的種植和加工、飼養和屠宰動物、生產和轉換大量的初級能源、開採和改造原料以作為各種不同的用途，這些事情所需要的規模（必須滿足數十億的消費者）和基礎設施（能生產和配送這些不可替代的需求），與建立新的社群媒體檔案或買一隻更貴的智慧型手機，是屬於截然不同的範疇。

此外，促成這些新進展的許多技術並不是現在才有，不少人對最新智慧型手機纖薄的程度和處理訊息的能力感到著迷，但是有多少人意識到讓他們能大規模擁有手機的許多基本流程早已行之有年？非常純的矽是所有微處理器的基礎，包括讓所有現代電子設備運作的微處理器——從最大的超級電腦到最小的手機。揚・柴可拉斯基（Jan Czochralski）於一九一五年發明了提煉單晶矽的方法，將大量的電晶體置於矽當中，朱利葉斯・埃德加・利林菲爾德（Julius Edgar Lilienfeld）於一九二五年獲得了第一個場效應電晶體的專利。

而且如前所述，積體電路於一九五八—一九五九年誕生，微處理器則是一九七一年。[37]

所有電子設備的電力來源主要有兩種：一種是蒸汽渦輪發動機，這個機器是由查爾斯．帕爾森斯（Charles A. Parsons）於一八八四年發明；另一種是燃氣渦輪機，第一台於一九三八年應用在商業上。[38]雖然花一個世代的時間就可以用行動電話取代十億台有線電話，可是在同樣的時間內，不太可能以太陽能電池或風力渦輪機，取代蒸汽渦輪發動機和燃氣渦輪機產生的幾兆瓦電力。行動裝置雖然複雜，但也只是位於整個產業大金字塔頂端的小型設備而已，這整個發電、轉換和傳輸電力的產業，需要大規模的基礎設施來建造、重建和維護。

儘管各種卓越的創新如雨後春筍般出現，從太陽能電池到鋰離子電池，從3D列印任何東西（從小型零件到整間房屋）到能合成汽油的細菌，但是上述這些現實有助於解釋為什麼在未來二十到三十年內，我們生活的基本面不會發生重大變化。鋼鐵、水泥、氨和塑膠依然是文明的四大材料支柱；全球的交通運輸多半還是要依賴精煉的液體燃料（車用的汽油和柴油、航空煤油、船用的柴油和燃料油）；種植穀物時，不管是犁、耙、播種機和施肥機等農具，都需要曳引機幫忙拉動，收割時需要聯合收割機將穀物倒入卡車。不會由大型機器當場印出高樓層的公寓，要是我們很快又碰上另一場大流行病，那麼備受推崇的人工智慧，很可能會像二〇二〇年新冠病毒疫情期間一樣，發揮不了太大的作用。[39]

無知、固執和謙虛

新冠肺炎以完美（而且代價昂貴）的方式提醒了全球，我們規畫未來的能力有限，而且就算在接下來的世代，這一點也不會（不能）突然大幅改變。在這次大流行發生的前十年，人們對於史無前例、聲稱真正具有「破壞性」的科學和技術進步讚不絕口，其中最重要的是，預期即將登場的人工智慧和神經學習網路（有人可能會說是簡單版的奇點）具有神奇的力量，以及讓我們能隨意設計生命形式的基因編輯技術。[40]

尤瓦爾・諾瓦・哈拉瑞（Yuval Noah Harari）二〇一七年的暢銷書書名《人類大命運：從智人到神人》（*Homo Deus*），最能說明這些論點誇張的性質。[41]如果需要更多的證據，那麼新冠肺炎讓我們知道，所謂人類如上帝般可以控制命運的能力，這種概念根本是一場空：這些備受推崇的能力完全無法阻止核糖核酸病毒產生或傳播，我們最多只能像中世紀

義大利小鎮居民一樣：跟其他人保持距離，在室內待四十天，做好防疫隔離。[42] 雖然疫苗相對較早問世，但不能治癒重症病患，也無法預防下一次大流行，因此，我們必須祈禱下一個事件（因為總會有下一個！）到來時會是在幾十年後，在這期間能相對風平浪靜，不受季節性病毒流行的干擾，而不是短短幾年內又出現更嚴重的病毒。

新冠肺炎對富裕國家的整體影響，尤其是美國，也說明了我們對未來的一些努力方向雖然備受讚賞（且非常昂貴），但卻不太適合，其中最重要的有三項，第一是由太空人執行的太空飛行又重新邁出新的步伐，特別是想登上火星的科幻目標；第二是嘗試朝向個人化醫療（根據患者的特定風險或對疾病的反應，為個別患者量身打造的診斷和治療），《經濟學人》（*The Economist*）於二〇二〇年三月十二日，針對該主題發表一份特別報告，當時新冠肺炎正好開始在歐美流行，都市的醫院裡擠滿了缺氧的病人；第三是專注於更快速的上網連結，無止盡地大肆宣傳 5G 網路的好處。[43] 如果這個碩果僅存的超級強國（美國），無法為醫護人員提供完整簡單的個人防護裝備，例如手套、口罩、帽子和防護衣等低科技產品，則追求那些無關緊要的目標還有什麼意義呢？

因此，美國必須向中國（因為傑出的全球化人才幾乎都集中在中國，負責製造所有的必需品）支付昂貴的價格，以確保數量不足的防護設備能藉由空運送達，才不會讓醫院在大流行當中關門。[44]美國每年的軍事花費超過五千億美元（超過所有潛在對手的總和），卻不僅對這個肯定會發生的事件毫無準備，而且沒有足夠的基本醫療用品：如果先投資幾億美元在國內生產，就可以大幅降低幾兆美元的新冠肺炎經濟損失！[45]

歐洲也是同病相憐，成員國競相爭取從中國空運的塑膠防護用品；之前宣稱的無邊界很快變成壁壘分明；關係越來越密切的工會，未能居中協調以提出有共識的回應；歐洲五個人口最多的國家中有四個（英國、法國、義大利和西班牙），以及兩個最富裕的國家（瑞士和盧森堡），幾十年來的醫療系統一向都是卓越的楷模，但是在大流行剛開始的前六個月，這些國家的死亡人數在全球卻是數一數二。[46]危機暴露出現實，消除了混淆和誤導，從富裕世界對新冠肺炎的回應，值得令人反思這個帶有諷刺意味的論述：真的是從智人到神人！

在此同時，富裕世界對新冠肺炎的回應，顯示出我們長期以來對基本現實抱持著不切實際的態度，這是因為連痛苦的經歷都被拋在腦後。隨著新冠肺炎開始大流行，我本來就沒有預期人們會從適當的歷史觀點看待這個挑戰（畢竟在以推文主導的社會中，還能期待些什麼），而我對於有人拿一九一八—一九一九年的流感來相提並論也不覺得驚訝，因為那次大流行的死亡人數是近代史上最多，雖然全球死亡總數無法確定。[47]但是正如我在關於風險的章節中指出，從那時起，其實我們還經歷了三次顯著（而且更好理解）的事件，卻沒有在我們集體的記憶中留下任何深刻的印象。

我已經提出一些解釋，但其他的說法也可供參考。一九五七到一九五八年（大多數國家持續六到九個月的時間）流行病的死亡人數超過一百萬，而死亡人數更多的第二次世界大戰，至今仍清楚地保留在所有成年人的記憶中，我們是從二戰死亡人數的角度看待死於流行病的一百多萬人嗎？還是我們集體的認知發生太大的變化，以至於無法接受我們一直都控制不了短期內超額死亡的這個事實？是不是只因為無論在個人還是集體層面，遺忘可以輔助記憶？還是說，我們對於那些本來應該在意料之中的事，總是會一再地感到驚訝，這也是無法改變的事實嗎？

固執和遺忘一樣重要：儘管每次都承諾會有嶄新的開始和大膽的起點，但是舊的模式和舊的方法很快又會出現，為新一輪的失敗埋下伏筆。如果讀者對這一點有所懷疑，請確認二〇〇七—二〇〇八年金融危機期間和剛結束時的情緒——然後跟危機後的經驗比較。

究竟有誰要為這種金融秩序瀕臨系統性崩潰負責？到底採取了哪些根本上的改革措施（除了注入大筆新的資金），以調整有問題的作法或減少經濟不平等？[48]

重新回到新冠肺炎的例子，在大流行開始之前，許多策略上的錯誤就確定會造成疫情管理不善，而上述這種固執的模式代表沒有人需要為其中任何一個錯誤負責。毫無疑問地，幾場雜亂無章的聽證會和幾篇專業論文會提供一份建議清單，但這些建議很快就會被忽略，不會改變根深蒂固的習慣。在一九一八—一九一九年、一九五八—一九五九年、一九六八—一九六九年，以及二〇〇九年的大流行之後，全球是否採取了任何果斷的措施？各國政府還是無法確保能否為未來的大流行提供足夠的必要物資，而且他們的反應也將跟往常一樣，老是前後不一致。大規模單一來源的製造方式可以創造較高的利潤，因此廠商還是不願意改成穩健但成本高的分散式生產。隨著人們繼續搭乘國際航班和漫無目的的遊輪，全球將恢復持續不斷的交流，不過一艘載有三千名船員和五千名乘客的船，實在是個很好的病毒孵化器。[49]

這代表我們將需要一再重新學習如何與無法控制的現實妥協，新冠肺炎給我們一個相當有用的提醒，在這次大流行中，老年人的死亡率最高，如前所述，這個結果顯然與我們延長預期壽命的成就有關。[50] 我出生於一九四三年，也是長壽趨勢下幾千萬名受益人之一，但是魚與熊掌不可兼得：更長的預期壽命伴隨著更進一步的脆弱。老年人的疾病一直是病毒超額死亡率的最佳預測指標，從相當常見的高血壓和糖尿病，到不太常見的癌症和免疫力下降，這一點也不足為奇。[51]

然而，就像在一九六八年或二〇〇九年發生的事一樣，這並不能阻止我們採取更多措施以延長預期壽命——然後又擔心追求長壽可能帶來的後果（即使在季節性流感流行期間還是可以看到這樣的後果，程度稍微緩和但仍相當驚人）。只是下一次風險將會更高，因為自然老化加上壽命延長，會大幅增加六十五歲以上的人口比例。聯合國預計到二〇五〇年，這個比例將增加約七〇％，而在富裕國家，有四分之一的人會超過六十五歲。[52] 在二〇五〇年，有些國家三分之一的人口屬於最脆弱的群體，我們到時候如何應付可能比新冠肺炎更具傳染力的大流行病呢？

許多技術樂觀主義者提倡普遍、自動、嵌入、無可避免的進步，以及持續不斷的改善，但是這些現實否定了他們的想法。我們物種的演化和歷史都不是永遠向上的箭頭，沒有可預測的軌跡，也沒有明確的目標。隨著我們不斷累積大量的知識，以及提升影響生活各種變數的控制能力（從足以養活全球人口的食物生產，到有效接種疫苗以預防之前出現的高危險傳染病），生活的整體風險已經降低，但是並沒有使許多生存的基本危險變得更能加以預測、或更容易管理。

在某些關鍵情況下，我們是否能成功以及是否能避免最壞的結果，取決於先見之明、保持警惕、下定決心找到有效的解決辦法。值得注意的例子包括根除小兒麻痺症（藉由開發有效的疫苗）、降低商務航班的飛行風險（藉由建造更可靠的飛機和引入更好的飛行控制措施）、減少食物病原體（藉由適當的食品加工、冷藏和個人衛生）、提升兒童白血病的存活率（藉由化療和幹細胞移植）。[53]在其他情況下，我們一直都很幸運，這一點無庸置疑：幾十年來，我們避免了由錯誤或意外引起的核戰（自一九五〇年代以來，我們曾多次經歷這兩種情況），這不僅是因為有內建的保護機制，還多虧了判斷力，才不至於讓其中一種狀況發生。[54]同樣地，沒有明確的跡象顯示我們預防失敗的能力持續穩定提升。

很不幸地，福島和波音737 MAX正好是這些失敗的兩個完美例子——兩者都帶來大規模且長遠的後果。為什麼二〇一一年三月十一日發生地震和海嘯時，東京電力公司（Tokyo Power Company）在福島第一核電廠（Fukushima Daiichi plant）失去了三個反應爐？畢竟，就在核電廠以南約十五公里處，在同樣遭到海嘯襲擊的太平洋海岸上，姐妹廠福島第二核電廠（Fukushima Daini）卻毫無損傷。福島第一核電廠故障的影響範圍極廣，從日本失去三〇％的發電能力，到德國決定在二〇二一年關閉所有反應爐——最重要的是，大眾更加不信任以核分裂作為電力來源。[55]

波音公司在一九六六年不顧一切風險開發747，而且繼續推出成功的新噴射客機系列（現在最多到787），為什麼波音堅持不斷擴大737（於一九六四年推出）？這種可疑的作法導致了兩起空難事故。[56] 為什麼波音或美國聯邦航空總署（Federal Aviation Administration）沒有在第一次致命事故後，立即讓飛機停飛？同樣地，這些失敗帶來的後果影響深遠：首先是整個737 MAX機隊從二〇一九年三月開始暫時停飛，然後是飛機停止生產和取消新訂單。到最後，這將影響波音公司推出新機型的能力，他們亟需這款新設計以取代老舊的757（所有後果都因新冠肺炎重創國際航空而加劇）。

由於新設計、結構、複雜的流程、以及各種操作環環相扣，因此福島和波音737 MAX的失敗無法避免，接下來幾十年仍將看到其他（無法預測）類似的現實狀況。未來將會是歷史的重演——令人讚賞的進步結合（無）可避免的挫折。但是在展望未來時會出現一個新情況，越來越多人認為（儘管尚未達到全體一致），在我們面臨的所有風險中，全球氣候變遷最迫切最需要有效處理，可是有兩個根本的原因，導致實行起來的速度和成效遠不如一般的假設。

史無前例的承諾，延遲的回報

我們需要全球有史以來第一次齊心協力，真正給出實質且長期的承諾，才能應付這個挑戰。常有人推論說，我們能在短期內，以所需的規模有效實現脱碳，但這種論點與過去所有的證據背道而馳，聯合國第一次氣候會議於一九九二年召開，在此後的幾十年裡，舉行了一系列的全球會議，做過無數的評估和研究——但是將近三十年後，仍然沒提出具有約束力的國際協議以減少每年溫室氣體的排放量，而且目前依舊沒什麼進展。

為了要有成效，只需要達成一項全球協議，這並不表示兩百個國家都必須在虛線上簽字：前五大溫室氣體排放國，目前占所有排放量的八〇%，即使把五十個小國的總排放量加起來，可能都比不上計算這五國排放量時出現的錯誤，唯有等到這五國明確同意遵守具

有約束力的承諾，否則不可能取得真正的進展，但是我們根本尚未開始採取這種需要協調的全球行動。[57]回想一下備受推崇的巴黎協定，並沒有為全球幾個最大的排放國設定具體的減排目標，而且這種不具約束力的承諾改善不了任何事情——結果是導致二〇五〇年的排放量增加五〇％！

此外，任何有效的承諾，代價都很昂貴，必須至少持續兩代的時間才能帶來預期的結果（就算不是完全消除溫室氣體排放，也要大幅減少排放量），而即使是急遽減少排放量的成效非常卓越，而且遠超出原本實際的規畫，但是在未來幾十年當中，依舊看不出任何具有說服力的好處。[58]這一點引發了世代正義（intergenerational justice）的難題——也就是我們永遠都傾向於把未來的價格打折扣。[59]

我們更重視現在，而不是以後，於是以此來制定價格。一位狂熱的三十歲登山客願意支付大約六萬美元的費用，花在明年攀登聖母峰的許可證、裝備、登山嚮導、氧氣和其他開銷。但如果他購買的是二〇五〇年登上這座山的承諾，那麼一定會要求大打折扣，才能反應出這段時間內明顯的不確定因素，例如他的健康狀況、未來尼泊爾政府的政權是否穩定、喜馬拉雅山發生大地震就可能無法登山、以及通道是否關閉。為了減緩全球氣候變遷，在考慮為碳定價這類複雜而昂貴的工作時，上述這種對未來打折扣的普遍傾向非常重要，因為目前付出昂貴代價的這一代人，會覺得沒有明顯的經濟利益可言。由於溫室氣體在排放後會長時間留在大氣中（像二氧化碳就會長達兩百年），即使投入大量努力減少排放量，可是接下來幾十年都看不出明確的成效──這裡的成效是指全球平均表面溫度首次顯著下降。[60]

就算全球啟動大規模的脫碳行動，溫度還會持續升高二十五到三十五年，對於制定和實施這類嚴厲的措施顯然會形成重大的挑戰。然而這類措施是否要在幾年內廣泛實行，目前全球還是沒有具約束力的承諾，因此平衡點以及可測量到的溫度下降，必須再往後延到未來。一個常用的氣候經濟模型顯示，若在二〇二〇年代初期啟動減緩措施，則平衡年（也就是最佳政策開始產生淨經濟效益時）大概要等到二〇八〇年。

如果全球平均預期壽命（在二〇二〇年約七十二歲）維持不變，那麼大約在二十一世紀中葉出生的那一代，將能率先受益於氣候變遷減緩政策下累積的淨經濟效益。[61]富裕國家已經準備好要重視這些遙遠的利益，而不是眼前更直接的收益了嗎？人口不斷成長的低收入國家，為了基本生存得繼續擴大對化石燃料的依賴，即使如此，富裕國家是否還願意再堅持至少半個世紀的脫碳行動呢？現在四、五十歲的人是否準備好加入脫碳，只為了有

生之年看不到的回報呢？

最近的病毒大流行再次提醒人們，若要將全球挑戰所帶來的影響降到最低，其中一個最好的方法就是先列出優先事項，然後制定出處理這些挑戰的基本措施——但是在大流行期間，全球採取的應對政策前後不連貫，即使是同一個國家內部的規定也不一致，由此可知，編寫這類原則和要求各國遵循會是多麼困難的事。危機期間的失敗，正好可以作為代價昂貴但具有說服力的例子，提醒我們依然沒有在對的地方打好基礎，沒有把最重要的根本事項照顧好。到現在為止，本書的讀者很清楚這個（簡短的）清單，必須包括基本的食物、能源和材料供給無虞，提供的方式不僅對環境的影響必須最少，而且同時要以符合現實的角度來評估我們所採取的步驟，是否達到盡量減少未來全球暖化的程度。這個前景令人心生畏懼，沒有人能確定我們是否會成功，或是失敗。

因為我們不知道遙遠的未來會如何，所以這代表必須要誠實：我們必須承認自己的理解有限，以謙遜的態度面對地球所有的挑戰，而且體認到進步、挫折和失敗都將繼續成為我們演化的一部分，無法保證最後是否能成功（無論成功的定義為何），或是可否達到奇點。但是，只要以決心和毅力，運用我們長久以來累積的知識，世界末日也不會提早到來。

未來將從我們的成就和失敗中浮現，雖然我們可能非常聰明（和幸運），能預見未來的一些形式和特徵，但整體而言仍難以捉摸，甚至連下一代生活的樣貌，我們都不清楚。

本章的初稿於二〇二〇年五月八日完成，這一天也是歐洲二戰結束後七十五週年。讓我們想像一個場景，在二十世紀中葉的春季，有一天，幾位高知識份子坐下來，討論和預測二〇二〇年的世界概況，由於他們很清楚各領域的最新突破，從工程（燃氣渦輪機、核子反應爐、電腦、火箭）到生命科學（抗生素、殺蟲劑、除草劑、疫苗），因此可以正確預測許多上升趨勢，從汽車大規模普及、價格可負擔的跨洲飛行到電子運算，還有從作物產量增加到預期壽命顯著提高。

但他們無法描述這七十五年間，由我們的成敗所創造出來的世界裡涵蓋的進步、複雜度和細微差別，為了強調不可能做到這一點，只要從每個國家的角度來思考就可見一斑。一九四五年，日本各個都市的木製房屋（京都除外）基本上都被夷為平地；歐洲處於戰後混亂狀態，不久就被冷戰分裂；蘇聯取得勝利，但付出巨大的代價，仍然處於史達林（Stalin）殘酷的統治之下；美國成為史無前例的超級大國，創造全球約一半的經濟商品；中國極度貧窮，再次陷入內戰邊緣。誰能追溯各國發展的具體軌跡？例如興盛和衰敗（日

本）、新的繁榮、新的問題、新的統一和新的分裂（歐洲）、激進的自信心（「我們要埋葬你們！」）、滅亡（蘇聯）、錯誤、失敗、浪費的成就和未實現的可能性（美國），以及遭受全球最嚴重的饑荒、緩慢的復甦、陡峭的上升幅度到達令人可疑的高度（中國）。

在一九四五年，沒有人能預測全世界會增加超過五十億人，而且比歷史上任何時候都吃得更好——即使浪費掉的食物一直占所有作物中相當高的比例。也沒有人預見這個世界讓許多傳染病（最顯著的是各地的小兒麻痺症，以及一些富裕國家的肺結核）走入歷史，但就算在最富裕的國家，也無法阻止經濟不平等的現象擴大。此外也沒有人預見這個世界立刻變得更乾淨、更健康，但卻同時以新的方式受到更多汙染（從海洋中的塑膠到土壤中的重金屬），而且由於生物圈持續退化，也更加危險。更沒有人預見這個世界會充滿即時和基本上免費的訊息，而付出的代價是大規模傳播錯誤的資訊、謊言和應受譴責的論點。

過了七、八十年之後，沒有理由相信我們更能預見接下來的技術創新所到達的程度（當然，除非你相信即將到來的奇點），也不會知道有哪些事件將影響國家的財富，此外，更不會清楚做了哪些決定會改變我們文明未來七十五年的命運，或是因為少做了哪些決定而造成遺憾。儘管最近大家都關注全球暖化的最終影響，以及是否必須快速脫碳，但是二十一世紀剩餘時間裡的全球人口的軌跡，這個不確定的結果，也對於決定我們的未來扮演舉足輕重的角色。

極端的預測結果帶來截然不同的未來：到二一〇〇年全球人口會超過一百五十億（幾乎是二〇二〇年的兩倍），還是會縮減到四十八億，剩不到今天總人口的一半？中國人口會減少四八％嗎？[62]正如預期，這些預測的中位數差異沒那麼大（八十八億和一〇九億），儘管如此，相差這二十億人並不是無關緊要的小數字，這些比較顯示出，即使是預測一代以後的基本人口數，也會出現這麼大的差距。很明顯的是，就算只是預測富裕國家目前的預期壽命，極端值的影響也會形成兩條截然不同的經濟、社會和環境軌跡。因為本書的初稿和修正稿分別於新冠肺炎第一波和第二波期間完成，所以我要提出一個相當現實的問題，就是在二十一世紀剩餘的時間裡，我們面臨的新流行病（考慮到一九〇〇年之後的頻率是一九一八、一九五七、一九六八、二〇〇九、二〇二〇，因此可以預計在二一〇〇年以前，類似的事件至少還會有兩到三次）跟二〇二〇年的事件相比，程度會差不多、更輕微、還是更嚴重？生活在這些根本的不確定當中，依然是人類現況的本質——也限制了我們根據遠見採取行動的能力。

正如我在前言所說，我既不是悲觀主義者，也不是樂觀主義者，我是科學家。並沒有一個既定的議程可供討論，讓我們了解世界真正的運作方式。

因此，確實掌握我們的過去、現在和不確定的未來，就等於是為面對不可知的廣闊未來打下最好的基礎。雖然無法具體說明，但是我們知道最有可能的未來前景，是結合了進展和挫折，還有看似無法克服的困難和近乎奇蹟般的進步。未來依然不是預先注定，結果會取決於我們所採取的行動。

參考資料和注釋

1 許多書籍是關於末日的預言、想像和闡釋，但我不會對這種特殊的小說寫作類別提出任何建議。
2 想像人工智慧將超越人類的能力，會比想像達到奇點時所需的物理瞬間變化率更容易。
3 R. Kurzweil, "The law of accelerating returns" (2001), https://www.kurzweilai.net/the-law-of-accelerating-returns. See also his *The Singularity Is Near* (New York: Penguin, 2005). 關於二〇四五年的預測請參考： https://www.kurzweilai.net/. 在我們走到那一步之前，「在二〇二〇年代，由於奈米機器人變得比目前的醫療技術更聰明，大多數的疾病都會消失。奈米系統可以取代正常的人類飲食。」請參考：P. Diamandis, "Ray Kurzweil's mind-boggling predictions for the next 25 years," Singularity Hub (January 2015), https://singularityhub.com/2015/01/26/ray-kurzweils-mind-boggling-predictions-for-the-next-25-years/. 如果這樣的預測成為現實，那麼在短短幾年內，顯然就沒有人需要寫關於農業、食物、健康和醫學，或世界究竟如何運作的書籍：這一切都可以由奈米機器人包辦！
4 來自馬里蘭大學（University of Maryland）的朱利安 ‧ 賽門（Julian Simon）是一位二十世紀最後二十年最有影響力的聚寶盆主義者，他最常被引用的著作是：*The Ultimate Resource* (Princeton, NJ: Princeton University Press, 1981) and J. L. Simon and H. Kahn, *The Resourceful Earth* (Oxford: Basil Blackwell, 1984).
5 電動汽車：Bloomberg NEF, *Electric Vehicle Outlook 2019*, https:// about.bnef.com/electric-vehicle-outlook/#toc-download. 關於歐盟的碳：EU, "2050 long-term strategy," https://ec.europa.eu/clima/policies/strategies/2050_en. 二〇二五年全球的資訊：D. Reinsel et al., *The Digitization of the World From Edge to Core* (November 2018), https://www.seagate.com/files/www-content/our-story/trends/files/idc-seagate-dataage-whitepaper.pdf. 二〇三七年全球的飛行："IATA Forecast Predicts 8.2 billion Air Travelers in 2037" (October 2018), https://www.iata.org/en/pressroom/pr/2018-10-24-02/.
6 請參考世界銀行（World Bank）資料庫中各國長期生育率軌跡： https://data.worldbank.org/indicator/SP.DYN.TFRT.IN.
7 United Nations, *World Population Prospects 2019*, https://population.un.org/wpp/Download/Standard/Population/.
8 在二十一世紀的第二個十年中，電動汽車引起極大的關注，同時也引發許多過度誇大的期望。二〇一七年，甚至可以在《金融郵報》（*Financial Post*）上看到：「所有化石燃料汽車將在八年內消失，大型石油和大型汽車面臨雙重『死亡螺旋』（death spiral），這項研究令產業震驚。」令人震驚的應該是完全不了解技術，才會提出這種荒謬的論點。在二〇二〇年初，約有十二億輛內燃機汽車上路，而根據報導，這將是未來五年內要消失的事情！
9 目前仍不清楚電池的電動汽車和傳統汽車何時能達到終身成本平價（cost parity），但即使能做到，一些買家可能仍然更重視一開始支付的成本，而不是未來節省的金錢：MIT Energy Initiative, *Insights into Future Mobility* (Cambridge, MA: MIT Energy Initiative, 2019), http://energy.mit.edu/insightsintofuturemobility.
10 有關於電動汽車近期的銷售量和長期預測，請參考：Insideevs, https://insideevs.com/news/343998/monthly-plug-in-ev-sales-scorecard/; J.P. Morgan Asset Management, *Energy Outlook 2018: Pascal's Wager* (New York: J.P. Morgan, 2018), pp. 10–15.
11 Bloomberg NEF, *Electric Vehicle Outlook 2019*.
12 諾查丹瑪斯在一五五五年發表預言，從那時起，真正的信徒一直在閱讀和解釋預言。至於閱讀格式五花八門，現在可以選擇昂貴的臨摹裝訂本或是 Kindle 電子書。
13 H. Von Foerster et al., "Doomsday: Friday, 13 November, A.D. 2026," *Science* 132 (1960), pp. 1291–1295.
14 P. Ehrlich, *The Population Bomb* (New York: Ballantine Books, 1968), p. xi; R. L.

Heilbroner, *An Inquiry into the Human Prospect* (New York: W. W. Norton, 1975), p. 154.

15 依據聯合國的資料計算，請參考：*World Population Prospects 2019*.

16 參考聯合國資料所推估出來的中位數預測：*World Population Prospects 2019*.

17 V. Smil, "Peak oil: A catastrophist cult and complex realities," *World Watch* 19 (2006), pp. 22–24; V. Smil, "Peak oil: A retrospective," *IEES Spectrum* (May 2020), pp. 202–221.

18 R. C. Duncan, "The Olduvai theory: Sliding towards the post-industrial age" (1996), http://dieo.org/page125.

19 有關於營養不足的資料，請參考糧農組織的年度報告，最新版本為：*The State of Food Security and Nutrition*, http://www.fao.org/3/ca5162en/ca5162en.pdf. 關於食物供給，請參考：http://www.fao.org/faostat/en/#data/FBS.

20 計算資料來自：http://www.fao.org/faostat/en/#data/.

21 資料來自英國石油公司的《世界能源統計年鑑》。

22 資料請參考：S. Krikorian, "Preliminary nuclear power facts and figures for 2019," International Atomic Energy Agency (January 2020), https://www.iaea.org/newscenter/news/preliminary-nuclear-power-facts-and-figures-for-2019.

23 M. B. Schiffer, *Spectacular Flops: Game-Changing Technologies That Failed* (Clinton Corners, NY: Eliot Werner Publications, 2019), pp. 157–175.

24 S. Kaufman, *Project Plowshare: The Peaceful Use of Nuclear Explosives in Cold War America* (Ithaca, NY: Cornell University Press, 2013); A. C. Noble, "The Wagon Wheel Project," WyoHistory (November 2014), http://www.wyohistory.org/essays/wagon-wheel-project.

25 氣候棲位（climate niche）不斷縮小之說明，請參考：C. Xu et al., "Future of the human climate niche," *Proceedings of the National Academy of Sciences* 117/21 (2010), pp. 11350–11355. 關於移民：A. Lustgarten, "How climate migration will reshape America," *The New York Times* (December 20, 2020). 收入下降：M. Burke et al., "Global non-linear effect of temperature on economic production," *Nature* 527 (2015), pp. 235–239. 桑伯格預言：A. Doyle, "Thunberg says only 'eight years left' to avert 1.5°C warming," Climate Change News (January 2020), https://www.climatechangenews.com/2020/01/21/thunberg-says-eight-years-left-avert-1-5c-warming/.

26 對於這種災難性預言的偏愛，或許最能用人類的消極偏見（negativity bias）來解釋：D. Kahneman, *Thinking Fast and Slow* (New York: Farrar, Straus and Giroux, 2011); United Nations, "Only 11 years left to prevent irreversible damage from climate change, speakers warn during General Assembly high-level meeting" (March 2019), https://www.un.org/press/en/2019/ga12131.doc.htm; P. J. Spielmann, "U.N. predicts disaster if global warming not checked," AP News (June 1989), https://apnews.com/bd45c372caf118ec99964ea547880cd0.

27 FII Institute, *A Sustainable Future is Within Our Grasp*, https://fii-institute.org/en/downloads/FIII_Impact_Sustainability_2020.pdf; J. M. Greer, *Apocalypse Not!* (Hoboken, NJ: Viva Editions, 2011); M. Shellenberger, *Apocalypse Never: Why Environmental Alarmism Hurts Us All* (New York: Harper, 2020).

28 V. Smil, "Perils of long-range energy forecasting: Reflections on looking far ahead," *Technological Forecasting and Social Change* 65 (2000), pp. 251–264.

29 Food and Agriculture Organization, *Yield Gap Analysis of Field Crops: Methods and Case Studies* (Rome: FAO, 2015).

30 水占這些植物組織的九五 % 以上，而且它們不包含兩種必需的巨量營養素：膳食蛋白質和脂質，就算有也只是微量。

31 消耗的材料（鋼鐵、塑膠、玻璃）和能源（暖氣、照明、空調）成本會是真正的天文數字。

32 關於材料的能源成本，請參考：Smil, *Making the Modern World.* 更多關於鋼鐵的最低能源成本，請參考：J. R. Fruehan et al., *Theoretical Minimum Energies to Produce Steel for Selected Conditions* (Columbia, MD: Energetics, 2000).
33 FAO, "Fertilizers by nutrient" (accessed 2020), http://www.fao.org/faostat/en/#data/RFN.
34 資料來自：Smil, *Energy Transitions.*
35 參考英國石油公司的《世界能源統計年鑑》的數據計算得出。
36 更多關於範疇失誤的精彩討論，請參考：O. Magidor, *Category Mistakes* (Oxford: Oxford University Press, 2013); W. Kastainer, "Genealogy of a category mistake: A critical intellectual history of the cultural trauma metaphor," *Rethinking History* 8 (2004), pp. 193–221.
37 關於這些基本發明的起源，請參考：Smil, *Transforming the Twentieth Century.*
38 Smil, *Prime Movers of Globalization.*
39 A. Engler, "A guide to healthy skepticism of artificial intelligence and coronavirus" (Washington, DC: Brookings Institution, 2020).
40 "CRISPR: Your guide to the gene editing revolution," *New Scientist*, https://www.newscientist.com/round-up/crispr-gene-editing/.
41 Y. N. Harari, *Homo Deus* (New York: Harper, 2018); D. Berlinski, "Godzooks," *Inference* 3/4 (February 2018).
42 E. Trognotti, "Lessons from the history of quarantine, from plague to influenza," *Emerging Infectious Diseases* 19 (2013), pp. 254–259.
43 S. Crawford, "The Next Generation of Wireless—'5G'—Is All Hype," *Wired* (August 2016), https://www.wired.com/2016/08/the-next-generation-of-wireless-5g- is-all-hype/.
44 "Lack of medical supplies 'a national shame,' " BBC News (March 2020); L. Lee and K. N. Das, "Virus fight at risk as world's medical glove capital struggles with lockdown," Reuters (March 2020); L. Peek, "Trump must cut our dependence on Chinese drugs—whatever it takes," *The Hill* (March 2020).
45 幾年後才會知道二〇二〇年疫情大流行付出的總成本，但數量級是確定的：幾兆美元。二〇一九年，全球經濟商品接近九十兆美元，因此只下降幾個百分點成本就會達到幾兆美元。
46 但是我們要等之後評估大流行造成的全球死亡人數，才能做出最後的判斷。
47 J. K. Taubenberger et al., "The 1918 influenza pandemic: 100 years of questions answered and unanswered," *Science Translational Medicine* 11/502 (July 2019), eaau5485; Morens et al., "Predominant role of bacterial pneumonia as a cause of death in pandemic influenza: Implications for pandemic influenza preparedness," *Journal of Infectious Disease* 198 (2008), pp. 962–970.
48 "The 2008 financial crisis explained," History Extra (2020), https://www.historyextra.com/period/modern/financial-crisis-crash-explained-facts- causes/.
49 最大的遊輪現在可容納六千多名乘客；另外再加上三〇一三五％的船員，請參考：Marine Insight, "Top 10 Largest Cruise Ships in 2020," https://www.marinein-sight.com/know-more/top-10-largest-cruise-ships-2017/.
50 R. L. Zijdeman and F. R. de Silva, "Life expectancy since 1820," in J. L. van Zanden et al., eds., *How Was Life? Global Well-Being since 1820* (Paris: OECD, 2014), pp. 101–116.
51 這些超額死亡率，請分別參考歐盟國家的歐洲死亡率監測中心（European Mortality Monitoring）和美國疾病管制與預防中心定期更新的資料：https://www.euromomo.eu/; https://www.cdc.gov/nchs/nvss/vsrr/covid19/excess_deaths.htm.
52 關於全球各國和各地區詳細的特定年齡人口預測，請參考：https://population.un.org/

wpp/Download/Standard/Population/.

53 American Cancer Society, "Survival Rates for Childhood Leukemias," https://www.cancer.org/cancer/leukemia-in-children/detection-diagnosis-staging/survival-rates.html.

54 US Department of Defense, *Narrative Summaries of Accidents Involving U.S. Nuclear Weapons 1950–1980* (1980), https://nsarchive.files.wordpress.com/2010/04/635.pdf; S. Shuster, "Stanislav Petrov, the Russian officer who averted a nuclear war, feared history repeating itself," *Time* (September 19, 2017).

55 最詳細的災難報告（包括五本技術說明）請參考：International Atomic Energy Agency, *The Fukushima Daiichi Accident* (Vienna: IAEA, 2015). 日本國會發表的官方報告：*The Official Report of the Fukushima Nuclear Accident Independent Investigation Commission*, https://www.nirs.org/wp-content/uploads/fukushima/naiic_report.pdf.

56 關於波音的官方公告，請參考 737 MAX 的最新資料：https://www.boeing.com/737-max-updates/en-ca/737 MAX. 重要的評估報告，請參考：D. Campbell, "Red-line," *The Verge* (May 2019); D. Campbell, "The ancient computers on Boeing 737 MAX are holding up a fix," *The Verge* (April 2020).

57 二〇一八年，全球二氧化碳排放量的比例如下：最大排放國（中國）非常接近三〇％；前兩名（中國和美國）略高於四三％；前五名（中國、美國、印度、俄羅斯、日本）五一％；前十名（再加上德國、伊朗、南韓、沙烏地阿拉伯、加拿大）幾乎正好占三分之二：Olivier and Peters, *Global CO2 emissions from fossil fuel use and cement production per country, 1970–2018*.

58 因為需要非常長期的承諾，進一步導致中國、美國、印度、沙烏地阿拉伯等各國更不可能達成共識，也找不到可以持續的合作方式。

59 拉姆齊（Ramsey）的經典評價方式非常明確：「若是與較早的享樂相比，如果我們沒有替後來較晚的享樂打折扣，這種作法在倫理上站不住腳，而且只是源自於想像力的弱點。」請參考：F. P. Ramsey, "A mathematical theory of saving," *The Economic Journal* 38 (1928), p. 543. 當然，這種沒帶來收益的立場相當不切實際。

60 C. Tebaldi and P. Friedlingstein, "Delayed detection of climate mitigation benefits due to climate inertia and variability," *Proceedings of the National Academy of Sciences* 110 (2013), pp. 17229–17234; J. Marotzke, "Quantifying the irreducible uncertainty in near-term climate projections," *Wiley Interdisciplinary Review: Climate Change* 10 (2018), pp. 1–12; B. H. Samset et al., "Delayed emergence of a global temperature response after emission mitigation," *Nature Communications* 11 (2020), article 3261.

61 P. T. Brown et al., "Break-even year: a concept for understanding intergenerational trade-offs in climate change mitigation policy," *Environmental Research Communications* 2 (2020), 095002. 肯・卡德拉（Ken Caldeira）使用相同的模型，計算出二〇五〇年減排投資快速達到零碳（這是最近許多國家描述的目標）的內部投資報酬率，以及正報酬率的開始日期（也就是已避免的氣候損失超過減排費用時）：比率約為二・七％，而正報酬率要等到下個世紀初才會出現。

62 人口較多的預測：United Nations, *World Population Prospects 2019*. 人口較少的預測：S. E. Vollset et al., "Fertility, mortality, migration, and population scenarios for 195 countries and territories from 2017 to 2100: a forecasting analysis for the Global Burden of Disease Study," *The Lancet* (July 14, 2020).

附錄

了解數字

時光飛逝，生物成長，世事變遷。在小說世界裡，這些無可避免的過程和結果全都是以定性方式陳述。童話故事以總是「很久很久以前」作開頭，主角是富人（王子）和窮人（灰姑娘）、美麗（少女）和醜陋（吃人怪物）、勇敢（騎士）或膽小（老鼠）。在故事中，數字常常只用於簡單的計算，作為因應情節發展的裝飾品，而且通常是三個：三個兄弟、三個願望、三隻小豬……。現代小說也差不多，海明威（Hemingway）筆下的布雷特．艾希莉夫人（Lady Brett Ashley）「美若天仙」，但我們從不知道她的身高。費茲傑羅（Fitzgerald）筆下的傳奇人物蓋茲比（Gatsby）首次登場時的描述是「一個年齡與我相仿的人」，而我們從不清楚他的年齡——也不清楚他真正的財富。確切的時間變得更加突出，通常出現在第一句話，左拉的小說《金錢》（*Money*）提到：「剛過十一點，在證券交易所……。」福克納（Faulkner）在《墳墓的闖入者》（*Intruder in the Dust*）寫道：「就在那個星期天早上快接近中午時……。」索忍尼辛（Solzhenitsyn）的《伊凡．傑尼索維奇的一天》（*One Day in the Life of Ivan Denisovich*）：「那天早上五點……。」

相較之下，今天的世界充滿了數字。新的童話故事是關於不可思議的億萬富翁，不斷記錄著他們最近的信用狀況；至於新悲劇，像是最新的渡輪沉沒，或另一起大規模凶殺案的相關報導，總是伴隨著受害者人數。而每天各國和全球的死亡人數，已成為二〇二〇年大流行期間無可避免的記錄。我們的世界是個定量的新世界，人們可以在臉書（Facebook）上計算「朋友」的數量、利用Fitbit計算每日走了幾步，以及投資實力（藉由擊敗那斯達克〔NASDAQ〕平均漲幅）。這種量化很普遍，但是品質往往令人懷疑，因為數字可以是精確和反覆的測量，也可以是草率的假設和大略的估計。不幸的是，很少有人在看到、重述和使用這些數字時，會去質疑來源，也很少有人會試圖從上下文加以判斷。但即使是現代最好的數字（可能是考量複雜的現實後，完美計算得出的數字）也往往難以捉摸，因為代表的數量不是太大就是太小，不容易一眼就理解。

這種情況導致數字經常遭到誤傳和誤用。連學齡前兒童都可以在心理上建立一套系統，對於數量大的標示方式產生直觀的「數字感」，這種能力會隨著學校教育而提升。[1]但這個數字系統顯然只是大概，如果數量上升到幾千、幾百萬和幾十億就會失效，這正是數量級派得上用場的地方。數量級可以簡單想成是，第一個位數之後，有多少位數，或是在小數點前面的第一個位數之後，有多少位數。像7後面沒有數字（或是像3.5，第一個數字和小數點之間沒有其他數字），因此這兩個數字的數量級都為零，以10（十進位）的對數尺度標示為10^0。從1到10之間的任何數字都是10^0的倍數，10變成10^1，20是2×10^1。數字變大後，這種標示方式的優勢很快就會顯現。以10為倍數增加，我們就可以計算出幾百（10^2）、然後是幾千（10^3）、幾萬（10^4）、幾十萬（10^5）和幾百萬（10^6）。

除此之外，我們踏進了容易犯下數量級錯誤的領域：一些富裕家庭（創業家、大老闆或幸運的繼承人）現在每年增加幾千萬（10^7）或幾億（10^8）美元的資產；二〇二〇年，全球約有二千一百位億萬富翁（10^9美元），而現在最富有的人身價超過一千億美元（10^{11}美元）[2]。而一貧如洗的非洲移民只有價值幾美元的破衣舊鞋，就個人淨資產而言，兩者相差十個數量級。

這種差異實在是太大了，就算我們要區分鳥類和哺乳類這兩種最顯著的陸生動物，也找不到這麼大的差距。最小和最大的哺乳動物（伊特魯里亞鼩鼱〔Etruscan shrew，又稱小臭鼩〕為10^0公克，非洲象為10^6公克）體重「只」差六個數量級。最小的鳥和最大的鳥，完全展翅時的翼展（蜂鳥有三公分和安地斯禿鷹〔Andean condor〕有三百二十公分）只差了兩個數量級。[3]有些人類在將自己與其他人類區分時，顯然走得比自然演化的腳步更遠。

要表示數量級還有一種更簡單的方法，不必寫出完整的數字或是10的幾次方。因為在科學研究和工程領域中經常遇到這些倍數，所以就以特定的希臘名稱作為前三個數量級的前綴詞——10^1是deka，10^2是hecto，10^3是kilo，接著是每隔三個數量級：10^6是mega，10^9是giga，一直到10^{24}是yotta，這是現在最大的數量級名稱。以下是實際數字和特定名稱的總表：

文章中使用的國際單位制倍數

前綴詞	縮寫	科學記號
百（hecto）	h	10^2
千（kilo）	k	10^3
百萬（mega）	M	10^6
吉、十億（giga）	G	10^9
兆（tera）	T	10^{12}
拍（peta）	P	10^{15}
艾（exa）	E	10^{18}
皆（zetta）	Z	10^{21}
佑（yotta）	Y	10^{24}

現代社會運作牽涉到的數字差距大到前所未見，若想清楚說明，可以用另一種方法，就是拿傳統經驗的差距來比較。兩個關鍵的例子就足以解釋，在工業化以前的社會中，陸地上旅行速度最大的差距只有兩倍，散步是每小時四公里，有錢坐四輪大馬車的話（通常沒有軟墊）是八公里。相較之下，現在的旅行速度差距超過兩個數量級，散步是每小時四公里，噴射客機是九百公里。

在工業化以前的時代，個人通常可以控制的最大發動機（能提供動能的動物或機器）是一匹強壯的馬，功率為七百五十瓦。[4]現在幾億人駕駛的車輛功率介於十萬到三十萬瓦，高達一匹壯馬的四百倍，而廣體噴射客機的飛行員在巡航模式下可以控制約一億瓦（相當於至少十三萬匹壯馬）。這些差距太大，無法直接或直觀地一眼就掌握：若要了解現代世界，必須認真關注數量級。

參考資料和注釋

1 M. M. M. Mazzocco et al., "Preschoolers' precision of the approximate number system predicts later school mathematics performance," *PLoS ONE* 6/9 (2011), e23749.

2 United States Census, *HINC-01. Selected Characteristics of Households by Total Money Income* (2019), https://www.census.gov/data/tables/ time-series/demo/income- poverty/cps-hinc/hinc-01.html; Credit Suisse, *Global Wealth Report* (2019), https://www.credit-suisse.com/about-us/en/reports-research/global-wealth- report.html; J. Ponciano, "Winners/Losers: The world's 25 richest billionaires have gained nearly $255 billion in just two months," *Forbes* (May 23, 2020).

3 V. Smil, "Animals vs. artifacts: Which are more diverse?" *Spectrum IEEE* (August 2019), p. 21.

4 關於發動機功率的歷史資料，請參考：V. Smil, *Energy in Civilization: A History* (Cambridge, MA: MIT Press, 2017), pp. 130–146.

謝詞

感謝倫敦的編輯康納・布朗（Connor Brown）再度給我機會寫一本內容包羅萬象的書，也謝謝我的兒子大衛（David，服務於安大略癌症研究院〔Ontario Institute for Cancer Research〕）成為本書第一位讀者和評論家。

國家圖書館出版品預行編目資料

這個世界運作的真相：以數據解析人類經濟和生存的困局與機會/瓦茲拉夫.史密爾(Vaclav Smil)著；李宜懃譯. -- 初版. -- 臺北市：商周出版：英屬蓋曼群島商家庭傳媒股份有限公司城邦分公司發行, 2022.05
面； 公分. -- (新商業周刊叢書；BW0801)
譯自：How the world really works : a scientist's guide to our past, present and future.
ISBN 978-626-318-263-9(平裝)

1.CST: 社會科學 2.CST: 科學技術 3.CST: 人類生態學

501.6　　111005103

新商業周刊叢書 BW0801

這個世界運作的真相

以數據解析人類經濟和生存的困局與機會

原文書名／How the World Really Works: A Scientist's Guide to Our Past, Present and Future
作　　者／瓦茲拉夫・史密爾 Vaclav Smil
譯　　者／李宜懃
企劃選書／陳美靜
責任編輯／劉羽芩
校　　對／葉美伶
版　　權／黃淑敏、吳亭儀
行銷業務／周佑潔、林秀津、黃崇華、賴正祐

總 編 輯／陳美靜
總 經 理／彭之琬
事業群總經理／黃淑貞
發 行 人／何飛鵬
法律顧問／台英國際商務法律事務所 羅明通律師
出　　版／商周出版
臺北市 104 民生東路二段 141 號 9 樓
電話：(02) 2500-7008 傳真：(02) 2500-7759
E-mail: bwp.service @ cite.com.tw
發　　行／英屬蓋曼群島商家庭傳媒股份有限公司　城邦分公司
臺北市 104 民生東路二段 141 號 2 樓
讀者服務專線：0800-020-299　24 小時傳真服務：(02) 2517-0999
讀者服務信箱 E-mail: cs@cite.com.tw
劃撥帳號：19833503　戶名：英屬蓋曼群島商家庭傳媒股份有限公司城邦分公司
訂購服務／書虫股份有限公司客服專線：(02) 2500-7718；2500-7719
服務時間：週一至週五上午 09:30-12:00；下午 13:30-17:00
24 小時傳真專線：(02) 2500-1990；2500-1991
劃撥帳號：19863813　戶名：書虫股份有限公司
E-mail: service@readingclub.com.tw
香港發行所／城邦（香港）出版集團有限公司
香港九龍土瓜灣土瓜灣道 86 號順聯工業大廈 6 樓 A 室
E-mail: hkcite@biznetvigator.com
電話：(852) 2508-6231　傳真：(852) 2578-9337
馬新發行所／城邦（馬新）出版集團
Cite (M) Sdn. Bhd.
41, Jalan Radin Anum, Bandar Baru Sri Petaling, 57000 Kuala Lumpur, Malaysia.
電話：(603) 9057-8822　傳真：(603) 9057-6622　E-mail: cite@cite.com.my
封面設計／萬勝安
美術編輯／李京蓉
製版印刷／鴻霖印刷傳媒股份有限公司
經 銷 商／聯合發行股份有限公司
新北市 231 新店區寶橋路 235 巷 6 弄 6 號 2 樓
電話：(02) 2917-8022　傳真：(02) 2911-0053

■2022 年 5 月 17 日初版 1 刷　■2024 年 3 月 6 日初版 4.5 刷　Printed in Taiwan

定價 480 元　版權所有・翻印必究
ISBN: 978-626-318-263-9（紙本）ISBN: 9786263182615（EPUB）

廣　告　回　函
北區郵政管理登記證
台北廣字第 000791 號
郵資已付，免貼郵票

104 台北市民生東路二段 141 號 9 樓

英屬蓋曼群島商家庭傳媒股份有限公司

城邦分公司

請沿虛線對摺，謝謝！

書號：BW0801　書名：這個世界運作的真相
以數據解析人類經濟和生存的困局與機會　　編碼：

請於此處用膠水黏貼

讀者回函卡

線上版讀者回函卡

感謝您購買我們出版的書籍！請費心填寫此回函卡，我們將不定期寄上城邦集團最新的出版訊息。

姓名：________________ 性別：□男 □女

生日：西元________年________月________日

地址：________________

聯絡電話：________________ 傳真：________________

E-mail ：

學歷：□ 1. 小學 □ 2. 國中 □ 3. 高中 □ 4. 大學 □ 5. 研究所以上

職業：□ 1. 學生 □ 2. 軍公教 □ 3. 服務 □ 4. 金融 □ 5. 製造 □ 6. 資訊

□ 7. 傳播 □ 8. 自由業 □ 9. 農漁牧 □ 10. 家管 □ 11. 退休

□ 12. 其他________________

您從何種方式得知本書消息？

□ 1. 書店 □ 2. 網路 □ 3. 報紙 □ 4. 雜誌 □ 5. 廣播 □ 6. 電視

□ 7. 親友推薦 □ 8. 其他________________

您通常以何種方式購書？

□ 1. 書店 □ 2. 網路 □ 3. 傳真訂購 □ 4. 郵局劃撥 □ 5. 其他______

您喜歡閱讀那些類別的書籍？

□ 1. 財經商業 □ 2. 自然科學 □ 3. 歷史 □ 4. 法律 □ 5. 文學

□ 6. 休閒旅遊 □ 7. 小說 □ 8. 人物傳記 □ 9. 生活、勵志 □ 10. 其他

對我們的建議：________________

____

____

【為提供訂購、行銷、客戶管理或其他合於營業登記項目或章程所定業務之目的，城邦出版人集團（即英屬蓋曼群島商家庭傳媒（股）公司城邦分公司、城邦文化事業（股）公司），於本集團之營運期間及地區內，將以電郵、傳真、電話、簡訊、郵寄或其他公告方式利用您提供之資料（資料類別：C001、C002、C003、C011 等）。利用對象除本集團外，亦可能包括相關服務的協力機構。如您有依個資法第三條或其他需服務之處，得致電本公司客服中心電話 02-25007718 請求協助。相關資料如為非必要項目，不提供亦不影響您的權益。】

1.C001 辨識個人者：如消費者之姓名、地址、電話、電子郵件等資訊。

2.C002 辨識財務者：如信用卡或轉帳帳戶資訊。

3.C003 政府資料中之辨識者：如身分證字號或護照號碼（外國人）。

4.C011 個人描述：如性別、國籍、出生年月日。

請於此處用膠水黏貼